DUMONT
REISE-TASCHENBÜCHER

Südnorwegen
mit Stadtbesichtigung Oslo

In der vorderen Umschlagklappe: Übersichtskarte Südnorwegen

In der hinteren Umschlagklappe: Stadtplan Oslo

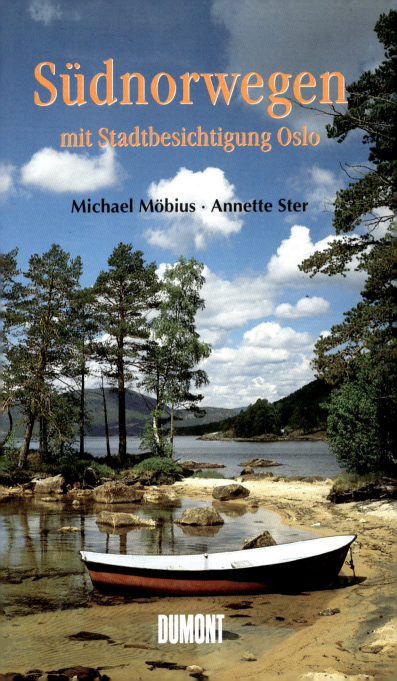

Südnorwegen
mit Stadtbesichtigung Oslo

Michael Möbius · Annette Ster

DUMONT

Umschlagvorderseite: Lovrafjorden
Umschlaginnenklappe (vorne): In Åsgårdstrand
Abbildung S. 2/3: Am Byglandsfjord
Umschlaginnenklappe (hinten): Am Lysefjord
Umschlagrückseite oben: Vigeland-Anlage
Umschlagrückseite unten: Hardangervidda

Über die Autoren: Michael Möbius, geboren 1955, hat zusammen mit der Fotografin Annette Ster, geboren 1964, zahlreiche Publikationen über den südeuropäischen und skandinavischen Raum veröffentlicht. Seit 1991 leben sie auf den Lofoten, in Norwegens Norden, ihrer Wahlheimat. Bei DuMont erschien von ihnen ›Richtig reisen‹ Gran Canaria, ›Richtig wandern‹ Lappland und ›Richtig reisen‹ Lappland.

In Norwegen spricht man Bokmål und Nynorsk. In diesem Buch wurde die Bokmål-Schreibweise verwendet.

© DuMont Buchverlag, Köln
3., aktualisierte Auflage 1996
Alle Rechte vorbehalten
Satz und Druck: Rasch, Bramsche
Buchbinderische Verarbeitung:
Bramscher Buchbinder Betriebe

Printed in Germany   ISBN 3-7701-3047-2

Inhalt

Land und Leute

Südnorwegen im Überblick

Dem Meer verschwistert – Lage und Landschaft	14
Steckbrief Norwegen	16
Steckbrief Südnorwegen	17
Die Extreme sind Trumpf – Das Klima	20
Thema: Spuren der Eiszeit	21
Tabelle: Mittlere Lufttemperaturen und Frosttage	23
Vom Laubwald in die Tundra – Flora und Fauna	24
Thema: Flechtwerk	25

Geschichte, Gesellschaft und Kultur

Eine lange Geschichte	30
Thema: Norwegen – Eine zufällige Geburt	33
Thema: Ein Land, zwei Sprachen	35
Blond und blauäugig? – Bevölkerung	36
Norwegen kein Puppenheim – Die Stellung der Frau	39
Von »ting« zu »ting« – Staat und Verwaltung	40
Vom Bauernland zum High-Tech-Staat – Wirtschaft im Wandel	42
Thema: »Alt for Norge« – Der König	44
»Albanien des Nordens?« – Streitfrage EU	46
Thema: Der gezähmte Lachs – Aquakultur	48
Licht und Schatten – Der Wohlfahrtsstaat	50
Norwegen – Land der Künstler – Kunst und Kultur	52

Literatur	52
Thema: Die »Idee Norwegen«	53
Thema: »In hundert Jahren ist alles vergessen« –	
Knut Hamsun	54
Musik	56
Malerei	58
Thema: Vom Bürgerschreck zum Ordensträger –	
Edvard Munch	59

Unterwegs in Südnorwegen

Hauptstadt, klein und fein – Stadterkundung Oslo

Steckbrief Oslo	65
»Via Veneta« des Nordens – Die Karl Johansgate	66
Die wichtigsten Sehenswürdigkeiten Oslos auf einen Blick	68
Oslos »Schokoladenseite« – Entlang der Pipervika	73
Thema: Eine belastete Beziehung – Norweger und Deutsche	76
Ein Stück von gestern – Die Museumsinsel Bygdøy	78
Die berühmten drei – Kunst in Oslo	82
Thema: Gustav Vigeland und die Gigantomanie	83

Die schönsten Routen:

»Klassisch«, aber nicht »typisch« – Der Osten

Halden – Bollwerk gegen die Schweden	94
Festungsstadt Fredrikstad	96
Steckbrief Route I	97
Nach Oslo	98
Der »Sagazeit-Weg«	99

Riviera am Skagerrak – Von Oslo in den Süden

Drammen – Stadt mit der Spirale	102
Steckbrief Route II	103
Marinestadt Horten	106

Strandwege nach Tønsberg	107
Tønsberg – Norwegens älteste Stadt	109
Sandefjord – Im Zeichen des Wales	111
Larvik	113
Die Route der weißen Orte	113
Thema: Holz, Träger der überlieferten Kultur	122
Kristiansand – Metropole des Sørland	124

Vom Schärengarten ins Fjordland – Der Süden

Der südlichste Süden	128
Steckbrief Route III	131
Der Nordsjøvegen	133
Durchs platte Land	136
Stavanger – Mehr als eine »Boomtown«	139
Thema: Der importierte Tod – Umweltprobleme	142
Thema: Mit »Däumling« ins Ölzeitalter	146

Norwegen, wie man es sich vorstellt – Der Ryfylkevegen

Fjordland – Eine erste Annäherung	149
Steckbrief Route IV	153
Ein »ernstes« Land	154
Thema: Wenn die Angst aufsteigt – Die Trolle	156

Rings um und über die Hardangervidda – Die Hochfjellregion

Steckbrief Route V	163
Bergen, ›Norwegens heimliche Hauptstadt‹	168
Eidfjord und Norwegens berühmtester Wasserfall	176
Droben im Ödland	178
Thema: Land der ›weißen Kohle‹ – Wasserkraft	179
Geilo – »Zermatt des Nordens«	181
Landschaft und Kultur schön vereint	182
Silberstadt Kongsberg	186
»Norwegen in der Nußschale« – Durch die Telemark	188
Thema: »Himmelsschiffe vor Anker« – Stabkirchen	190

Eine urnorwegische Landschaft – Das Setesdal

Von den Heiene ins »Märchenland«	194
Steckbrief Route VI	196
Thema: Repräsentanten ihrer Landschaft – Bauernhäuser	200
Idyll aus See, Sand und ›Almen‹	202

Praktische Reiseinformationen

Reisevorbereitungen	206
Anreise	211
Reisen in Südnorwegen	216
Unterkunft	221
Essen und Trinken	225
Urlaubsaktivitäten	230
Kurzinformationen von A bisZ	237
Kleiner Sprachführer	245
Abbildungsnachweis	251
Verzeichnis der Karten und Pläne	251
Register	252

Fremde Kulturen kennenlernen und gastfreundlichen Menschen begegnen – wie sehr genießen wir das auf Reisen. Zu Hause bei uns jedoch wird mancher Ausländer von einer kleinen Minderheit beschimpft, bedroht und sogar mißhandelt. Alle, die in fremden Ländern Gastrecht genossen haben, tragen hier besondere Verantwortung. Deshalb: Lassen Sie es nicht zu, daß Ausländer diffamiert und angegriffen werden. Lassen Sie uns gemeinsam für die Würde des Menschen einstehen.

Verlagsleitung, Mitarbeiterinnen und Mitarbeiter des DuMont Buchverlages

Land und Leute

»Ja, wir lieben dieses Land,
das trotzig schaut,
meerumbrandet, bergumbaut,
winterkalt und sommerbleich,
kurzes Lächeln, niemals weich...«
Bjørnstjerne Bjørnson

Südnorwegen im Überblick

Dem Meer verschwistert – Lage und Landschaft

Die Extreme sind Trumpf – Das Klima

Vom Laubwald in die Tundra – Flora und Fauna

Østfold, als wärs ein Stück von Schweden

Dem Meer verschwistert
Lage und Landschaft

Wo Norwegen liegt, ist hinlänglich bekannt – im äußersten Nordwesten Europas und, von uns aus betrachtet, gewissermaßen ›draußen vor der Tür‹. Im Süden steigt es aus dem Skagerrak auf, im Westen wird es vom Atlantik und der Nordsee umschnürt, und im Norden umspült das Eismeer seine felsigen Gestade. Nur im Osten grenzt das Land, das 40 % vom Areal des skandinavischen Subkontinentes einnimmt, an andere Staaten, nämlich Schweden, Finnland und Rußland. Doch während alle Landesgrenzen zusammengenommen nur eine Länge von 2542 km ergeben, beträgt die Küstenlinie inklusive Fjorde und Buchten, aber ohne die Inseln, über 21 000 km.

Das Herzstück dieses 1752 km langen und an der schmalsten Stelle nur 6,3 km breiten Landes, das von der Form her rege an einen Drachenkamm erinnert, ist das ca. 600 Mio. Jahre alte Kaledonische Gebirge, das sich im Übergang vom Silur zum Devon in einer Schwächezone der Erdkruste auffaltete. Es ist dies – neben den wesentlich jüngeren Alpen – das großartigste, auch größte und höchste Gebirge Europas, und es säumt den ›Weg nach Norden‹ (was Norwegen übersetzt bedeutet), ja ist Norwegen selbst, dessen durchschnittliche Höhenlage stolze 500 m beträgt. Aber es war stets mehr Hindernis als Weg, und so kam es, daß Norge (so der Name in der Landessprache Bokmål), obwohl steilstes Bergland, dem Meer verschwistert ist – ein Umstand, der das Volk zur seetüchtigsten Rasse der Alten Welt machte.

Aber Norwegen, das ganze, geht uns hier nicht an; vielmehr wollen wir ›nur‹ den Süden fassen. Doch sucht man es auf einer Landkarte, stellt man fest, daß keine Provinz Norwegens diesen Namen trägt. In der Umgangssprache taucht es auf: als ›Südland‹ (Sørland), aber dies steht lediglich für die zwei Regierungsbezirke Aust- und Vest-Agder, und bei diesen beiden Regionen am unteren Ende des ›Drachenkamms‹ kann es sich unmöglich um ganz Südnorwegen handeln. Kurz und gut, es gibt keine verbindliche geographische Abgrenzung des Begriffs. So bleibt uns, eine willkürliche Nordgrenze zu ziehen. Diese soll in etwa vom 60. Breitengrad markiert sein, der im Osten Oslo tangiert, im Westen durchs südliche Fjordland verläuft; nur die Route V – ›Rings um und über die Harangervidda‹ (s. S. 162) wird diesen Rahmen sprengen.

Lage und Landschaft

Das so definierte Südnorwegen besteht damit grosso modo aus den Bezirken Akershus, Østfold, Vestfold, Oslo, Telemark, Aust-/Vest-Agder, Rogaland sowie aus den südlichen Regionen von Hordaland und Buskerud und macht rund ein Fünftel der Gesamtfläche Norwegens aus. Diese Einteilung scheint sinnvoll, denn nördlich, wo die Bezirke Sogn og Fjordane und Oppland angrenzen, wandelt sich das Landschaftsbild bald grundlegend, ist es doch in einen Rahmen aus den hochalpinen Gipfeln von Jotunheimen gespannt, die bereits Mittelnorwegen zuzurechnen sind. Dort, im ›Land der Riesen‹, nimmt auch das berühmte Gudbrandsdal seinen Anfang, das wiederum die Grenzlinie zu Ostnorwegen (mit dem Bezirk Hedmark) markiert.

Gehen wir einmal die einzelnen Bezirke durch, so wird offenbar, daß jeder charakteristische Züge trägt und alle zusammengenommen eine Landschaft bilden, die zu den abwechslungsreichsten und faszinierendsten Europas zählt. Südnorwegen ist von unvergleichlicher, wenn auch nicht gar solch bedrängender Schönheit, wie es z. B. der Mitte und dem Norden des Landes nachgesagt wird. Wer es einmal bereist hat, wird voll des Lobes sein und zu denen gehören, die – zusammen mit den Norwegern – sagen »Ja, wir lieben dieses Land ...« (Ja, vi elsker dette landet ...), wie es in Norwegens Nationalhymne, gedichtet von Bjørnstjerne Bjørnson, so treffend Ausdruck findet.

Akershus, direkt östlich an Oslo angrenzend, gilt als die Wiege der norwegischen Verfassung, hat aber weit mehr als nur eine lange Geschichte zu bieten. Nämlich eine Landschaft, die uns mehr schwedisch als norwegisch anmutet, ist sie doch nur mäßig reliefiert und bedeckt von ausgedehnten Mischwäldern, in die eine Vielzahl stiller Seen hineingestickt sind.

Ganz ähnlich präsentiert sich auch das direkt südlich angrenzende **Østfold** – eine weite Wiesen- und Wald-Landschaft, die dem schwedischen Dalsland, an die sie grenzt, sehr ähnlich ist. Dort wie hier fällt die große Anzahl an historischen Denkmälern, an Seen und fischreichen Wasserläufen auf, aber zusätzlich lockt eine herrliche Schärenküste, mit Sandstränden reich gesegnet.

Über **Oslo**, am Nordende des lieblichen Oslofjordes zwischen Buskerud und Akershus gelegen, brauchen jetzt nicht viele Worte verloren zu werden, denn der Hauptstadt Norwegens ist ein eigenes Kapitel gewidmet. Nur so viel sei gesagt: Die Metropole offeriert mehr als nur Urbanität und Kulturschätze, nämlich u. a. die früher von Almbauern bewohnte Oslomarka, ein ausgedehntes Waldgebiet, das heute ein beliebtes Naherholungsziel mit über 1 200 km markierten Wanderwegen ist.

Vestfold, weltbekannt als ›Wiege der Wikinger‹, steht im Ruf, den schönsten Schärengarten des Landes zu haben. Es erstreckt sich

Steckbrief Norwegen

Lage: (ohne Spitzbergen, Jan Mayen und die antarktischen Gebiete):
Südlichster Punkt: 57° (entspricht in etwa der Lage von Anchorage in Südalaska);
Nördlichster Punkt: 71° (entspricht in etwa der Lage von Mittel-Grönland);
Westlichster Punkt: 4° (entspricht in etwa der Lage von Paris);
Östlichster Punkt: 31° (entspricht in etwa der Lage von Istanbul).

Geographische Strukturdaten:
- Fläche: 323 883 km^2 ohne Spitzbergen (62 050 km^2), Jan Mayen (373 km^2) und die Gebiete der Antarktis (ca. 63 000 km^2). Damit ist Norwegen flächenmäßig das fünftgrößte Land Europas und in etwa so groß wie Italien. Von dieser Landfläche sind rund 23 % bewaldet, 74 % bestehen aus Gebirgs- und Ödland sowie Gewässern und nur 3 % sind landwirtschaftlich nutzbar
- Maximale Landesbreite: 430 km
- Minimale Landesbreite: 6,3 km
- Größe Länge (Luftlinie): 1752 km
- Küstenlinie inkl. Fjorde und Buchten (ohne Inseln): 21 347 km
- Küstenlinie der Inseln: 35 662 km
- Anzahl der Inseln: ca. 150 000 (davon 2000 bewohnt)
- Höchste Berge: Galdhøpping (2469 m), Glittertind (2465 m), Skagastølstind (2405 m); vier Fünftel des Landes liegen oberhalb von 150 m, die Durchschnittshöhe beträgt 500 m
- Fjorde: Sognefjord (204 km), Hardangerfjord (179 km), Trondheimsfjord (126 km)
- Flüsse: Glomma (617 km), Tana (360 km), Numedalslågen (337 km)
- Größte Binnenseen: Mjøsa (368 km^2), Røssvatn (210 km^2), Femund (201 km^2)
- Gletscher: Rund 1700 Gletscher bedecken über 3300 km^2, die größten sind der Jostedalsbreen (486 km^2), Svartisen (368 km^2), Folgefonn (212 km^2)
- Landesgrenzen: 1619 km mit Schweden, 727 km mit Finnland, 196 km mit Rußland

Bevölkerung:
- Einwohner: ca. 4,3 Mio., von denen rund 29 % auf dem Land und 71 % in Städten und Ballungsgebieten leben

- Bevölkerungsdichte: 14,1 Einw./km² (nach Island die geringste in Europa)
- Ethnische Minderheiten: ca. 20 000 Samen (Lappen) und 7000 Kvener (baltischen Ursprungs)
- Geburtenüberschuß: ca. 0,5 %
- Lebenserwartung: 74 Jahre (Männer) und 81 Jahre (Frauen)

Staatsform: Konstitutionelle Erbmonarchie, auf parlamentarisch-demokratischer Basis regiert

Religion: 88 % evangelisch-lutherische Christen

Anteil der Beschäftigten:
- in Industrie und Bergbau: ca. 34 %
- in Land- und Forstwirtschaft sowie Fischerei: ca. 3 %
- im Dienstleistungssektor: ca. 63 %
- Arbeitslosigkeit ca. 6,3 %

Steckbrief Südnorwegen

Lage: zwischen dem Skagerrak im Süden, Schweden im Osten und der Nordsee im Westen; nach Norden wird die Landschaft in etwa durch die drei Bezirke *(fylker)* Sogn og Fjordane, Oppland und Hedmark begrenzt

Größe: ca. 63 900 km²

Bevölkerung: ca. 2,5 Mio., davon leben mehr als 1,5 Mio. in Städten und Ballungszentren

Bevölkerungsdichte: ca. 35 Einw./km² im Durchschnitt; in Oslo beträgt die Dichte rund 1000 Einw./km², und in den ländlichen Bezirken (ohne Städte) sind es etwa 3 Einwohner, die sich einen km² teilen

Die wichtigsten Städte: Oslo (480 000 Einw.), Bergen (221 000 Einw.), Stavanger (Rogaland; 103 000 Einw.), Kristiansand (Sørland; 68 000 Einw.), Drammen (Buskerud; 59 000 Einw.), Skien (Telemark; 48 000 Einw.), Sandnes (Rogaland; 48 000 Einw.), Larvik (Vestfold; 39 000 Einw.), Haugesund (Rogaland; 29 000 Einw.)

Lage und Landschaft

längs der Westseite des Oslofjordes und gilt mit seinen schmalen Buchten und weiten, weißen Sandstränden sowie den dichten Wäldern als Norwegens Sommerparadies.

Nördlich, und fast bis an die Fjorde des Westens heranreichend, breitet sich **Buskerud** aus, das durchs liebliche Numedal ansteigt zur Hardangervidda, dem mit fast 10 000 km² Fläche größten Gebirgsplateau Europas. In dieser unendlichen Felsweite, übersät mit unzähligen Seen, Flüssen, Bächen und Mooren und durchzogen von majestätischen, teils auch vergletscherten Gebirgszügen sind sie noch zu Hause, die Wölfe und Vielfraße, aber auch wilde Rentiere und Königsadler. Es ist dies die rauheste Wildnis des Südens, aber vielleicht auch die besterschlossene des Landes, und wer eine aktive Ader hat, der findet hier ein reiches Betätigungsfeld, um seine Wanderstiefel auszupacken.

Und dann, direkt südlich davon, die **Telemark**, die ebenfalls an der Hardangervidda teilhat, aber auch an der Küste, und die als der ›norwegischste‹ aller Bezirke gilt, weil sich innerhalb seiner Grenzen alle Erscheinungsformen der norwegischen Natur finden. Ganz unten das Meer mit Holmen und Schären, Sunden (= Meerengen) und Buchten, weit droben die endlose Vidda, von Gipfeln mit ewigem

Übersichtskarte Südnorwegen

Lage und Landschaft

Schnee überragt, und dazwischen ausgebreitet, von Bergen gesäumt, die fruchtbaren Täler mit einsamen Dörfern, Nadel- und Birkenwäldern, zahlreichen kleinen und großen Seen, Flüssen, Bächen und Wasserfällen.

Sørland, das ›Südland‹, setzt sich aus den Bezirken Aust- und Vest-Agder zusammen und besticht durch eine rund 300 km lange Küstenlinie, die den Beinamen ›Sonnenküste‹ trägt und auf über 1200 Schären blickt. Malerische Wälder – teils ist hier die Eiche bestandsbildend –, wiesengrüne Hügel und Täler dringen tief in das angrenzende Gebirgsland vor, das von Hochmooren bedeckt ist. Von der Küste abgesehen, ist nur das Setesdal – ›Norwegens Märchental‹ – dichter besiedelt, und weil dieses lange Zeit von der gesellschaftlichen und kulturellen Entwicklung im übrigen Norwegen abgeschnitten war, haben sich hier – wie man sagt – bäuerliche Traditionen in ihrer ursprünglichen Form bewahren können.

Rogaland und **Hordaland**, umgangssprachlich aus gegebenem Anlaß oft zu Vestlandet zusammengefaßt, sind anders als alle anderen Teile des Südens und entsprechen mit ihren wild zerklüfteten und düster prächtigen, dann wieder atemberaubend majestätischen Fjorden am ehesten dem Klischee, das wir Mitteleuropäer von Norwegen im allgemeinen haben. Das von bis zu 1400 m hohen Felshängen ›umschnürte‹ Wasser kann grün oder silbrig, türkis oder tief-

Am Jøssingfjord

blau leuchten. Ein jeder Fjord hat seinen eigenen Charakter, aber ihn mit Worten wirklich zu zeichnen, ist schier unmöglich. »Reminiszenzen an Bayreuther Akkorde scheinen in der Luft zu schweben«, so notierte einstmals Alfred Andersch. Und wenn man dann wie durch ein Glasgehäuse hindurch auch noch die Gletscherhauben der Hardangervidda hoch oben das Himmelsblau ritzen sieht, dann weiß man plötzlich, was Liv Ullman meinte, als sie schrieb: »Die Landschaft ist so schön, daß es innerlich schmerzt …« (›Wandlungen‹).

Die Extreme sind Trumpf
Das Klima

Das ständig polwärts gerichtete Luftdruckgefälle, welches als eine direkte Folge des Strahlungsdefizites (die Sonneneinstrahlung ist geringer als die Ausstrahlung) gilt, kommt zirkumpolar, also überall nördlich von 50° Nord, zum Tragen (Oslo liegt etwa auf dem 60. Breitengrad). Der andere Faktor, der einen entscheidenden Einfluß auf das Klima (Süd-)Norwegens nimmt, ist die Lage an der Westküste Eurasiens. Denn ständig ziehen über diese mittleren Breiten die charakteristischen, vom Atlantik stammenden Zyklone hinweg. Im Winter bringen diese Luftmassen eine beträchtliche Wärmemenge nach Norwegen und bewirken eine große, positive Temperaturanomalie, während sie im Sommer eher für Abkühlung sorgen. Zwar ist diese zonale Weststromung über dem Nordatlantik normalerweise sehr beständig, dennoch kommt es häufig vor, daß das System durch eine meridionale Zirkulation abgelöst wird (besonders wirksam für den Verlauf der Strömungen sind stationäre Hochdruckgebiete, die eine ›blockierende‹ Wirkung ausüben): dann fließt warme Luft aus südlichen Breiten nach Norden entlang dem Hochdruckrücken und Kaltluft südwärts in die Tiefdruckrinne; für das Wettergeschehen in Norwegen kommt es dann auf die Lage dieser Drucksysteme an.

Soviel zur Großwetterlage. Betrachtet man Norwegen auf einer Landkarte, so fällt sofort der mächtige **Kaledonische Gebirgszug** ins Auge, der sich von Süd nach Nord erstreckt. Dieses Gebirge, auch Skanden genannt, bildet eine sehr wirkungsvolle Barriere gegen den Einfluß des Ozeans, weshalb westlich und am Südrand der Skanden ein maritimes Küstenklima dominiert, während östlich davon das von Extremen geprägte Kontinental- oder auch Binnenlandklima vorherrscht. Dies bewirkt, daß die Amplitude (Differenz zwischen der Temperatur des kältesten und wärmsten Monats) am Südrand Norwegens nur 10° beträgt, in der zentralen Hardangervidda schon 16°, in Oslo hingegen über 22°C.

Daraus resultiert, daß (Süd-)Norwegen klimatisch weniger in Süd und Nord als vielmehr in West und Ost zu unterteilen ist. Und dies auch in Bezug auf die Niederschlagsmengen, die überall bestimmt werden in Abhängigkeit von der Höhe über und dem Abstand zum Meer. Während der jährliche Niederschlag in Oslo (das im Lee der Skanden liegt) um 740

Spuren der Eiszeit

Warum die Eiszeiten entstanden – deren letzte vor etwa 70 000 Jahren begann und vor rund 13 000 Jahren den Rückzug antrat –, ist eine Kernfrage, über die die Diskussion kontrovers geführt wird. Vereinfachend gesagt, entstand die Vereisung als Folge von Klimaverschlechterungen, wobei diese freilich nicht Ursache, sondern Wirkung waren.

Der Einbruch der Kaltzeit führte dazu, daß die Schneegrenze um bis zu 1200 m fiel. Die Schneemassen häuften sich an, am höchsten natürlich in den Gipfelzonen der Berge, wandelten sich nach Überschreiten eines Grenzwertes in Firn, dann in Eis, das sich nach Erreichen einer bestimmten Mächtigkeit als Gletscher in Bewegung setzte. Die einzelnen Gletscherströme vereinigten sich zu einer Eiskappe, die den gesamten europäischen Norden bedeckte; sie soll bis zu 3 km dick gewesen sein. Unter diesem gigantischen Gewicht wurden große Teile Skandinaviens auf ein Niveau unter dem heutigen Meeresspiegel gedrückt, und als das Eis sich schließlich zurückzog, hob sich auch das Land wieder, und zwar an manchen Stellen bis zu 300 m, wovon **Strandlinien** zeugen, die z. B. bei Oslo 200 m über dem heutigen Meeresspiegel liegen.

Aber die Eiswalze stauchte das Land nicht nur zusammen, sondern wirkte, einmal ins Gleiten gekommen, wie ein Bulldozer, eine riesige Feile und ein Schlitten, alles in einem. Indem sie die in Richtung des Eisstroms gelegenen Täler vertiefte und verbreiterte, entstanden **Trogtäler**, die – wenn längs der Küste gelegen – nach Abschmelzen des Eises und Anstieg des Meeresspiegels zu dem wurden, was wir **Fjorde** nennen. Seitentäler hingegen, die der Eisfräse nicht so stark ausgesetzt waren, wurden zu sogenannten **Hängetälern**, aus denen sich heute die monumentalsten **Wasserfälle** des Landes ergießen.

Alles erlag dem Eispanzer, und wo er nicht durch vorgegebene Felsrinnen schürfen konnte, da rundete und glättete er das Gestein und schuf so den beherrschenden Relieftypus des **Fjell**, worunter man die hügeligen Regionen oberhalb der Baumgrenze versteht. Drei Arten werden unterschieden: Das allgemeine Fjell umfaßt die für ganz Skandinavien charakteristische Buckelberg-Landschaft. Die zweite Variante ist das von Tälern nur mäßig reliefierte Plateaufjell, dessen größtes Verbreitungsgebiet die Hardangervidda ist. Und schließlich das alpine Fjell, das eigentliche Hochgebirge, dessen Formenschatz in Südnorwegen aber nur einzelnen höheren Gebirgsstöcken vorbehalten bleibt.

Klima

mm beträgt, sind es an der Westküste des Landes durchschnittlich etwa 2000 mm. Entsprechend auch die Dauer der Schneedecke im Winter, die in Oslo z. B. vom 10. Dezember bis 20. März währt, wohingegen man in Haugesund nur selten eine geschlossene Schneedecke vorfindet, doch bereits 20 km landeinwärts die ›weiße Pracht‹ von Ende November bis Anfang Mai zu liegen pflegt. Auch in Südnorwegen macht sich aber die weltweit zu beobachtende Erwärmung der Atmosphäre bemerkbar, so daß es hier in den vergangenen vier bis fünf Jahren manch verregneten Wintermonat gab. Die jährliche Sonnenscheindauer korreliert jedoch noch mit der Niederschlagsmenge, steht nämlich in umgekehrtem Verhältnis zu ihr. Das Maximum mit rund 2100 Std. jährlich ist in Südostnorwegen (bei Oslo) zu finden, und das Minimum mit rund 1400 Std. an der nördlichen Westküste.

Diese Extreme spiegelt auch die nebenstehende Übersicht wider, wobei Oslo stellvertretend für das Kontinentalklima steht, Bergen hingegen für das maritime Küstenklima im Bereich der Nordsee.

Dank der vom Atlantik herüberdriftenden Zyklone ist das Küstenklima äußerst mild, wie bereits gesagt wurde. Offen ist aber weiterhin, warum diese Luftmassen eine derart beträchtliche Wärmemenge herantragen. Immerhin beträgt die positive Temperaturanomalie nördlich von Haugesund im Winter durchschnittlich 15 °C, was bedeutet, daß es dann überall sonst auf diesem Breitengrad (der ja u. a. durch Nordsibirien und Südgrönland verläuft) 15 °C kälter ist. Warum auch bleibt die norwegische Küste das ganze Jahr hindurch eisfrei, während doch z. B. die Ostsee bei Kiel, viel weiter südlich gelegen, immer mal wieder zufriert?

Für diese Phänomene ist einmal mehr jene natürliche ›Warmwasserheizung‹ zuständig, die – vereinfacht gesagt – ihren Ursprung im Golf von Mexiko hat und als Golfstrom bekannt ist. Diese Meeresströmung fließt mit einer Geschwindigkeit von rund 1 m/s an der amerikanischen Ostküste entlang bis hoch zum 40. Breitengrad, sodann als Atlantischer Strom (auch: Golfstrom-Trift) nördlich der Azoren durch den Atlantik und transportiert so ständig warmes Wasser aus tropischen Gegenden nach Norden, wo er sich schließlich in drei Ströme teilt.

Einer dieser Ströme zieht an Norwegens Westküste entlang. Dort sorgt er nicht nur für ein eisfreies Meer, sondern – indem er die über ihm liegenden Luftmassen erwärmt – auch für ein äußerst mildes maritimes Klima. Da aber der Golfstrom wie jede Meeresströmung primär eine Folge der vorherrschenden Winde ist, beruht das Temperatur-Plus in erster Linie auf den Bewegungen der Luftmassen.

Mittlere Lufttemperaturen und Frosttage

	Oslo	Bergen
Januar	−4,7 (28)	1,5 (15)
Februar	−4,0	1,3
März	−0,5	3,1
April	5,0 (11)	5,8 (4)
Mai	10,7	10,2
Juni	14,7	12,6
Juli	17,5 (0)	15,0 (0)
August	15,9	14,7
September	11,3	12,0
Oktober	5,9 (8)	8,3 (2)
November	1,1	5,5
Dezember	−2,0	3,3
Vegetationsperiode:	11.4.–25.11.	17.3.–15.12.

Vom Laubwald in die Tundra
Flora und Fauna

Lange Zeit bevor die Eismassen das heutige Norwegen, mithin auch den Süden des Landes, in eine glaziale Wüste verwandelten, waren diejenigen Pflanzen, die dazu in der Lage waren, nach Süden abgewandert. Und zwar in Regionen, in denen die konstant sinkenden Temperaturen des Quartärs ähnliche Umweltbedingungen geschaffen hatten wie in jenen Gebieten, die sie hatten aufgeben müssen. Die Arten, die dem vorrückenden Eistod nicht ausweichen konnten – insbesondere einjährige Pflanzen – gingen zugrunde.

Vor ca. 13 000 Jahren begann das Klima sich zu wandeln, Milderung trat ein, und der Einfluß der natürlichen ›Warmwasserheizung‹ Golfstrom festigte sich. Spasmodisch (d. h. in Schüben) zog sich das Eis zurück und hinterließ – wo immer dies die Topographie gestattete – ein Gemisch aus Sand und Ton, Kies und Fels. Anfangs war dieser Belag völlig kahl, doch dann rückten Flechten, Moose und andere niedere Pflanzenarten vor, die auf solchen glazialen Böden gedeihen konnten, welche nahezu keinerlei organische Nährstoffe mehr enthielten.

Diese frühen Siedler starben ab, verwesten und reicherten den Boden mit ihren Überresten an, wodurch erst die Existenzgrundlage für Arten mit höheren Ansprüchen geschaffen wurde. Das Land hatte eine Wiedergeburt erlebt bzw. – wie die Geographen sagen – den Prozeß der postglazialen Sukzession. Für den Betrachter, der im Flugzeug über Südnorwegen hinwegfliegt, präsentiert sich dieser Landesteil noch immer größtenteils so, wie er zur Zeit des Pleistozän-Frühlings ausgesehen haben muß: als eine graue Felsmasse mit hellen Wasserstreifen dazwischen. Beim Tiefergehen löst sich dieses Bild zu Bergketten und Hochflächen, Tälern und Küstenebenen auf, und das scheinbar allgegenwärtige Grau wandelt sich zu Grün und Gelb. Doch erst wenn man ganz nahe kommt, erkennt man staunend, daß selbst in die ödesten Berglehnen eine bunte Gebirgsflora ›eingestickt‹ ist, deren kleine Flammenzungen einen aparten Gegensatz zu den düsteren Felsbahnen und fast tropengrünen Moosflächen bilden, die sogar hochgelegene Schattenhänge bedecken. Schweift der Blick tiefer, streift er Wiesen und Moore, ebenfalls mit Blütenkleidern geschmückt, sodann erfaßt er das dunkle Grün von Kiefer- und Fich-

Flechtwerk

Nutzen und Schönheit der anspruchslosesten Pflanzengruppe der Welt fallen nicht sofort ins Auge. Gemeint ist die Flechte, in der Algen und Pilze in Symbiose leben, wobei die Algenzellen (mit Hilfe der Photosynthese) Traubenzucker und andere Stoffe produzieren, während die Pilze vor allem die Aufnahme von Wasser und Nährsalzen besorgen. Ihrem ganzen Habitus nach scheint die Flechte Teil des Felsens zu sein, an den sie sich anklammert; sie erinnert eher an ein Mineral als an eine Pflanze, überlebt selbst in den Regionen des Permafrostes, kann Hunderte von Jahren alt werden und wächst so langsam, daß der Zuwachs des Thallus (Pflanzenkörpers) nur 1–2 mm pro Jahr beträgt.

Ihre Schönheit erkennt nur, wer sich auf den Boden legt und die feinen Maserungen betrachtet, die komplizierten Netzwerken oder – je nach Art – filigranen Miniaturen, mikroskopisch kleinen Schornstein-Landschaften oder auch Kirchenfenstern à la Chagall ähneln.

Um den Nutzen der Flechte verfolgen zu können, müßte man ähnlich zeitlos sein wie sie, denn das, was sie hervorbringt, bedarf Jahrhunderte, wenn nicht Jahrtausende. Denn die Flechte produziert fruchtbaren Boden, geschaffen vom Pilz, der konstant organische Säure (der chemischen Zusammensetzung nach Polycarbonsäure) absondert, die nirgendwo sonst in der Natur vorkommt, und die das Substrat, den Fels, auf dem er sitzt, in einem unermeßlich langsamen chemischen Erosionsprozeß zersetzt.

Flora und Fauna

tenwäldern, bald das hellere Lind der Mischwaldzone, um schließlich auf den Küstensaum zu fallen, der vom vielfarbigen Grün der Laubwaldregion geprägt ist.

Je weiter man also von Norden nach Süden oder von höheren in tiefere Lagen vorstößt, desto unterschiedlicher präsentiert sich die Vegetation, die stets Abbild der klimatischen Gegebenheiten ist. Jeder Zone kann somit ihre eigene Vegetationsstufe zugeordnet werden, wobei die einzelnen Gürtel natürlich nicht durch klare Linien getrennt sind, sondern die Grenzen, je nach lokalen Klimaverhältnissen, mal nördlicher, mal südlicher bzw. auf einem höher oder tiefer gelegenen Niveau verlaufen.

In unserem Gebiet bedeckt die **nordeuropäische Laubwaldzone** nur einen schmalen Streifen an der Süd- und Südostküste. Dort ist die Rotbuche *(Fagus silvatica)* bestandsbildend, und neben Efeu *(Hedera helix)* und Eibe *(Taxus baccata)* sind hier insbesondere auch Buschwindröschen *(Anemone nemorosa)* und Leberblümchen *(Hepatica nobilis)*, Fester Lerchensporn *(Corydalis solida)* und andere Frühlingspflanzen zu Hause.

Die **nordeuropäische Mischwaldzone** schließt sich an den Laubwaldgürtel an und erstreckt sich etwa bis zu einer gedachten Linie Oslo–Flekkefjord. Wie groß der Anteil der Nadelbäume ist (im Durchschnitt mehr als die Hälfte),

Flora und Fauna

Am Høgsfjord

korreliert mit geographischer Höhe und Breite. An Laubbäumen kommen hier insbesondere vor Stieleiche *(Quercus robur),* Spitzahorn *(Acer platanoides),* Esche *(Fraxinus excelsior),* Winterlinde *(Tilia cordata)* und Ulmengewächse *(Ulmaceae).* Außerdem vertreten sind Laubbaumarten, die auch in der Nadelwaldzone heimisch sind. Insbesondere Birken *(Betulaceae),* Esche *(Sorbus aucuparia),* Schwarz- oder Rot-Erle *(Alnus glutinosa)* sowie mehrere Weidengewächse *(Salicaceae)* und Kirschen *(Rosaceae).*

Es folgt die **boreale Nadelwaldzone,** auch als Taiga bekannt, die sich bis über den Polarkreis hinaus ausdehnt und in Norwegen (wie auch in Finnland und Schweden) durch außerordentliche Artenarmut hervorsticht, was aus der langen pleistozänen Vereisung resultiert. Bestandsbildend sind hier eigentlich nur die heimische Fichte *(Picea abies),* auch Rottanne genannt, sowie Kiefer *(Pinus sylvestris)* und Birke *(Betula pubescens).* Reich vertreten sind Kräuter und insbesondere Zwergsträucher, allen voran die Heidekrautgewächse Heidelbeere *(Vaccinium myrtillus),* Preiselbeere *(Vaccinium vitsideae)* und Rauschbeere *(Vaccinium uliginosum).* Nicht zu vergessen die zahlreichen Moose *(Bryophyta)* sowie die Flechten aus der Gattung Cladonia, die von der Rentierflechte *(Cladonia rangiferina)* dominiert werden.

Die baumlose Bergzone schließlich, zu der pflanzengeographisch auch die Hardangervidda zu zählen ist, gehören der **alpinen Tundra** an, auch bekannt als Oreal (griech. oros ›Berg‹, ›Gebirge‹) und in Norwegen *fjell* geheißen. Relativ trockene Partien sind mit Flechten *(Lichenes)* und Moosen *(Bryophyta),* Grasartigen Gewächsen *(Poales)* und Zwergstrauchheiden bedeckt, während sich dort, wo das Oberflächenwasser nicht ablaufen und wegen der langen Frostperiode auch nicht einsickern kann, Moore bilden. In ihnen gedeihen u. a. zahlreiche Seggenarten *(Carex)* und Wollgräser *(Eriophoruam).*

Geschichte, Gesellschaft und Kultur

Daten zur Geschichte

Blond und blauäugig – Bevölkerung

Von »ting« zu »ting« – Staat und Verwaltung

Vom Bauernland zum High-Tech-Staat – Wirtschaft im Wandel

Norwegen – Land der Künstler

Eine lange Geschichte

Ab 13. Jt. v. Chr.: Abschmelzen der Eismassen der letzten Kaltzeit, erste Spuren menschlicher Anwesenheit in Norwegen. Bekannt sind rund 70 Wohnplätze (Berg- und Erdhöhlen) jene der **Altsteinzeit** zuzurechnenden Jäger- und Fischerkulturen, die bereits den Bootsbau beherrschen. Erstaunlich scheint, daß die ältesten Spuren der Besiedlung in geographisch weit voneinander getrennten Räumen gefunden wurden: Sowohl am Komsafjell (Komsa-Kultur) bei Alta in der Finnmark als auch bei Fosna (Fosna-Kultur) in Møre im Süden des Landes haben zu jener Zeit Menschen gelebt. Ob diese ersten Kolonien des homo sapiens untereinander Kontakt hatten, ist ebenso unbekannt wie ihre Herkunft.

8.–4. Jt. v. Chr.: Während der **Mittleren Steinzeit** tritt im Bereich des Oslofjordes die Nøstvet-Kultur auf (benannt nach dem gleichnamigen Ort in der heutigen Provinz Akershus), deren Blütezeit im 6. Jt. liegt. Der Hund wird bereits als Haustier gehalten, das Töpferhandwerk ausgeübt und ein reger Handel mit Steinwerkstoffen und Steinwerkzeugen entlang der Küste betrieben. Eindrucksvolle Zeugnisse dieser Ära sind die Felszeichnungen älteren Typus', die hauptsächlich naturalistisch eingeritzte Tiere darstellen.

Vorgeschichtliche Felszeichnungen

Geschichte

4.–3. Jt. v. Chr.: Die Epoche der **Jüngeren Steinzeit** geht mit einer deutlichen Verbesserung des Klimas einher, Ackerbau und Viehzucht halten Einzug ins tägliche Leben, die Besiedlungsformen werden dichter, und man kann eine Bewegung von den Fjorden aus durch die Trogtäler bis auf die Fjellhochflächen im Landesinneren verfolgen.

1500–500 v. Chr.: Die Technik des Bronzeguß findet den Weg nach Norden. Wichtigste Dokumente der **Bronzezeit** sind aber nicht Fundstücke, die von der Metallverarbeitung zeugen, sondern vielmehr die *Helleristninger* geheißenen Felszeichnungen, die in großer Zahl insbesondere entlang der Süd- sowie Südostküste vorkommen. Vermutlich mit harten Quarzsteinen werden symbolische oder halbnaturalistische Figuren wie Schiffe, Hirsche, Pferde, Kraniche, aber auch Männer mit Äxten, Speeren, Pfeil und Bogen sowie mit Rädern und Pflügen in glatte Felsflächen geritzt.

500 v. Chr.–500 n. Chr.: In der **Eisenzeit** macht sich die Trennung des Nordens vom römisch beeinflußten Mitteleuropa besonders bemerkbar, denn die Kunst der Eisenerzverhüttung wird von den Bewohnern Norwegens erst wesentlich später als von denen des Südens (und der Britischen Inseln) erlernt. Ebenfalls in dieser Epoche tritt eine drastische Klimaverschlechterung ein, die – wie manche Wissenschaftler meinen – letztlich die große germanische Völkerwanderung auslöste.

500–1000: Die Vendelzeit (550–800); benannt nach dem Fundort Vendel in Uppland/Schweden), die der **Wikingerzeit** direkt vorausgeht, hat zwar eigentlich nichts mit der norwegischen Geschichte

»Ausfahrt der Wikinger«

zu tun, aber während dieser Epoche, die für den Norden chronologisch in etwa der kontinentaleuropäischen Merowingerzeit entspricht, geschieht etwas sehr Bedeutsames im Nachbarland: dort, am Mälarsee, kämpfen nämlich zwei Geschlechter um die Herrschaft, und das unterlegene, das der Ynglingar, wandert nach Westen ab. Am Oslofjord findet es seine neue Heimat, und über Königin Åsa führt die Linie dieser Ynglingar direkt zu Harald Hårfagre (Schönhaar). Ihm gelingt es im Jahre 872, die norwegischen Stämme (die seit Beginn

Geschichte

des 8. Jh. in ganz Europa als die Wikinger gefürchtet werden) zu einem Reich zu vereinen. Wer nicht für ihn ist, muß das Land verlassen, wodurch die Besiedlung Islands (ab 874) und auch Grönlands (985) ihren Anfang nimmt und in der Folge auch die nordamerikanische Küste entdeckt wird (1002). Nach dem Tode Haralds zerfällt das Reich wieder.

1000–1380: Sein Nachfolger, König Olav Haraldsson, versucht das Land erneut zu einen, kommt dabei um, aber posthum (nachdem sein Sohn das Werk vollendet hat) zu höchsten Ehren. Denn er wird heilig gesprochen und sein Grab zur bedeutendsten Wallfahrtsstätte des Nordens im **Mittelalter.** Der Halbbruder von Olav dem Heiligen, König Harald Hårdrade, gründet im Jahr 1050 Oslo, das unter König Håkon Magnusson (1299–1319) schließlich zur Hauptstadt des Landes aufsteigt. Zur gleichen Zeit etwa erfolgt in Bergen die Gründung des hanseatischen Kontors. Der Handel blüht auf, bringt aber im Jahre 1349 auch die Pest nach Norwegen, der mehr als die Hälfte aller Landesbewohner (damals rund 350 000) zum Opfer fallen.

1380–1814: Das durch den ›Schwarzen Tod‹ geschwächte Norwegen wird 1380 mit König Olav VI. (Sohn des norwegischen Königs Håkon VI. und der dänischen Königstochter Margarete), der gleichermaßen über Dänemark und Norwegen herrscht, vom wirtschaftlich, militärisch und auch kulturell überlegenen Dänemark abhängig. Es beginnt die lange, bis 1814 währende **dänische Zeit,** in der Norwegen praktisch zu einer Kolonie des südlichen Nachbarn wird. Der Fremdadel drängt sich in alle wichtigen Stellungen, die Regeln der dänischen Sprache werden übernommen, und bald schon haben die Norweger sowohl im Handel als auch in der Verwaltung jegliches Mitspracherecht verloren.

1814–1905: Nach dem Wirrwar der napoleonischen Kriege wird der Siegermacht Schweden im Vertrag zu Kiel Norwegen zugesprochen. Es beginnt die **schwedische Zeit,** doch können es ein paar überaus weitsichtige norwegische Politiker gerade noch verhindern, daß ihr Land erneut in den Kolonialstatus zurückfällt. Sie geben Norwegen eine eigene Verfassung als selbständiges Königreich mit einem Parlament. Der Schwedenkönig akzeptiert dies, und am 26. Oktober 1905 sagt sich Norwegen los (s. S. 33).

1905–1940: Das **unabhängige Norwegen** wählt sich noch im selben Jahr Prinz Carl von Dänemark zum König (s. S. 44), der als Håkon VII. die im Mittelalter unterbrochene Königslinie weiterführt. Die ersten Touristen kommen ins Land, allen voran der Nordlandenthusiast Kaiser Wilhelm II., aber trotz eng-

Norwegen
Eine zufällige Geburt

Norwegen, das geographisch nur unklar umrissene ursprüngliche Siedlungsgebiet der Nordgermanen, im Mittelalter Sitz mehrerer sich streitender Wikinger-Könige (die sich nicht für das Land, sondern nur für ihre kleinen Reiche interessierten), war seit dem 14. Jh. und bis 1814 de facto Kolonie von Dänemark. – Norwegen als Nationalstaat, das gab es vor dem 19. Jh. überhaupt nur als Fiktion. Daß ab 1814 ein Staat dieses Namens existierte, war Folge mehrerer Zufälle. Die Dänen, die auf den Verlierer Napoleon gesetzt hatten, waren am 14. Januar im Vertrag von Kiel gezwungen worden, u. a. auch Norwegen gegen eine Million Taler an den schwedischen König abzutreten. Selbiger begrüßte die Absicht einiger Politiker aus dem Süden seines neuen Landes, eine Verfassunggebende Versammlung einzuberufen, ahnte freilich nicht, was für ein Kuckucksei er sich da ins Nest setzen ließ.

Am 11. April 1814 trat die Riksforsamling bei Eidsvoll (nördlich von Oslo) zusammen, und am 16. Mai des gleichen Jahres beschloß sie die ›Verfassung des Königreiches Norwegen‹, das fortan selbständig, frei, unteilbar und unveräußerlich sein sollte. Als Regierungsform wählte man eine konstitutionelle Monarchie, und die Legislative wurde dem Volk bzw. dessen Stellvertreter (= Storting) übertragen. Ausgerufen wurde diese Verfassung einen Tag später, am 17. Mai, dem heutigen Nationalfeiertag des Landes, und damit ist sie die älteste noch gültige in Europa.

Karl Johan von Schweden, außerhalb seines Reiches mit Kriegen beschäftigt, konnte sich gerade keinen Streit mit seinem Nachbarn erlauben und stimmte so notgedrungen der geforderten Souveränität zu. Den Dänen Christian Frederik aber, den sich die Reichsversammlung kurioserweise als neuen norwegischen Monarchen ausgesucht hatte (in Norwegen gab es keinen Adel mehr), wollte er freilich nicht akzeptieren. So nahm er sich selbst die vakante Krone und nötigte Norwegen lediglich eine Union formell gleichberechtigter Staaten auf, in der Schweden jedoch die Außenpolitik zu bestimmen hatte.

ster Beziehungen zum Deutschen Reich verständigt sich Norwegen zusammen mit den zwei anderen skandinavischen Staaten am Vorabend des Ersten Weltkrieges auf Neutralität und Zusammenarbeit – eine Abmachung, die als ein Vorgriff auf den Nordischen Rat

Geschichte

bezeichnet werden kann. Doch auch diese vorsichtige Politik vermag das junge Land nicht vor Kriegsschäden zu schützen. Norwegen verliert durch U-Boot-Angriffe fast die Hälfte seiner Handelsflotte, muß ständig mit einem deutschen Angriff rechnen und wird durch die Blockade in eine äußerst schwierige Situation gebracht.

1920 ruft man den Völkerbund ins Leben, der zum großen Teil von Norwegen bzw. dessen Delegationsmitglied Fridjof Nansen geprägt wird. Dieser hatte schon zuvor durch seine zahlreichen Expeditionen Weltruhm erlangt. Im gleichen Jahr stellt Oslo den Archipel Spitzbergen unter seine Kontrolle, außerdem weite Gebiete der Antarktis (die Roald Amundsen soeben ›erobert‹ hatte) sowie die arktische Insel Jan Mayen.

Zur Zeit der Weltwirtschaftskrise steht Norwegen ökonomisch außerordentlich stabil da und entwickelt sich ab 1935, jetzt regiert von der Sozialdemokratischen Arbeiterpartei, mehr und mehr in Richtung Wohlfahrtsstaat. Die nationalsozialistische Nasjonal Samling-Partei (Nationale Sammlung), die fünf Jahre später eine verhängnisvolle Rolle spielen sollte, ist innenpolitisch mit nur 2 % der Stimmen vollkommen bedeutungslos.

1940–1945: Wie schon im Ersten Weltkrieg erklärt Norwegen auch jetzt wieder seine Neutralität, weiß aber, daß es aufgrund seines Erzhafens Narvik und der Lage gegenüber der Britischen Inseln äußerst gefährdet ist. In der Tat schmieden sowohl die Alliierten als auch Nazi-Deutschland Invasionspläne, und am 8. April 1940 beginnen die Engländer damit, die norwegischen Gewässer zu verminen. Einen Tag später erfolgt der **deutsche Angriff** auf Norwegen, der am 10. Juni zur Kapitulation der letzten norwegischen Truppen führt.

Josef Terboven wird als Reichskommissar eingesetzt und mit allen erdenklichen Machtmitteln ausgestattet. Die Parteien (außer der Nasjonal Samling von Quisling) werden verboten, die barbarischen Repressalien der Faschisten kommen zur brutalen Anwendung. Am 1. Februar 1942 steigt Vidkun Quisling zum Ministerpräsident seines Landes auf (angeblich um Norwegen zur Unabhängigkeit zu führen) und wird nicht müde, bei den Norwegern immer wieder an die »Blutsverwandtschaft aller Wikinger« zu appellieren.

Vergebens: Der aktive Widerstand des unterdrückten Volkes nimmt gefährdende (wenn auch für die Besatzungsmacht niemals bedrohliche) Formen an. Als ihr wichtigster Schlag gilt die Versenkung eines mit ›schwerem Wasser‹ beladenen Schiffes, wodurch es Nazi-Deutschland unmöglich wird, die Atombombe zu bauen.

Aber erst die deutsche Kapitulation am 8. Mai 1945 bringt die Befreiung Norwegens. Jetzt wird das

Ein Land, zwei Sprachen

Die älteste in Norwegen nachweisbare Sprache ist das Urnordische, das im 2. Jh. auftauchte und mit den gemeingermanischen 24 Runen geschrieben wurde. Gegen 600 n. Chr. entwickelte sich aus dem Urnordischen das Altwestnordische, das ins Ältere (Wikingerzeit; Runen) und ins Jüngere Altwestnordische (bis 1350; lateinische Buchstaben) zerfiel. Als 1314 der königliche Hof von Bergen nach Oslo umzog, wandelte sich das Altwestnordische zum Mittelnorwegischen, das 1525 vom Dänischen abgelöst wurde, denn die Dänen herrschten damals auch über Norwegen. So blieb es bis ins 19. Jh. hinein, und als Norwegen 1814 aus der Union mit Dänemark austrat, hatten die Norweger eine dänische Schriftsprache, gesprochen wurden allerdings zahlreiche Dialekte, die man als Norwegisch bezeichnete.

Doch das Nationalbewußtsein war erwacht, eine eigene Schriftsprache mußte her. Die Sprachenfrage wurde ein heiß diskutiertes Thema. So entstanden zwei Lager, und jedes begab sich an die Arbeit. Die einen wollten das Dänische als Ausgangspunkt nehmen und es Wort für Wort ›norwegisieren‹. Die anderen hingegen empfanden solches Vorgehen als chaotisch und beabsichtigten statt dessen eine neue norwegische Sprache zu schaffen, die auf einem ›rein‹ norwegischen Dialekt aufbauen und durch altnordische Elemente ergänzt werden sollte.

So kristallisierten sich zwei Schriftsprachenvarianten heraus, nämlich das *Landsmål,* das heute *Nynorsk* genannt wird, und das *Riksmål,* heute als *Bokmål* gebräuchlich. Seit 1985 sind beide als offizielle Schriftsprachen anerkannt, und während die Landbevölkerung auf die ›Kunstsprache‹ Nynorsk schwört, hält es die Wirtschaft, Verwaltung, Literatur und Presse mit dem aus dem Dänischen hervorgegangenen Bokmål.

Zur Zeit bevorzugen 16 % der Bevölkerung Nynorsk und ca. 84 % Bokmål, weshalb öffentliche Formulare und Fragebögen stets zweisprachig sind und man den Namen des Landes als *Norge* (Bokmål) oder *Noreg* (Nynorsk) auf Briefmarken lesen kann.

volle Ausmaß der Zerstörung offenbar, das die deutschen Streitkräfte im Norden des Landes auf ihrem Rückzug angerichtet haben. Es folgt eine Zeit der Abrechnung mit den Kollaborateuren, über 60 000 Gerichtsverfahren werden angestrengt.

Ab 1945: Die **Nachkriegszeit** ist geprägt durch das Engagement des Landes in übernationalen und karitativen Organisationen für die Belange der Unterdrückten sowie durch den Kampf um *rettferd,* dem norwegischen Begriff für Gerechtigkeit und Gleichheit, aus dem sich der Wohlfahrtsstaat ableitet (s. S. 50 f.). Noch im November 1945 tritt Norwegen der UNO bei. Man will Brücken des Friedens bauen, doch Trumans Außenpolitik und Stalins Aggressionskurs machen diese Hoffnung zunichte, und so unterschreibt Norwegen am 4. April 1949 als eines der ersten Länder den Nato-Vertrag.

Dank Marshall-Plan fließen 2,5 Mrd. Kronen Hilfe ins Land, der Wiederaufbau beginnt. Die bis 1965 ununterbrochen regierenden Sozialdemokraten wollen Norwegen von einem Agrarland zu einer unabhängigen Industrienation machen – und es gelingt: Spätestens seit den Ölfunden in der Nordsee gegen Ende der 60er Jahre beginnt ein wirtschaftlicher Aufschwung ohnegleichen (s. S. 146 f.). Während der 70er Jahre überholen die Norweger dann endgültig die Nachbarländer in puncto Wohlstand; und um den »Ausverkauf Norwegens« zu vereiteln, sprechen sich im Jahre 1972, zwölf Jahre nach Beitritt in die EFTA, 53,5 % der Norweger gegen die bereits vereinbarte EWG-Mitgliedschaft ihres Landes aus.

Auch bei der Abstimmung im November 1994 siegen die Europagegner; 52,3 % der Wähler bestimmen: »Nei til EU«.

Blond und blauäugig?
Bevölkerung

Die Norweger »haben unbedingt das echte Gepräge der germanischen Gesichtszüge«, ist im Brockhaus von 1846 nachzulesen. Diese Charakterisierung deckt sich auch heute noch mit den Vorstellungen, die sich die meisten Deutschen, aber auch andere Mitteleuropäer, gemeinhin vom Norweger machen. Von großer Statur sei er also, blauäugig und blondhaarig. Dieses Vorurteil findet durchaus seine Bestätigung, denn auch wenn der ›Durchschnittsnorweger‹ groß oder klein, blond oder schwarz, blau-, braun- oder grünäugig sein kann, so weiß doch die Statistik der Streitkräfte zu vermelden, daß 80 % al-

Bevölkerung

ler Rekruten blaue Augen oder blondes Haar haben und im Mittel 178,7 cm messen.

In der Tat gibt es wenige Länder mit einer derart homogenen Bevölkerung. Auch gilt Norwegen heute zusammen mit Schweden und Dänemark als das Kernland des ›nordischen Typus‹. Aber die ersten im Lande waren sie nicht, die Nordgermanen, denn schon ca. 12 000 Jahre alte Fundstücke, Südnorwegen war gerade vom Eis befreit, lassen auf die Besiedlung durch Menschen schließen. Zu welchem Typus sie gehörten, woher sie kamen, wie sie aussahen usw. – all dies ist unbekannt, wie auch über ihre Nachfolger, die Menschen des Mesolithikums und Neolithikums, kaum etwas herausgefunden werden konnte. Auf alle Fälle gingen sie bzw. ihre Abkömmlinge in den einwandernden Nordgermanen auf, die das eigentliche Bevölkerungssubstrat Norwegens bilden und zwischen 800 und 1000 n. Chr. als Wikinger ins helle Licht der Geschichte traten.

Ihre Nachfahren sind heute rund 4,3 Mio. an der Zahl, und damit ist Norwegen nach Island das Land mit der geringsten Bevölkerungsdichte in Europa. Im Schnitt teilen sich heute 13 Norweger einen Quadratkilometer (in Deutschland beträgt die Bevölkerungsdichte 223 Einw./km^2). Diese Zahl täuscht jedoch darüber hinweg, daß rund 71 % aller Einwohner auf wenige

Bevölkerung

Am 17. Mai, dem Nationalfeiertag, ist die Flagge auch beim Skilaufen dabei

Städte und Ballungszentren verteilt sind und das Land durch große Gegensätze zwischen städtisch-zentralen Kernen und siedlungsarmen, peripheren Landesteilen gekennzeichnet ist. – So leben heute z. B. allein im Großraum Oslo mehr als 20 % der norwegischen Bevölkerung. Ein anderes Phänomen ist das ausgesprochen starke Süd-Nord-Gefälle: In den nördlichen Provinzen Finnmark, Tromsø und Nordland, die etwa ein Drittel der Landesfläche umfassen, siedeln insgesamt weniger als 470 000 Menschen, wohingegen im hier als Südnorwegen definierten Landesteil über 2,2 Mio. Norweger gezählt werden. Davon konzentrieren sich wiederum mehr als 1,7 Mio. in Städten und Ballungszentren. Beträgt die Bevölkerungsdichte im Süden durchschnittlich rund 35 Einw./km^2 und in Oslo rund 1000 Einw./km^2, so sind es in den ländlichen Bezirken (ohne Städte) nur noch drei Menschen, die sich einen Quadratkilometer teilen.

Etwa 14 % der Gesamtbevölkerung sind älter als 67 Jahre, das Bevölkerungswachstum liegt heute bei 0,5 %, und ab dem Jahr 2020 rechnen die Statistiker mit einem Rückgang, sofern das Land seine strenge Einwanderungs-/Asylpolitik nicht verändert: Der Ausländeranteil in Norwegen beläuft sich gerade mal auf 0,8 % (in Deutschland ca. 8 %). Seit dem Zweiten Weltkrieg wurde kaum mehr als 12 000 Menschen politisches Asyl gewährt.

Norwegen kein Puppenheim
Die Stellung der Frau

Nur wenig mehr als ein Jahrhundert ist es her, daß Henrik Ibsen mit seinem Theaterstück »Nora oder ein Puppenheim« die Männerwelt in Aufruhr versetzte, denn Nora war es plötzlich leid, in ihrem ›Puppenheim‹ zu verkümmern, raffte die langen Röcke und entwich ihrem Mann Thorwald in die Freiheit. Seitdem hat sich viel getan in Norwegen, viel mehr als etwa in Deutschland, mehr auch als in allen anderen Ländern Europas (mit Ausnahme von Schweden), und heute kann Åse Kleveland, die Sprecherin des ›Gleichstellungsrates‹, mit gutem Gewissen sagen: »In formeller Hinsicht halten wir den Weltrekord in der Gleichstellung von Mann und Frau.« Natürlich ist es noch immer ein weiter Weg bis zur Verwirklichung der tatsächlichen Gleichberechtigung, denn auch hier hinkt die Wirklichkeit den Idealen auf vielen Ebenen hinterher, aber die Fortschritte sind doch beachtlich, bedenkt man, daß z. B. bis Mitte der 70er Jahre (dieses Jahrhunderts!) Töchter von der Erbfolge ausgeschlossen waren.

Schon zu Beginn unseres Jahrhunderts entstanden die ersten Frauengewerkschaften, 20 an der Zahl; 1913 erkämpften sich die norwegischen Frauen das Wahlrecht (die Männer erhielten es 1898), 26 Jahre später wurde die erste Frau Ministerin in Oslo, aber erst seit den 70er Jahren begann sich wirklich etwas zu ändern im Land. Gleich zwei Frauengruppen wurden gegründet – die antiautoritär eingestellten Nyfeministene (Neufeministinnen) und die marxistisch orientierte Kvinnefronten (Frauenfront) –, das erste Frauenhaus öffnete 1978 seine Tore (heute sind es 37), seitdem dürfen Norwegerinnen auch bis zur zwölften Schwangerschaftswoche über einen Abbruch frei entscheiden.

1979 wurde die Gleichstellung von Mann und Frau im Gesetz fest-

Skulptur im Dronningen Park in Oslo

geschrieben, 1981 übernahm Gro Harlem Brundtland als erste Frau in der Geschichte Skandinaviens die Regierung (1986, 1990 und 1993 wiedergewählt, z. Zt. noch amtierend). Seit dieser Zeit stehen Vergewaltigung, Prügel und Psychoterror in Ehe und Freundschaft unter Strafe. 1983 kam es zur Gründung einer ›Etablierungsschule für Frauen‹ – weltweit ein einzigartiges Projekt zur Verbesserung der Berufschancen –, und man führte den Posten eines Gleichstellungsombuds-›Mannes‹ ein, der seitdem über die Einhaltung der Gleichberechtigung zu wachen hat. Kurz darauf nahm eine Frauenuniversität ihren Betrieb auf – ebenfalls ohne Beispiel auf der Welt –, und 1988 gelang dann der vielleicht wichtigste Durchbruch seit Verabschiedung des Gleichberechtigungsgesetzes: In der Politik und im öffentlichen Sektor wurde eine Quotenregelung eingeführt. Die Folge: Die Hälfte aller Ministerposten im Kabinett sind heute von Frauen besetzt, Frauen stellen ein Drittel aller Gemeinderäte, sind in den Bezirksregierungen mit über 40 % vertreten, haben rund die Hälfte aller Lehrstühle an den Universitäten inne und dringen auch verstärkt in traditionelle Spitzenbastionen der Männer vor, leiten etwa Banken und Bohrinseln, Konzerne und Verlage.

Inzwischen sind über 70 % der Norwegerinnen erwerbstätig, der Mutterschaftsurlaub beträgt achteinhalb Monate, und alleinstehende Frauen mit Kindern bekommen vom Staat monatlich immerhin rund 8000 NOK zur Finanzierung ihres Lebens. Aber auch an die Männer und ihre Rolle in der Familie ist gedacht, denn der 1986 von der Regierung ins Leben gerufene ›Männerrollenausschuß‹ macht sich für den Vaterschaftsurlaub stark und setzt sich für eine gerechte Verteilung der Arbeit in und außerhalb der Familie ein.

Von »ting« zu »ting«
Staat und Verwaltung

Ting, zu Deutsch Ding, leitet sich von *thing* ab, der alten nordgermanischen Bezeichnung für Volks- und Gerichtsversammlung. Es waren Norweger, damals allerdings noch Wikinger genannt, die im Jahre 930 das erste *ting* mit gesetzgeberischer und rechtsprecherischer Autorität einführten: das **Allting** auf Island. In ihrem Stammland selbst mußten aber noch nahezu neun weitere Jahrhunderte vergehen, bis ein ähnlich machtvolles *ting,* jetzt allerdings auf die Legislative be-

Staat und Verwaltung

Das Parlamentsgebäude in Oslo

schränkt, gebildet wurde: das **Storting,** 1814 von der Eidsvoller Reichsversammlung beschlossen, und im norwegischen Grundgesetz festgeschrieben.

Dieses **Grundgesetz,** das älteste noch gültige Europas, ist in fünf Abschnitte unterteilt und unterscheidet zwischen Exekutive (König und Regierung), Legislative (eben Storting) und Jurisdiktion (Oberster Gerichtshof), wobei dem Storting, durch welches das Volk die gesetzgebende Gewalt ausübt, die stärkste Position zugesprochen wird. Stortingwahlen finden alle vier Jahre statt (die nächsten 1997; Neuwahlen kennt die norwegische Verfassung nicht), wahlberechtigt sind alle Staatsbürger/innen über 18 Jahre. Ein recht kompliziertes Wahlsystem berücksichtigt den Wunsch, starke Parteien stärker, schwache hingegen schwächer zu machen (um klare Verhältnisse zu schaffen) sowie in angemessener Weise die stark unterschiedliche Siedlungsstruktur des Landes. So kommt im dünnbesiedelten Norden ein Abgeordneter auf ca. 19 000 Einwohner, in Oslo hingegen auf ca. 30 000 Einwohner.

Im **Storting,** der entscheidenden politischen Instanz im Lande, werden die grundlegenden Bestimmungen für das Leben der Gesellschaft getroffen, und sein Präsident gilt als der zweithöchste Bürger im Lande. Der höchste ist der König, der die aus einem Staatsminister und 17 Staatsräten (Ministern) bestehende Regierung ernennt, die durch Abgeordnete der stärksten Parteien gebildet wird.

Vom Bauernland zum High-Tech-Staat
Wirtschaft im Wandel

Lauter Steine weit und breit, die Berge hoch, die Täler tief, dazwischen Wasser, nichts als Wasser, schon jedes Stückchen Erde hat hier Mühe, sich zu halten – Norwegen ist – nach Island – europäischer Spitzenreiter in Sachen Ödland (gleich 74 % der gesamten Fläche), und nur 3 % sind landwirtschaftlich nutzbar. Aber diese raren agraren Gunsträume finden sich insbesondere im Süden – der ›Korn-‹, ›Kartoffel-‹, ›Gemüse-‹, ›Obst-‹ und auch ›Viehkammer‹ des Landes –, und trotz des Mißverhältnisses zwischen Gesamt- und Nutzfläche kann sich Norwegen zu rund 40 % selbst mit Lebensmitteln versorgen.

Wald bedeckt noch etwa ein Viertel des Landes, aber im großen und ganzen sind es nur die Bestände im Süden, die zu den ›produktiven‹, also forstwirtschaftlich nutzbaren, gezählt werden. Auch der Fischfang ist hier von Bedeutung: Geht es im Norden Norwegens insbesondere um Dorsch und Seelachs, so ist der Süden für seinen Reichtum an Heringen bekannt. Oder besser: war es, denn die Nordsee ist verschmutzt und überfischt. Wurden 1956 z. B. noch 1,15 Mio. Tonnen Hering angelandet, waren es Mitte der 80er Jahre nur noch 17 000 Tonnen.

Holzindustrie in Notodden

Wirtschaft

Insgesamt betrachtet sind im primären Sektor (Land-, Forstwirtschaft, Fischerei) nur ca. 3 % der erwerbstätigen Bevölkerung beschäftigt; sie erwirtschaften rund 4 % des norwegischen Bruttosozialproduktes.

Daß Norwegen also ein Land der Fischer und Bauern sei, wie in Mitteleuropa noch häufig angenommen wird, entbehrt jeglicher Grundlage. Vor 120 Jahren etwa, da war das noch anders, da waren über 60 % im primären Sektor tätig; 1930 waren es noch 36 %, 1960 noch 19,5 %. Aber bereits 1875 hatte sich die Tertiärwirtschaft (Handel, Dienstleistung, Verkehr) den ersten Platz erkämpft, den sie noch heute innehat: 63 % der Erwerbstätigen verdienen in diesem Sektor ihren Lebensunterhalt.

Die Industriewirtschaft ist in Norwegen nur wenig mehr als 100

»Alt for Norge«
Der König

»Meine Herren, ich bin auch der König der Kommunisten«, sagte Håkon, Norwegens erster Volkskönig, als sich im Jahre 1932 die Konservativen empörten, weil der Monarch soeben die Sozialdemokraten mit der Regierungsbildung beauftragt hatte. Nur König der Nationalsozialisten wollte er nicht sein, und so wurde er zehn Jahre später, als er nach England ins Exil ging, auch Symbol für den Widerstand gegen die deutschen Besatzer und damit für den Kampf um ein neues und freies Norwegen. »Alt for Norge«, lautete sein Wahlspruch, – »Alles für Norwegen« –, doch Norweger war er nicht, zumindest kein gebürtiger. Denn bevor ihm im Jahre 1905 vom Storting der Thron angetragen wurde, hieß er Prinz Carl von Dänemark. Vorausgegangen war die

Denkmal für Olav V. am Holmenkollen

Jahre alt, und sie begann in der Textilbranche. Heute gilt Norwegen als eine der hochentwickeltsten Industrienationen der Welt (dessen Bruttosozialprodukt pro Einwohner in Europa nur von der Schweiz übertroffen wird).

Daß der Prozeß relativ spät einsetzte, ist durch den Mangel an Kohle im Lande zu erklären, denn erst mit der Gewinnung der preiswerten hydroelektrischen Energie (s. S. 179), um die Jahrhundertwende, war die Grundlage für eine Industrialisierung (insbesondere des Südens) geschaffen. Zur Zeit sind in diesem Sektor rund 34 % der erwerbstätigen Bevölkerung beschäf-

Auflösung des seit 1814 bestehenden Unionsvertrages mit Schweden und damit das Ende einer über fünf Jahrhunderte währenden Fremdherrschaft. Weil aber Norwegen dank dem Grundgesetz von 1814 ein Land ohne Adel war, die Verfassung jedoch die Monarchie festschreibt, mußte ein Herrscher her.

»Ein Königreich für einen König« also, und Prinz Carl, unsicher, ob ihn die Norweger als Staatsoberhaupt wirklich wünschten, bat um eine Volksabstimmung. 1905 wurde er mit solider Mehrheit zum ersten Volkskönig Norwegens gewählt. Als er 1957 starb, im Alter von 85 Jahren, trauerte die ganze Nation, und als sein Nachfolger, der Volkskönig Olav V. – auch unter dem Beinamen ›Ski-‹, ›Segler-‹ und ›Abenteuerkönig‹ bekannt – am 17. Januar 1991 verschied, trauerten die Norweger erneut. Er wurde geliebt und geachtet, vielleicht mehr noch als sein Vorgänger, und selbst die Maoisten hatten ihn gemocht, ihren »guten alten Olav«, wie einmal in der Zeitung ›Klassenkampen‹ zu lesen war.

Dennoch war sein Tod ein Prüfstein für die Monarchie, denn auch in Norwegen gibt es Kräfte, die auf eine Staatsform mit einem unpolitischen Oberhaupt gerne verzichten. Das Volk wurde befragt, doch wieder einmal entschied sich die allergrößte Mehrheit für ein Königshaus. So kam es am 17. Mai des gleichen Jahres, am Nationalfeiertag, zur Inthronisierung von Kronprinz Harald und der bürgerlichen Sonja Haraldsen. Ob ihr Sohn, Kronprinz Håkon, dereinst auch gekrönt werden wird, bleibt abzuwarten, denn in Norwegen existiert die Königswürde sozusagen durch ›öffentliche Gnade‹. Ein König, der symbolische Bewahrer der grundlegenden Werte der Gesellschaft, wird zwar vom Volk auf seinen Sockel gehoben, muß sich aber dort aus eigener Kraft halten und bewähren, will er nicht seinem Sohn die Chance nehmen, dereinst ebenfalls gekrönt zu werden.

tigt, und die Palette der Export-Produkte ist beachtlich: Norwegen avancierte zum größten Magnesium- und zum zweitgrößten Aluminiumexporteur der Welt, ist führend in Elektro-Keramik und im Transformatoren- sowie Wasserkraftwerksbau, hat u. a. in Sachen Schiffsbau, Kommunikationssysteme und Mobiltelefon sowie bei der Erzeugung von Eisenlegierungen eine Spitzenposition in Europa inne, steht ganz oben bei der Fabrikation von Heizsystemen aller Art, errichtet Satellitenstationen in Saudi-Arabien ebenso wie Observatorien in Venezuela, produziert High-Tech-Materialien und Ölbohrinseln, ja

Wirtschaft

Lachszuchtfarm

hat sich in der Offshore-Technologie einen führenden Platz erworben.

Der Wasserkraft allein ist diese beachtliche Entwicklung nicht zu verdanken. Ohne die Ressourcen an Erdöl (mind. 1,5 % der Welterdölreserven) und Erdgas (mind. 2,5 % der Weltgasreserven), die seit 1971 gefördert werden und ebenfalls dem Süden zuzurechnen sind, wäre es niemals möglich gewesen, die Wirtschaft dieses Landes, das noch vor rund 80 Jahren als Aschenputtel Europas galt, zu einer derart ausgereiften Nationalökonomie auszubauen. Insbesondere das ›schwarze Gold‹ erwies sich als Katalysator des raschen Strukturwandels, und in der norwegischen Exportbilanz liegt die Petroindustrie mit 40 % an erster Stelle, erwirtschaftet 17 % des Bruttosozialproduktes, beschäftigt dabei nur 3 % der Erwerbstätigen und ist alleine in der Lage, das jährliche Defizit des Landes in Höhe von über 80 Mrd. Kronen auszugleichen.

Hierin liegt die Gefahr verborgen: Die Gas- und Ölindustrie beherrscht die Wirtschaft Norwegens vollkommen, und spätestens seit dem drastischen Verfall der Ölpreise im Jahre 1986 plagt ein staatliches Haushaltsdefizit die Wirtschaft, haben ansteigende Arbeitslosigkeit (um 6,3 %), Inflation (um 9 %) und kräftige Lohnerhöhungen die Wettbewerbsfähigkeit des Landes verschlechtert.

Wirtschaft

»Albanien des Nordens« Streitfrage EU

In der mitteleuropäischen Presse, insbesondere in Deutschland, wird Norwegen häufig als »Albanien des Nordens« betitelt. Diese Artikel haben, von wem auch immer initiiert, die Absicht, den ›sturen‹ Norweger zum Nachdenken über die Zukunft der Nation zu zwingen. Das Warum liegt auf der Hand, denn Norwegen besitzt – pessimistisch geschätzt – rund 1,5 % der Weltöl- und 2,5 % der Welterdgas-Reserven, daneben verfügt es über 23 % vom Wasserkraftpotential des gesamten Kontinents; seine Gewässer gelten als die fischreichsten der Erde, und auch an Wäldern zur Holzgewinnung herrscht kein Mangel. Darüber hinaus ist Norwegen ein überaus hochentwickelter Industriestaat, dünn besiedelt und für seine Wohlfahrt bekannt obendrein. Die norwegische Wirtschaft dreht schon lange ihre europäischen Kreise, und insbesondere die Großkonzerne werfen schmachtende Blicke nach Brüssel. Ein ›Ja‹ aus Norwegen wäre der Habenseite ihrer zukünftigen Bilanzen außerordentlich förderlich.

Aber das Land weigert sich noch immer beharrlich, der EU beizutreten. Und das, obwohl es doch so vorteilhaft wäre für die Europäische Union. Die letzte definitive Absage erteilten die Norweger in der Volksabstimmung am 27./28. November 1994: Mit 52,3 % stimmten sie gegen den EU-Beitritt – den Wünschen der Wirtschaft und ihrer Regierung zum Trotz. Denn noch Ende November 1993 hatte sich das Parlament mit klarer Mehrheit von 104 gegen 55 Stimmen für einen Beitritt ausgesprochen.

Der Volksentscheid bestätigte die Einstellung der norwegischen Bevölkerung zur EU-Struktur seit nun mehr als 20 Jahren. 53,5 % hatten sich in einer Volksabstimmung bereits im September 1972 entschlossen, den Pro-EG-Ratschlägen ihrer politischen und wirtschaftlichen Führer nicht zu folgen. Doch vermochte es Brüssel seinerzeit noch, solche Sturheit zu verzeihen, so schlugen die Emotionen jetzt hoch – wo sich doch gerade zuvor Österreich, Finnland und Schweden für eine Mitgliedschaft ausgesprochen hatten. Da war von »bitteren Konsequenzen für das norwegische Volk« die Rede, vom »Ausgeschlossensein Norwegens vielleicht für immer«. Nur in der Schweiz, die sich ja ebenfalls beharrlich weigert, der EU beizutreten, stieß das norwegische Nein auf Verständnis.

Hinter dem Wahlergebnis verbargen sich die durchaus begründeten Befürchtungen der Fischer und Bauern vor einer Zerstörung ihrer Lebensgrundlage. So stimmten besonders im hohen Norden, wo noch bis zu 20 % der Bevölkerung im primären Sektor tätig sind, durchschnittlich 72,6 % mit Nein. Da aber Bauern und Fischer nur etwa 6 % der Norweger darstellen, dürfte noch ein anderer Faktor verantwortlich gewesen sein. Der

Wirtschaft

Der gezähmte Lachs
Aquakultur

Vergangen sind die Zeiten, da Herbst für Herbst die Flüsse kochten, weil Salmo salar, der atlantische Lachs, aus dem Meer zum Laichen in seinen Heimatfluß zurückkehrte. Maßloses Überfischen in Verbindung mit der Verschmutzung und Übersäuerung der Gewässer haben den Bestand reduziert bis ausgerottet, und damit der Luxusfisch den Gourmets der wohlgenährten nördlichen Welthalbkugel auch weiterhin serviert werden kann – gebeizt oder geräuchert, als delikates Hors d'œuvre –, hat man sich in Norwegen (wie auch in Irland, Schottland, Kanada und den USA) auf eine über viertausend Jahre alte, von den Chinesen zur Mehrung des Karpfens ersonnene Tradition besonnen: die Fischzucht.

Diese Alternative zur Fischerei, heute Aquakultur geheißen, ist an der Küste nördlich von Stavanger ›der‹ boomende Erwerbszweig überhaupt. Wurden Anfang der 70er Jahre, als alles begann, noch weniger als 5000 t Edelfisch (meist Lachs und Regenbogen-Forelle) auf diese Weise produziert, waren es ein Jahrzehnt später schon knappe 80 000 t. Heute zählt man Jahr für Jahr bereits über 150 000 t, die in den Export gehen. Damit stellt Norwegen gut 70 % der Lachsproduktion auf dem Weltmarkt. Dieser Erfolg beruht auf der grundsätzlichen Trennung der komplizierten Zucht in Süßwasseranlagen und der anschließenden Intensivmast der Satzfische in verankerten Netzkäfigen im Meer.

Der Geschmack des ›Königs der Fische‹, der wie hierzulande Schwein und Rindvieh gehalten wird, ist gut, selbst Gourmets können das bescheinigen, und da nimmt man auch keinen Anstoß daran, daß er, ähnlich seinen Leidensgenossen auf dem Festland, mit Antibiotika und anderem vollgepumpt wird. Doch all die Chemie konnte bislang nicht vermeiden, daß sich Seuchen einschleichen und Parasiten ausbreiten, die, ehemals unbekannt, nun auch frei lebende Tiere befallen und bereits in über 30 klassischen Lachsflüssen Norwegens den Salm

Norweger ist ein Provinzler – was hier im positiven Sinn des Wortes gemeint ist –, dem es unmöglich ist, sich für so etwas vollkommen Anonymes wie einen europäischen Megastaat zu entscheiden, mit dem sich niemand mehr identifizieren kann. Da hilft es auch nicht, daß Norwegen wirtschaftlich schon weitestgehend in die Union inte-

Wirtschaft

ausgerottet haben: So hoch ist der Preis für die drangvolle Enge im Gehege. Andererseits belaufen sich die jährlichen Deviseneinnahmen aus diesem (nach dem Öl) größten Exportgeschäft des Landes bereits auf über 5 Mrd. Mark, und weil Anzahl, Standorte und Größe der Lachsbetriebe durch eine staatliche Konzessionsordnung geregelt sind, konnten durch den neuen Wirtschaftszweig landesweit schon nahezu 100 000 Dauerarbeitsplätze in einer breiten räumlichen Streuung geschaffen werden. Das stellt natürlich einen wesentlichen Beitrag zur Lebenserhaltung zahlreicher Maginalräume dar, und so sehen Regierung und Storting in der Aquakultur einen wichtigen Wachstumsmotor, der auch in Zukunft mit Milliarden Kronen an Forschungsgeldern rechnen darf. Lange wird es nicht mehr dauern, bis ›Made in Norway‹ auch für Seewolf, Heil- und Steinbutt, Seezunge, Dorsch und viele andere Sorten aus der Zuchtanlage stehen wird. Und wer weiß: vielleicht wird aus der planmäßigen Bewirtschaftung des Wassers einmal jene ›blaue Revolution‹ hervorgehen, die – einstweilen nur in Science-fiction-Romanen – die Nahrungsversorgung der Menschheit für alle Zeiten sichert.

griert ist (die ca. 83 % der Exporte aufnimmt und mit über 70 % an Importen beteiligt ist) und das Parlament den EWR-Vertrag gebillligt hat. Auch das Risiko, das Land könne vielleicht die Ankoppelung an die dynamische Industrie-Entwicklung verlieren und müsse finanzielle Einbußen hinnehmen, ist dem Norweger kein Argument.

Licht und Schatten – Der Wohlfahrtsstaat

Das norwegische Wohlfahrtsmodell, das, neben dem schwedischen, von dem es viel abgeguckt hat, als eines der vorbildlichsten auf der Welt gilt, baut auf *rettferd* auf, dem norwegischen Wort für Gleichheit und Gerechtigkeit. Natürlich gibt es auch hier, um es mit George Orwells »Farm der Tiere« zu sagen, »einige Tiere, die gleicher sind als andere«. Doch das wird allgemein akzeptiert, denn nach norwegischem Verständnis bedeutet *rettferd* eben auch, daß nicht die Reichen weniger bekommen sollen (das wäre nämlich nicht ›gerecht‹), sondern die Armen mehr. Dies der Kernsatz des Modells, das, auch wenn es viele Schattenseiten kennt, doch noch immer den goldenen Mittelweg zwischen kapitalistischer Produktion und sozialistischer Umverteilung markiert.

Mehr sollen die Armen vor allem in puncto *trygghet* bekommen, dem norwegischen Begriff für soziale Sicherheit. *Trygghet* bedeutet, daß alle das Recht auf gleiche soziale Leistungen haben, unabhängig davon, wieviel und ob sie überhaupt etwas verdienen. So sind Systeme wie das unserer (Klassen schaffender) Kranken-, Renten- und Arbeitslosenversicherung nicht bekannt, denn die staatliche Versorgungskasse (die fast 40 % des gesamten Staatsbudgets schluckt) trägt für alle medizinischen Ausgaben, aber auch für die Rente (jeder hat Anrecht auf eine Mindestrente), das Arbeitslosengeld, das Schwangerschafts- und Erziehungsgeld, das (fürstlich bemessene) Kindergeld sowie für eventuelle Umschulungen, Fortbildungen etc. die Kosten.

Beiträge für diese umfassenden Leistungen sind nicht zu entrichten, denn in den Steuern ist bereits alles enthalten, und mit den Steuern finanziert der Staat auch die (ziemlich unrentable) Landwirtschaft sowie die Fischerei und bemüht sich, dünnbesiedelte Räume bewohnt zu halten. Norwegen steht mit Subventionen in Höhe von über 6 % der Wirtschaftsleistung weltweit an der Spitze, womit wir zu den Schattenseiten dieses Systems kommen, denn die Steuern sind natürlich entsprechend hoch. So kosten manche Lebensmittel doppelt so viel wie in Deutschland, Autos gar dreimal so viel. Am höchsten wird das Einkommen besteuert (bis über 65 %), am geringsten aber Kapital und Vermögen; Kreditzinsen können abgesetzt werden. Wenn z. B. Kjell, ein Schiffsbau-Ingenieur, jährlich rund 200 000 DM verdient, bleiben ihm nach Abzug der Steuern nur noch rund 75 000 DM. Hat er aber Schulden, so zahlt er im Endeffekt wesentlich weniger. Hätte er gar eine eigene Reederei, würde er natürlich, wenn er schlau wäre, kein Einkommen haben bzw. enorme Kosten absetzen und daher kaum etwas bezahlen, also ständig

Wohlfahrtsstaat

In Norwegen nicht unüblich: Flaggenschmuck am Wohnhaus

reicher werden. – So kommt es, daß in Norwegen das Steueraufkommen zu über 75 % von Lohnempfängern bezahlt wird.

Dies ist der Hauptgrund für die Krise, in der das Modell momentan steckt. Der Wohlfahrtsstaat, einst angetreten, um möglichst vielen mehr zu geben, hatte lange Zeit Erfolg: Es bestand eine (relativ betrachtet) sehr wohlhabende und breite Mittelschicht. Und diese hat einfach keine Lust mehr, sich durch den Leitsatz ›Gleichheit für alle‹ einen noch größeren Wohlstand vorenthalten zu lassen. Man will wählen können, will seine soziale Sicherheit selbst in die Hand nehmen, will weg von der organisierten Solidarität und dem ›freien Spiel der Kräfte‹ mehr Raum belassen. So hat sich das Modell, geschaffen in einer Zeit, als die Einkommensbedingungen noch sehr unterschiedlich waren, mittlerweile quasi selbst überholt, und es bleibt abzuwarten, was daraus wird, denn spätestens, wenn Norwegen doch einmal der EU beitreten sollte, wird es nicht mehr angehen, daß Arbeit und Waren so viel höher besteuert werden als in anderen EU-Ländern.

Norwegen – Land der Künstler
Kunst und Kultur

Wer jemals dieses unvergleichlich schöne Norwegen bereist hat, weiß, wie leicht man sich hier ins ›Naturgucken‹ verliert und wie schnell auch der übermächtige Drang aufsteigen kann, nicht nur der Kamera ein ›Klicken‹ zu entreißen, sondern die vielfältigen Eindrücke in ein schöpferisches Werk umzusetzen. – Kurz: Er verspürt den Lockruf der Kunst.

Kann es da verwundern, daß nirgends auf der Welt mehr geschrieben (und auch gelesen) wird als in Norwegen (und Island) und es hier, prozentual betrachtet, mehr Literatur-Nobelpreisträger als irgend sonst gibt, auch die Zahl der bildenden Künstler in keiner (durchschnittlichen) Relation zur Einwohnerzahl steht, das Land darüber hinaus überproportional viele Komponisten hervorgebracht hat, die Weltruhm erlangten?

Literatur

Lassen wir die alten Literaturwerke der Saga, Skalden und Edda außer acht (weil im allgemeinen Verständnis mit Island verbunden), so beginnt die Geschichte der norwegischen Literatur erst zu Anfang des 19. Jh., denn seit dem Mittelalter war Norwegen faktisch dänische Kolonie, und diese Abhängigkeit vom dänischen Reich hinterließ deutliche Spuren. Auch gab es in diesem Norwegen weder Buchdruckereien noch Verlage, was sich erst im Jahre 1809 änderte, als die ›Gesellschaft für das Wohl Norwegens‹ eine eigenständige Presse aus der Taufe hob.

1814 erfolgte die Trennung von Dänemark. Aufgrund dieser politischen Entwicklung bekam die neue, sich nun auch über die nordischen Länder ausbreitende Kunstauffassung der Romantik in Norwegen stark nationale Akzente und deshalb den Namen Nationalromantik. An ihrem Anfang steht **Henrik Wergeland** (1808–1845), der in der Literaturgeschichte als der erste Dichter der norwegischen Neuzeit und gleichzeitig als einer der genialsten des Landes bezeichnet wird. Er verstand sich als Kämpfer für die Armen und Unterdrückten, war ein Aufklärer und Bauernfreund und setzte sich schreibend für die völlige Loslösung vom dänischen Kulturleben und die Wiederherstellung des Norwegischen Reiches ein.

Nicht anders **Bjørnstjerne Bjørnson** (1832–1910), glühender Anhänger Wergelands, Verfasser von

Die »Idee Norwegen«

Nun gibt es zwar seit 1814 einen Nationalstaat Norwegen, aber ein Volk, das sich als das norwegische fühlte, eine eigentliche norwegische Nation, all das gab es nicht. Die Menschen waren ihren Heimatorten verbunden, ihren Tälern, Fjorden, vielleicht noch Landstrichen – aber dem ganzen Land? – Nein: das hatte es noch nie gegeben in diesem geografischen Raum namens Norwegen, und woher sollte das Nationalbewußtsein auch kommen, existierte doch nichts klar umrissen ›Norwegisches‹, keine norwegische Kultur, keine norwegische Kunst, ja nicht mal eine norwegische Sprache.

Lediglich in den Köpfen mehrerer Intellektueller begann sich langsam die »Idee Norwegen« zu formen, und sie war zunächst nichts als eine literarische Vorstellung. Aber die Bohemiens aus Christiana, wie Oslo damals noch hieß, beließen es nicht beim Passiven, sondern griffen aktiv in die Geschichte des Landes ein: Sie gingen hinaus aufs Land, um zu entdecken, was sich hinter dem Begriff ›Norwegisch‹ verbarg. So trugen sie ihre Idee in die Provinzen, weckten bei den Menschen das Wissen, daß sie Norweger waren, und brachten von dort draußen auch allerhand Norwegisches mit. Rosenmalereien aus der Telemark, Trachtenröcke aus dem Setesdal, Bilder von der Schönheit des Landes und nicht zuletzt Stolz auf die Leistungen ihrer Altvorderen, was z. B. auch zu einer gänzlichen Neubeurteilung der bäuerlichen mittelalterlichen Holzarchitektur führte.

Die beiden Forscher Asbjørnsen und Moe etwa sammelten überall im Lande Sagen und Märchen und publizierten sie; der Philologe Ivar Aasen sammelte Dialekte, mischte sie gekonnt durch und schuf so das ›Landsmål‹, das heutige ›Nynorsk‹; der Dichter Bjørnstjerne Bjørnson setzte die Aufbruchstimmung und die damit einhergehende nationale Selbstfindung in Worte um und schuf den Text der 1864 offiziell eingeführten Nationalhymne »Ja, wir lieben dieses Land«.

Gleichzeitig begann Norwegen auch wirtschaftlich auf eigenen Füßen zu stehen, es brach eine Zeit großer nationaler Begeisterung aus. Diese Epoche, die zwangsläufig in der Loslösung von Schweden gipfeln mußte (1905), brachte all jene großen Gestalten der Musik (u. a. Grieg), der Literatur (u. a. Bjørnson, Ibsen, Hamsun), der Bildenden Kunst (u. a. Munch), aber auch der Forschung (u. a. Amundsen, Nansen) hervor, die den noch neuen Namen Norwegen weit über Europa hinaus ins öffentliche Bewußtsein rückten.

»In hundert Jahren ist alles vergessen«
Knut Hamsun

Nur selten ist ein Dichter in seinem Heimatland so verehrt und später so verachtet worden wie Knut Hamsun, der eigentlich Knud Pedersen hieß und am 4. August 1859 in Lom im Gudbrandsdal als Sohn eines Schneiders geboren wurde. Als er zwei Jahre alt war, zog die Familie auf den Hamsund-Hof (von dem er seinen späteren Namen ableitete) auf der Insel Hamarøy. In dieser dramatischen Nordlandnatur empfing der junge Hamsun prägende Eindrücke, denen er in späteren Jahren in vielen seiner zahlreichen Romane Gestalt verlieh. Bevor er aber zum Schreiben kam, zog er – der keinerlei Schulausbildung genossen hatte – schon mit 15 Jahren als eine Art Landstreicher durch die Welt und versuchte sich bis Ende der 80er Jahre u. a. als Schuhmacher und Hausierer, Erd- und Waldarbeiter sowie als Trambahnschaffner in den Vereinigten Staaten, wo er sich insgesamt vier Jahre aufhielt. Doch er vergaß dabei nicht das Lesen, ließ sich von Strindberg, Hartmann und Jacobsen, auch von Mark Twain, später von Dostojewski inspirieren und gab hier und da erste, noch sehr simple Geschichten unter dem Namen Knud Pedersen Hamsun heraus.

Nach Europa zurückgekehrt, setzte sich der Autodidakt an den Schreibtisch und rechnete mit dem 1889 erschienenen »Fra Amerikas Åndsliv« (›Aus dem Geistesleben Amerikas‹) mit dem American way of life ab; auch mit der Demokratie, dem Kapitalismus und der gesamten angelsächsischen Kultur. Der literarische Durchbruch glückte ein Jahr später mit »Sult« (›Hunger‹), einem Roman, in dem sich die Erfahrungen seiner Wanderjahre summieren. Es folgten einige Romane, die sich am Ideal des von Nietzsche inthronisierten Übermenschen ausrichteten, bevor er 1894 mit »Pan« zu höchsten Ehren kam.

Weitere Reisen führten ihn nach Paris, Finnland und Rußland, sogar in die Türkei und nach Persien. Das Wandermotiv taucht entsprechend häufig in vielen seiner Romane auf. Immer wieder auch verdammt er mit giftgetränkter Feder »Lärm und Gedränge der Stadt«, läßt seine Figuren von dort, vor »Zeitungen und Menschen« fliehend, in rauschende Wälder zurückkehren, wo sie ihr wahres Ich finden und sich durch ursprüngliches Leben erneuern. 1917 kam »Markens Grøde« (›Segen der Erde‹) heraus. Mit diesem Buch – eine weitere

Huldigung der vielleicht primitiven, doch ursprünglichen und darum ›richtigen‹ Kultur des Menschen – festigte Hamsun seinen Weltruf: es brachte ihm den Literatur-Nobelpreis ein (1920).

Weitere Romane folgten, doch ab Mai 1945, schon in greisenhaftem Alter, mußte er, der Millionen bezaubert hatte mit der Schönheit und Tiefendimension seiner Prosa, der von Thomas Mann, Stefan Zweig, Maxim Gorki und vielen anderen verehrt wurde, mit ansehen, wie die Norweger auf seine Bücher spuckten, sie zu Tausenden verbrannten. Hamsun wurde interniert, monatelang in einer psychiatrischen Klinik auf seine geistige Zurechnungsfähigkeit untersucht, dort für »dauernd seelisch geschwächt« erklärt und schließlich verurteilt, eine Strafe von 450 000 Kronen an den Staat zu entrichten. Er hatte nämlich mit Nazi-Deutschland kollaboriert und gleich nach der deutschen Besatzung die norwegische Jugend aufgefordert, die Deutschen willkommen zu heißen und ihnen für die Güte zu danken, das Land unter ihren Schutz zu nehmen. Hamsun hatte nie vergessen, daß sich sein Welterfolg auf Übersetzungen ins Deutsche gründete, daß – wie er sagte – »jeder einzelne der großen und stolzen Namen, den Norwegen auf dem Gebiet der schöpferischen Künste besitzt, erst durch das teutonische Deutschland entdeckt werden mußte«. Sein Haß auf alles Angelsächsische war sprichwörtlich, und die Nazi-Ideologie von ›Blut und Boden‹ muß auf ihn (der seinerzeit schon nahezu völlig taub war, keine fremden Nachrichten mehr hören, nur noch deutsche Propaganda lesen konnte) wie die Bestätigung seiner Version von einem erneuerten, weil zum Ursprünglichen zurückgekehrten Menschen gewirkt haben.

Schon 90 Jahre alt setzte er sich noch einmal zur Arbeit an einem Buch nieder; es sollte eine Rechtfertigung werden. »På gjengrodde stier« (›Auf überwachsenen Pfaden‹) war der Titel dieses 1950 erschienenen Dokumentarwerkes. Erschütternde Dichtung voller Wehmut, doch bar jeder Polemik. Bar aber auch dessen, was er längst zu seiner Entschuldigung hätte vorbringen können und was dem Gericht bekannt gewesen war, ohne daß es berücksichtigt worden wäre: nämlich, daß er sich wie kein anderer im besetzten Land für festgenommene Partisanen eingesetzt hatte.

Am 19. Februar 1952 starb Knut Hamsun auf seinem Gut Nørholm bei Grimstad. Heute werden seine Bücher wieder gelesen – auch in Norwegen. So scheint sich die Prophezeiung dieses Großen unter den europäischen Dichtern zu bewahrheiten, der im Hinblick auf seine Verfehlungen gesagt hat: »In hundert Jahren wird dies alles vergessen sein.«

Schauspielen und Dramen, Liedern und Gedichten, auch dem heutigen Nationallied Norwegens, sowie zahlreicher sozialkritischer Stücke, in denen er sich u. a. mit dem Darwinismus auseinandersetzt und die Ausbeutung des Menschen durch den Kapitalismus bloßlegt. Für sein literarisches Gesamtwerk erhielt er 1903 als erster norwegischer Dichter den Nobelpreis.

Als der andere Große der norwegischen Klassik gilt unbestritten **Henrik Ibsen** (1826–1906), dessen Name noch in die fernsten Winkel der Welt gedrungen ist, der vermutlich zu den meistgespielten Dramatikern im In- und Ausland zählt und seinerzeit die Aufmerksamkeit der Welt auf Norwegen lenkte. Als sein facettenreichstes Stück gilt »Peer Gynt« – dramatische Dichtung philosophisch-symbolischer Prägung (in dem er die Problematik übersteigerter Träumereien bei seinem Volk aufzeigt), während »Nora oder ein Puppenheim« von nahezu revolutionärer Sozialkritik ist, durchleuchtet es doch auf ›skandalöse Weise‹ die Rechtlosigkeit der Frau und gleichzeitig die gegenseitige Abhängigkeit von Individuum und Gesellschaft.

Als der vierte im Bunde der ›Größten‹ gilt **Knut Hamsun** (1859–1952), ebenfalls Träger des Literatur-Nobelpreises (1920), über den noch genauer berichtet wird. Eine Frau war es dann, **Sigrid Undset** (1882–1949), die 1928 den dritten, bis dato auch letzten Literatur-Nobelpreis nach Norwegen holte.

Ibsen-Denkmal in Skien

Seitdem herrscht Flaute im Lande. Zwar gab und gibt es noch zahlreiche Literaten, die auch im Ausland gute Rezensionen erhalten, kommen auch jährlich viele neue Publikationen heraus, aber es fehlt (wie ja nicht nur in Norwegen) am Genialen, das dem Vergleich mit schon Gehabtem standhalten könnte.

Musik

Wie die Literatur mit Henrik Ibsen und Knut Hamsun, die Malerei mit Edvard Munch, so ist auch die Musik Norwegens im Bewußtsein der übrigen Welt mit einem großen Namen verknüpft: mit **Edvard Grieg** (1843–1907), dessen Hauptwerk »Peer Gynt« (die Musik zu Ibsens Schauspiel) bei vielen Mitteleuropäern zu einem – sehr romantisierenden – Bild von Norwegen schlechthin führte. Inspiriert von der ›heroischen‹ Landschaft sowie von der Volksmusik seiner Heimat gelang es ihm, diese Einflüsse zu einer eigenen musikalischen Sprache zu verdichten. Seine Werke gelten als in Musik umgesetzte Natur, und was Sibelius für Finnland, Wagner für Deutschland, das ist Grieg für Norwegen, der mit seiner farbenreichen und lyrischen Tonsprache bis heute einzigartig dasteht.

Sein Zeitgenosse **Ole Bull** (1810–1880) war ebenfalls von der norwegischen Volksmusik beeinflußt, aber weniger Komponist als vielmehr genialer Violinist. Der ›Teufelsgeiger‹ bezauberte nicht nur Norwegen und Skandinavien, sondern ganz Europa sowie die Vereinigten Staaten (in Pennsylvania werden ihm zu Ehren noch jährlich Gedächtniskonzerte veranstaltet).

Aber im Norwegen der 90er Jahre wird nicht nur der Volksmusik oder Grieg gelauscht, sondern auch kräftig gejazzt, ja die ›freie‹ **Jazzmusik** wird von Norwegen (Oslo) sogar maßgeblich mitgestaltet. Die Jazzfestivals in Voss (jeweils im März), Molde (Juli), Kongsberg (Anfang Juli) und Oslo (August) genießen besten Ruf, und in der Szene nehmen diejenigen Musiker, die dem norwegischen Jazz in den 70er Jahren zu internationalem Ansehen verhalfen, noch immer die zentrale Stellung ein: al-

len voran Jan Garbarek und Terje Rypdal, die u. a. mit Keith Jarrett, Ralph Towner und Eberhard Weber zahlreiche LPs und CDs produziert haben.

Malerei

Kunstgeschichtlichen Werken zufolge beginnt die norwegische Malerei erst im 19. Jh. und als ihr ›Vater‹ wird **Johan Christian Dahl** (1788–1857) genannt, den der Osloer Kunstforscher Andreas Aubert später als »unseren ersten großen Künstler« rühmte. Da es im damaligen Norwegen noch keine Kunstakademie gab (die erste wurde im 20. Jh. gegründet) ging er, der Anstreicher war und nach Höherem strebte, nach Kopenhagen und später nach Dresden, wo er sich mit Caspar David Friedrich befreundete und endgültig der romantischen Stilrichtung verschrieb.

Dahl blieb Deutschland treu, wurde in Dresden zum außerordentlichen Professor ernannt. Aber trotz der Ferne von Norwegen galt sein Schaffen größtenteils seiner geliebten Heimat, deren urtümliche Landschaft er so auf Leinwand bannte, wie sie Jahrzehnte später von Bjørnstjerne Bjørnson in Worte gefaßt werden sollte. Dahl bekannte sich zu einem romantischen Subjektivismus und nahm so die **Nationalromantik** der Literatur vorweg. Anders jedoch als sein großes Vorbild Caspar David Friedrich malte er »nicht die Natur selbst, sondern die eigenen Empfindungen«, wie er einmal sagte.

Der Einfluß Dahls auf Malerkollegen und Nachfolger war eher gering. Es war die **Düsseldorfer Schule**, die die nächste Generation anzog. Als erster und wohl bedeutendster Vertreter der neuen Kunstrichtung gilt **Adolph Tidemand** (1814–1876), der unermüdlich Szenen aus dem norwegischen Volksleben wiedergab. Den Höhepunkt norwegischer Nationalromantik spiegelt das Gemälde »Braut in Hardanger«, das Tidemand zusammen mit **Hans Gude** (1825–1903) komponierte. Gude, der in Düsseldorf lehrte, später auch in Karlsruhe, hatte einen hohen Sinn für das Schöne und Melodische, malte Norwegens Landschaft oft in lieblicher Eleganz und stieg zur zentralen Gestalt der gesamten norwegischen Landschaftsmalerei des 19. Jh. auf.

Nach 1870 dann war es das Zeitalter der Naturwissenschaften, das von den bildenden Künstlern in Form des **Naturalismus** seinen Tribut forderte. Das Romantische wich der Darstellung schleierloser Wirklichkeit, die oft mit all ihren Schattenseiten dargestellt wurde. Die Düsseldorfer Schule hatte ausgedient, man ging nach München, Berlin, schließlich nach Paris. Als klassischer Vertreter dieser Zeit gilt **Christian Krogh** (1852–1925), der für den Sozialismus eintrat und in seinen Bildern (und auch Romanen) soziale Anklage erhob.

Der Einfluß des **Impressionismus**, als dessen norwegische Ver-

Malerei

Vom Bürgerschreck zum Ordensträger
Edvard Munch

»Ich male nicht was ich sehe, sondern was ich sah«, lautet ein Ausspruch von Edvard Munch (1863–1944). Was er sah und widergab, waren Not und Angst – Angst die zum Schrei wird, auf einer Brücke hallt, in die Tiefe führt und zur Expression wird –, doch auch das Leben sah er, als Antwort auf den Tod, die Vereinigung, Liebe, den Haß, das immerwährende sich Anziehen und Abstoßen.

»Der Schrei«, Edvard Munch, 1893

Innere Gesichter waren es, die er malte, er strebte zum Hinterschauen und erntete mit seinen »Schmierereien«, wie es ein Kritiker mal umschrieb, zuerst einmal nichts als Gelächter, Hohn und Verachtung. Dies in seinem Heimatland wie auch in Berlin, wo er 1892 sein Debüt gab und große Empörung hervorrief. – Es kam zum Eklat, man verstand seine Bilder nicht, im Künstlerverein brach ein Streit aus zwischen den Konservativen und denen, die bereits nach expressio-

Kunst und Kultur

> nistischen Ausdrucksformen suchten. Diese Auseinandersetzung, die zur Spaltung und Gründung der Berliner Sezession führte, ließ Edvard Munch zur Berühmtheit aufsteigen. Es folgten verschiedene europäische Ausstellungen, u. a. in Prag, Wien und auch Oslo; man begann sich an seinen Stil zu ›gewöhnen‹, und endlich 1912, auf der Sonderbundausstellung in Köln war der internationale Durchbruch gekommen, denn er, dessen Bilder »Schweinerei und Gemeinheit« darstellten, wie es Anton von Werner einmal ausdrückte, wurde jetzt als der Wegbereiter der Moderne gefeiert, erhielt einen Ehrenplatz neben Cézanne, van Gogh und Gauguin.
>
> Auch in seiner Heimat blieb ihm die Anerkennung nun nicht mehr versagt, und der ›Bürgerschreck‹ von gestern durfte die Aula der Osloer Universität ausschmücken, wurde 1933 gar zum Ritter geschlagen und mit dem Orden des St. Olav geehrt. Noch im gleichen Jahr kamen seine Bilder in Deutschland als ›Entartete Kunst‹ auf den Index und das Land, dem er seinen Durchbruch als Maler verdankte, wurde für ihn während seiner letzten Lebensjahre zum Trauma. Er starb am 23. Januar 1944 und hinterließ all seine Arbeiten der Stadt Oslo, die 1963 das Munch-Museum eröffnete.

treterin insbesondere **Harriet Bakker** (1845–1932), Schülerin von Bonnat, hervorzuheben ist, reicht bis in die Zeit der heutigen norwegischen Künstler hinein, die aber schnell die eng gezogenen Grenzen der Schule durchbrachen. So auch **Edvard Munch** (1863–1944; s. S. 59), der sich mit seinen zahlreichen Werken einen Platz in den bedeutendsten Museen der Welt gesichert hat und heute als ein wichtiger Wegbereiter des Expressionsmus gilt.

Die norwegischen **Maler der Gegenwart** sind vornehmlich durch die Schule von Henri Matisse gegangen. Doch während jener das Wandbild nur als Möglichkeit diskutierte, entwickelten sie in diesem Kunstzweig etwas Eigenes und brachten das Fresko zu einer Blüte, die weltweit einzigartig ist (und nur in Mexiko ein Pendant hat). Die Innengestaltung des Osloer Rathauses gilt als sehenswertestes Beispiel für diese Stilrichtung. Die gegenstandslose Kunst ist – seit den 20er Jahren – ebenfalls in Norwegen vertreten, aber spärlich, auch wenig abstrahiert. Die ›junge‹ Generation hat sich eigene Stile erarbeitet: so z. B. **Arne Samuelsen** (geb. 1950), der zwischen Surrealismus und Pop-art anzusiedeln ist, wohingegen sich **J. Anton Risan** (geb. 1934) mehr vom Dadaismus inspirieren läßt, und **Arvid Jarle Pettersen** (geb. 1943) Max Beckmann zum Vorbild hat.

Unterwegs in Süd-Norwegen

»Bis zum Herzen der Felsenwüste, bis zum Urstock des Gebirges, in die letzten Hochthäler und Winkelgräben, bis zum eisumgürteten, nebelumschleierten Throne des Berggeistes rauscht die Meeresflut heran.«

Ferdinand Krauß

Stadterkundung Oslo

Karl Johansgate, Prunk-Boulevard und Laufsteg

Die Pipervika im Spannungsfeld zwischen Vergangenheit und Moderne

Museumsinsel Bygdøy

Kunst in Oslo

Die Flaniermeile Karl Johansgate und das Schloß

Hauptstadt, klein und fein

Durch die grünste Hauptstadt Europas auf der Flaniermeile Karl Johansgate zum Schloß, auf den Spuren der ruhmreichen Wikinger, zu Besuch bei Amundsen, Nansen und Heyerdal, den großen Pionieren unserer Zeit, Volkskunst in Norwegens bedeutendstem Freilichtmuseum, moderne Kunst im Vigeland-Park, im Henie-Onstad-Kunstzentrum und im Munch-Museum.

Wer das geographische Zentrum Oslos sucht, gerät in rauschende Wälder; direkt vor dem Rathaus öffnet sich der Fjord, und der Badespaß beginnt mitten in der Stadt. So wie dies unvergleichlich schöne Norwegen kein normales, durchschnittliches Land ist, so ist auch seine Kapitale keine Routinehauptstadt. »Uusluu«, wie der Osloer sagt, fällt aus jedem gewohnten Rahmen, was schon seine Lage zwischen Fjell und Wasser, Wiesen und Wäldern am Ende des 100 km langen Oslofjordes offenbart. Die laut Prospekt »schönste Hauptstadt der Welt« ist mit 480 000 Einwohnern zwar die kleinste Skandinaviens, aber von ihrer Ausdehnung her (454 km²) die größte Europas und gleichzeitig – weil die Gesamtfläche nur zu einem Drittel bebaut – die grünste des Kontinentes: genau 20 Min. fährt die Straßenbahn von der City bis in die meilenweite und von rund 1200 km Wanderwegen erschlossene Wildnis.

Dies die eine, die »gesunde Seite« der Stadt, wie es die offizielle Marketingorganisation ausdrückt, gemäß der es aber auch eine »sündige« gibt. ›Oslo nachts um halb eins‹, das ist zwar nicht mit der Reeperbahn vergleichbar, aber für norwegische Verhältnisse schon ungeheuer aufregend, und nach Jahrzehnten des Dornröschenschlafes kommen jetzt sogar die Schweden herbei, um sich in Nordeuropas neuer Nachtmetropole so richtig zu amüsieren. Die Osloer Küche ist mittlerweile so international wie ihre Besucher, die Einkaufsmöglichkeiten sind absolut unnorwegisch, nämlich schier unerschöpflich, ja hier befindet sich seit neuestem – man glaubt es

Steckbrief Oslo

Daten zur Geschichte: Stadtgründung um 1050 durch König Harald Hårdrade, um 1070 Errichtung eines Bischofssitzes, 1299 wird Oslo Reichshauptstadt; gegen 1350 sterben rund drei Viertel der Stadtbevölkerung an der Pest; 1624 wird Oslo durch einen Brand nahezu vollkommen vernichtet, Wiederaufbau unter Dänenkönig Christian IV., der der Stadt den Namen Christiana (auch: Kristiana) gibt; 1811 Gründung der Universität, 1866 erste Sitzung des Parlaments im neuen Storting; 1925 erhält die Stadt ihren alten Namen Oslo zurück.

Lage: Am Nordrand des rund 100 km langen Oslofjordes zwischen Meeresniveau und 630 m Höhe (Kyrkjeberget).

Fläche: 454 km^2, davon 242 km^2 bewaldete Fläche, 8 km^2 Parks; weniger als 20 % der Gesamtfläche sind bebaut, mit zum Stadtgebiet gehören 40 Inseln und 343 Seen.

Bevölkerung: ca. 480 000 Einwohner (1796 waren es 7469 Einw.).

Bevölkerungsdichte: Rund 1000 Einw./km^2; zum Vergleich: im Südnorwegen – Durchschnitt sind es 35 Einw./km^2, in den ländlichen Bezirken 3 Einw./km^2 (in Deutschland sind es 212 Einw./km^2).

Wirtschaftsdaten: Oslo ist die wichtigste Industrie- sowie Handels- und Seefahrtsstadt des Landes. Pro Jahr zählt man über 40 000 Schiffsbewegungen, zu den Hauptindustriezweigen gehören Schiffbau, Elektroindustrie, Nahrungsmittelindustrie und Elektrochemie. Von den ca. 310 000 Erwerbstätigen arbeiten knapp 92 000 beim Staat und in der Kommune, 50 000 in der Industrie.

Verkehrswege: Durch seinen Flughafen Fornebu ist Oslo an den internationalen Flugverkehr angeschlossen. Fährverbindungen von/nach Kiel, Kopenhagen, Frederikshavn/DK und Hirtshals/DK; Bus- und Bahnverbindungen in alle Landesteile, nach Schweden sowie Mitteleuropa.

Entfernungen: Larvik 129 km, Kristiansund 328 km, Stavanger 584 km, Bergen 484 km, Trondheim 539 km, Narvik 1447 km, Nordkap 2163 km, Kirkenes 2541 km.

kaum – Europas längste überdachte Shoppingmeile.

In Oslo, dem wirtschaftlichen Barometer für Norwegens Entwicklung, boomt es an jeder Ecke, auch in Sachen Tourismus, obwohl die ausländischen Besucher freilich kaum anreisen, um sich in den Stadtwäldern zu ergehen oder in Diskotheken, Bars und Nachtlokalen ihre Reisekasse zu ruinieren. Man kommt, um die Sehenswürdigkeiten in Augenschein zu nehmen, und das reicht auch erst einmal (Stadtplan s. hintere Umschlagklappe).

»Via Veneto« des Nordens– Die Karl Johansgate

Wie es heißt, läßt sich die Kultur einer Stadt an der Kultiviertheit ihrer Läden ablesen, und so sollte jede erste Bekanntschaft mit Oslo an der Karl Johansgate beginnen. Sie leitet in gerader und knapp zwei Kilometer langer Linie vom Hauptbahnhof zum Schloß und wurde 1814 auf Geheiß des schwedischen Oberherrn Karl Johan als Prunk-Boulevard erbaut. Majestätisch also ihr Name, majestätisch auch ihr Gepräge, dem einige der schönsten Bauwerke der Stadt Ausdruck verleihen. »Via Veneto des Nordens« wird sie genannt, und sie war und ist noch immer die Schlagader Oslos. Hier hielt Bjørnstjerne Bjørnson seine großen Freiheitsreden, holte sich Hamsun reichlich Inspiration, Edvard Munch und Christian Krogh viele Motive, hier wird heute – wenn es mal dazu kommt – demonstriert, beanspruchen die flanierende Jugend, die Straßenmusikanten viel Raum, ist aber auch das besitzbewußte Bürgertum reich vertreten, die Vergangenheit gegenwärtig, die Zukunft spürbar.

Beginnen wir also an der **Oslo-Sentralstasjon** (1, Hauptbahnhof), wo es nebst Touristeninformation, Geldwechsel und Post auch ein Parkhaus sowie einen großen Parkplatz gibt. Das Gebäude hat soeben ein Lifting erfahren, hat aber jetzt, mit der Glasfassade, auch kein ansprechenderes Gesicht als zuvor. Ein Blick nach Norden: ›Oslo City‹, unübersehbar, das größte und modernste Einkaufszentrum in Norwegen (werktags 9–20 Uhr, Sa bis 18 Uhr). Auf der Treppe über dem Bahnhofsplatz hebeln Inter-Railer Fischbüchsen auf und versuchen japanische Besucher verzweifelt, einen gläsernen Uhrturm – architektonisches Monstrum in grün, im Volksmund als ›Bohrturm‹ bekannt, – ins Visier zu bekommen. Preisbewußte Urlauber aus meist deutschen Landen stürzen sich am Fuß der Treppe auf die zahlreichen (und wirklich günstigen) Obst- und Gemüsestände, Kleindealer bieten was zum ›Rauchen‹ an, die Straßenbahn bimmelt vorüber. Wir queren ihre Gleise, jenseits der die Paradegate als Fußgängerzone ihren Anfang nimmt. Shop an Shop – reiche Auslage, hoch die Preise; ein ›ehemaliger Gefängnisinsasse‹ bittet um eine Krone, zwei Peruaner entlocken ihren Panflöten El Condor Pasa und Straßenfriseure verhelfen jungen Mädchen zur Rastazöpfen. Viel schlenderndes Volk, auch viel hektisches, ›Zeit ist Geld‹ – hier weiß man es wieder. Eine ganz ›normale‹ Großstadt also, absolut unnorwegisch, und wer gerade vom Lande kommt, der erlebt den neuen Werbeslogan der Metropole nahezu körperlich: »Oslo – Du glaubst es kaum«.

Zwei Blöcke weiter, schon wieder Exotik, diesmal in Form der **Basarhallene** (2), einem 1841 gemauerten Halbrund mit Arkadenreihe und vielen Kleinläden, in denen Pakistanis und Inder, Libanesen und Senegalesen Gewürze, Obst, Gemüse, Räucherstäbchen und vieles andere mehr anbieten. Im Innenhof, in dem alte Bäume reichen

Die wichtigsten Sehenswürdigkeiten Oslos auf einen Blick

Zu erreichen: ›Z‹ (zu Fuß ab City), ›N‹ (Bus/Straßenbahn ab Nationaltheater), ›NT‹ (U-Bahn-Station Nationaltheater), ›JT‹ (U-Bahn-Station Jernbanetorget, Bahnhofsplatz), ›U‹ (Bus ab Universität), ›UST‹ (U-Bahn-Station Stortinget), ›SGT‹ (Bus/Straßenbahn ab Storgata/Oslo Domkirche). Die mit * versehenen Sehenswürdigkeiten sind später eingehender beschrieben.

- **Akershus Schloß und Festung*** (Z), Akersgt.; Festungswälle tgl. 6–21 Uhr, Eintritt frei; Innenräume Mo–Sa 10–16, So 12.30–16 Uhr
- **Architekturmuseum** (Z), Kongensgt. 4; Di, Do, Fr 11–16, Sa/So 12–16, Mi 11–18 Uhr, Eintritt frei
- **Botanischer Garten** (JT – Bus Nr. 29), Sarsgt. 1; Mo–Fr 7–20, Sa/So 10–20, Winter bis 17 Uhr; Gewächshäuser Di–So 11–16 Uhr, Eintritt frei
- **Ethnographisches Museum*** (Z), Frederiksgt. 2; Di–So 11–15 Uhr, Eintritt frei
- **Fram-Museum***, (N – Bus Nr. 30, Fähre ab Rathauskai) Bygdøy; tgl. 9–17.45 Uhr

Im Vigelandpark

- **Gamlebyen** (Z), Oslogt.; durchgehend geöffnet, Eintritt frei
- **Gamle Aker Kirke** (Z), Akersbakken; Mo–Sa 12–14, So 9/11 Uhr, frei
- **Henie-Onstad-Kunstzentrum***, (JT – Bus Nr. 151, 152, 251, 261), 1311 Høvikodden; Di–Fr 9–21, Mo 11–17, Sa/So 11–19, Winter bis 17 Uhr
- **Kon-Tiki-Museum***, (N – Bus Nr. 30, Fähre ab Rathauskai), Bygdøy; tgl. 9.30–17.45, Vor-/Nachsaison 10.30–17, Winter bis 16 Uhr
- **Kunstgewerbemuseum** (Z), St. Olavsgt. 1; Di–Fr 11–15, Sa/So 12–16 Uhr
- **Ladegård** (Z), Oslogt.; Führungen Mai–Mitte Sept. So 13, Mi 18 Uhr
- **Munch-Museum*** (JT – Bus Nr. 20), Tøyengt. 53; tgl. 10–18, Winter Di/Mi, Fr/Sa 10–16, Do, So 10–18 Uhr
- **Nationalgalerie*** (Z), Universitetsgt. 13; Mo/Mi/Fr/Sa 10–16, Do bis 20 Uhr, So 11–15 Uhr, Eintritt frei
- **Oscarshall Schloß** (N – Bus Nr. 30, Fähre ab Rathauskai), Bygdøy; nur 19.5.–15.9. So, Di, Do 12–16 Uhr
- **Oslo Domkirche*** (Z), Stortorvet 1; Mo–Fr 10–15, Sa bis 13 Uhr, So 11 und 19.30 Uhr, Eintritt frei
- **Postmuseum** (Z), Kirkegt. 20, vorübergehend geschl., Eintritt frei
- **Rathaus*** (Rådhuset) (Z), Rådhusplassen; Mo–Sa 9–17, So 12–17, Winter bis 16 Uhr, Führungen Mo–Fr um 10, 12, 14 Uhr
- **Schloß*** (Det kongelige Slott) (Z); nicht zu besichtigen
- **Seefahrtsmuseum*** (Norsk Sjøfartsmuseet) (N – Bus Nr. 30, Fähre ab Rathauskai), Bygdøy; tgl. 10–19 Uhr
- **Skimuseum** (NT – Bahn Nr. 15), Holmenkollenschanze, Kongeveien 5; tgl. Juli–Aug. 9–22, Juni 9–20, Vor-/Nachsaison 10–17, Winter bis16 Uhr
- **Stadtmuseum** (Bygmuseet) (NT – Bahn Nr. 2), Frognervn. 67; 1.6.–31.8. Di–Fr 10–18, Sa/So 11–17, sonst Di–Fr 10–16, Sa/So 11–16 Uhr
- **Storting*** (Parlamentsgebäude) (Z), Karl Johansgt. 22; nur auf Anfrage
- **Verteidigungsmuseum** (Forsvarsmuseet) (Z), Akershus; Mo–Fr 10–18, Sa/So 11–16 Uhr, Eintritt frei
- **Vigeland-Museum*** (N – Bus Nr. 20, NT – Bahn Nr. 12, 15), Nobelsgt. 32; Di–Sa 10–18, So 12–19, Winter Di–Sa 12–16, So 12–18 Uhr, Eintritt frei
- **Vigeland-Park/Anlage*** (N – Bus Nr. 20, NT – Bahn Nr. 12, 15), Frognerpark; Tag und Nacht geöffnet, Eintritt frei
- **Volkskundemuseum, Norwegisches*** (Norsk Folkemuseet) (N – Bus Nr. 30, Fähre ab Rathauskai), Bygdøy; tgl. 9–18, Vor-/Nachsaison 10–17, Winter Mo–Sa 11–15, So bis 16 Uhr
- **Widerstandsmuseum, Norwegisches*** (Norges Hjemmefrontmuseet) (Z), Akershus; Mo–Sa 10–17, So 11–17, Vor-/Nachsaison bis 16 Uhr
- **Wikingerschiff-Museum*** (Vikingskiphuset) (N – Bus Nr. 30, Fähre ab Rathauskai), Bygdøy; tgl. 9–18, Vor-/Nachsaison 11–16, Winter bis 15 Uhr

Schatten über ein Gartencafé werfen, verkaufen Künstler Keramik.

Daneben befindet sich der Marktplatz (werktags 9–15 Uhr). Die **Domkirche** (3) mit dem zentralen Backsteinturm (die Turmuhr aus dem Jahr 1718 ist die älteste noch funktionierende in Norwegen) wurde 1694–99 errichtet und wiederholt restauriert. Sehenswert in der Bischofskirche sind insbesondere das Altarbild, die Kanzel sowie der Königsstuhl (alle 1700) nebst der Gewölbedekoration, die 1950 fertiggestellt wurde. Dies monumentale Werk in Ei-Öl-Tempera nimmt eine Fläche von 1500 m² ein.

Drei weitere Shopping-Blöcke sind zu bewältigen, dann erhebt sich linker Hand und da, wo Grünanlagen an die Karl Johan grenzen, das 1861 im Stil der Neugotik errichtete **Storting** (4). Architektonisch setzt sich dieses Parlamentsgebäude nicht gerade in Pose, aber dafür beeindruckt das Innere mit einer reichen künstlerischen Ausstattung (sehenswert u. a. das Gemälde der Verfassungsgebenden Versammlung im Plenarsaal). Gegenüber, und noch etwa einen Kilometer entfernt, setzt das königliche Schloß monarchische Akzente, während vis-à-vis der Torstrupkjelleren liegt, Restauranttreff für Politiker und Journalisten; in einem Biergarten steht ein mächtiges Denkmal für Christian Krogh. Dieser Maler, der sich einst kritisch mit der Stadt und ihren Problemen auseinandersetzte, muß nun den seichten Unterhaltungen der Müßiggänger lauschen. Ein paar Meter weiter, auf der rechten Straßenseite, treffen wir auf das ehrwürdige **Grand Hotell** (5), ganz Kind des 19. Jh., mitsamt dem Grand Café, in dem alle Künstler von Ibsen bis Munch verkehrten. Dargestellt ist die illustre Künstlerschar auf dem großformatigen Gemälde im Innern, das Christian Kroghs Pinsel entstammt.

Die nun wieder verkehrsumbrandete Promenade wird zur Rechten von weiteren Prunkbauten aus der norwegischen Gründerzeit, unter ihnen das **Karl Johan Hotel** (6), flankiert, während sich linker Hand das satte Grün des von Wasserspielen aufgelockerten **Eidsvollpark** (7) auftut, wo sich die Studenten der nahegelegenen Universität und die Stadtstreicher gerne ihre Zeit vertreiben. Eine Querstraße ist die Universitetsgata, jenseits derer der Park **Studenterlunden** (8) heißt. Darin finden sich zahlreiche Biergärten, wo vermögende Städter das sündhaft teure Gebräu aus Plastikbechern schlürfen. Links angrenzend befindet sich das später noch zu erwähnende Nationaltheater, ihm gegenüber die **Oslo Universität** (9), ein klassizistischer Bau von Säulen getragen: der Ort, an dem die Friedensnobelpreise verliehen werden (werktags 12–14 Uhr jedermann zugänglich).

Die Fortsetzung unseres Rundgangs führt natürlich zum Schloß, aber zuvor sollte man nicht versäumen, der Universitetsgata ca. 150 m nach rechts zur **Nationalgalerie** (10) zu folgen. In dieser Hauptkunstsammlung Norwegens sind neben allen bedeutenden Malern des Landes u. a. auch Kunstwerke von Manet, Degas, van Gogh, Renoir, Gauguin und Picasso zu bewundern. Angrenzend und direkt hinter der Universität treffen wir auf das **Historische Museum** (11), eine zentrale Stelle für Freunde der Numismatik sowie altertümlicher und mittelalterlicher Exponate; daran angeschlossen ist auch eine kleine ethnographische Sammlung, zusammengetragen vom Südpol-›Bezwinger‹ Roald Amundsen.

Über die Frederiksgate kehren wir wieder auf die Karl Johan zurück, die nun, schon vom königlichen Park umschlossen und am Karl Johan-Reitermonument vorbei, direkt zum im Empire-Stil errichteten **Schloß** (12) führt. Gesichert ist es nicht – es gibt keine Polizeiwachen. Wehrlos und den Fotoangriffen der Touristen schutzlos ausgeliefert sind auch die fein herausgeputzten Palastwachen, die ebenso elegant gekleidet sind wie ihre englischen Kollegen in Buckingham.

Täglich um 13.30 Uhr ist Wachablösung – Musik ertönt allerdings nur, wenn seine Majestät zugegen ist. Das reich und wie man sagt eklektizistisch ausgestattete Innere des Schlosses ist der Öffentlichkeit nicht zugänglich.

So kehren wir zur Frederiksgate zurück und halten uns hier halbrechts in Richtung Stortingsgata, die parallel zur Karl Johan und vorbei am 1895 erbauten **Nationaltheater** (13) verläuft. Den Haupteingang schmücken zwei Skulpturen von Ibsen und Bjørnson, in Erz gegossen, von Möwendreck bekleckert. Bis hinunter zum Storting nun, rund 400 m, hat man reichlich Gelegenheit, Mützen aus Tibet, Ringe aus Bali, Taschen aus Nepal, ›Rolex, Omega, Radon‹ made in Thailand und anderes mehr bei Hunderten mehr oder weniger fliegenden Händlern zu erstehen.

Aber das Angebot wiederholt sich, und so biegen wir nach rund 100 m rechts in die Universitetsgata ein, wo uns eine ganz andere, kalt bedrängende Welt empfängt. Aus Backstein die schmucklosen Nutzbauten rechts und links, und aus dem gleichen Material das 1950 aus dem Boden gestampfte klotzige **Rathaus** (14). Der Anblick kann einem schon mal die Sprache verschlagen; über den architektonischen Wert dieses zweitürmigen Klotzes streiten sich die Osloer bis heute. Von Gigantomanie geprägt ist auch die innere Ausstattung, an der sich 28 Maler und Bildhauer ›austoben‹ durften.

Oslos »Schokoladenseite« Entlang der Pipervika

Nach der Karl Johan, der klassischen Flanier- und Shoppingmeile der Stadt, wollen wir uns nun die »Schokoladenseite« Oslos vornehmen: die Front zum Oslofjord. Und beginnen dazu am **Rathaus** (14), wohin uns der erste Stadtgang ge-

führt hat und wo man trefflich über die Hypertrophie der Verwaltung nachsinnen kann. Wir schlendern an der Westseite des Bauwerks vorbei, passieren das **Reiterstandbild** (15) des Stadtgründers Harald Hårdrade und stoßen so auf die Rådhusgata, von der man über den Rathausplatz hinweg die Pipervika geheißene Bucht sieht. An den Kaianlagen davor drängen sich Ausflugsboote und Fährschiffe, weiter östlich haben auch Frachter festgemacht, und gegenüber, am Westrand, erhaschen wir einen ersten Blick auf das gläserne Architekturensemble der Aker Brygge, wohin uns dieser rund 2,5 km lange Rundgang schließlich führen wird. Bevor wir uns aber auf den Weg dorthin machen, wo man das Rauschen der Geschichte nur noch schwach vernimmt, wollen wir uns erst der Stadtburg Akershus zuwenden, die im Südosten die Pipervika überragt und eine sternchenverdächtige Sehenswürdigkeit darstellt.

Wir folgen der Rådhusgata vom Rathaus aus etwa 400 m gen Osten und stellen mit Genugtuung fest, daß der Durchgangsverkehr, der hier früher zu ewigen Staus führte, nun in das Korsett eines Tunnels gezwängt wurde, der tief unter dem inneren Stadtkern verläuft. Vom Alten ist auf dieser Straße nicht viel geblieben, das späte 19. Jh. hat mit Großmannssucht das Bauen bestimmt, und was das 20. Jh. hinzutat, ist nicht besser gelungen. Wir gehen vorüber und biegen schließlich in die zweite nach rechts führende Straße ein: in die Akersgata, die in gerader Linie und an den Backsteinbauten einer Kaserne vorbei zur Stadtburg führt.

Das Bollwerk **Akershus** (16) wurde in den ersten Jahren des 14. Jh. von Håkon V. als Palastburg errichtet und im 17. Jh. zum Renaissanceschloß umgebaut, was man dem reichen Interieur der Burgsäle noch ansieht. Direkt hinter dem Haupteingang weist ein Schild nach links, zum **Verteidigungsmuseum** (Forsvarsmuseet), das ein Bild der norwegischen Militärgeschichte von der Wikingerzeit bis heute vermittelt. Rechts ab geht es zum **Widerstandsmuseum** (Hjemmefrontmuseum). Der Standort ist trefflich gewählt, denn auf dem Platz davor fällte der spätere baden-württembergische Ministerpräsident Filbinger seine Todesurteile. Nüchtern und bar jeden Hasses erinnert die Ausstellung an den Widerstand gegen die deutschen Besatzer; Schulkinder drängen sich durch dunkle Gänge, das Geschnatter ist verstummt, und auch die Touristen, insbesondere die deutschen, gehen schweigend an Fotos und KZs im Modellbau vorüber. Draußen atmet man dann wieder auf und stößt, hat man den angrenzenden Festungswall erklommen, schon mal Töne der Begeisterung aus: Die Aussicht über das Hafengebiet, die Aker Brygge, die ganze Pipervi-

Oslos Schokoladenseite: die Pipervika

Eine belastete Beziehung
Norweger und Deutsche

Knut Hamsun hat einmal gesagt, daß »jeder einzelne der großen und stolzen Namen, den Norwegen auf dem Gebiet der schöpferischen Künste besitzt, erst durch das teutonische Deutschland entdeckt werden mußte«. In der Tat gründete sich sein eigener Welterfolg auf Übersetzungen ins Deutsche, hat Henrik Ibsen, Norwegens größter Dichter, die Bühnentechnik in Deutschland erlernt, ließ sich Bjørnstjerne Bjørnson in deutschen Landen inspirieren, waren nahezu alle Maler und Dichter der nationalromantischen Kunstepoche durch deutsche Schulen gegangen, ja wäre diese norwegische Stilrichtung ohne die Düsseldorfer Schule undenkbar. Weitere Beispiele dafür, daß die Deutschen den Norwegern der ›alten Tage‹ als das führende Kulturvolk galten, ließen sich ohne Ende auflisten, und bis zum Zweiten Weltkrieg herrschte unter norwegischen Lehrern und Studenten eine große Deutschlandbegeisterung, war der Kulturaustausch äußerst intensiv, Deutsch Pflichtfach an allen weiterführenden Schulen und der deutsche Einfluß auch in Theologie, Geistes- und Naturwissenschaften sowie in der technischen Modernisierung tonangebend; auch die Arbeiterbewegung bezog ihre wichtigsten Impulse aus Deutschland.

So war die Situation am 9. April 1940, dem Tag der Okkupation des neutralen Landes Norwegen durch Nazi-Deutsche. Es folgten fünf Jahre des Terrors. Innerhalb dieser Spanne änderte sich das Verhältnis der Norweger zu den Deutschen grundlegend. Den meisten Menschen war es einfach unbegreiflich, daß diejenigen, die ihnen als führendes Kulturvolk galten, so tief sinken konnten, und die Deutschen, gekommen, um das – wie Hitler meinte – »artverwandte Norwegen« einem »Großgermanischen Bund« einzuverleiben, taten alles, um ihr altes Image zu demontieren.

---

ka bis hinüber zur Museumsinsel Bygdøy, ist schlicht phantastisch, und selbst das Rathaus mit seinen plumpen Turmzähnen fügt sich, aus dieser Distanz betrachtet, noch recht harmonisch ins Bild.

Vom Burgberg aus folgen wir wieder der Akersgata, biegen aber nun in die erste nach rechts weisende Gasse ein, die uns – unterhalb der Festungsmauern – auf die Kongensgate führt. Rechts ab geht es auf den Akershuskaia, die Ufer- und Panoramastraße, und am Rathausplatz vorbei um das Hafenbecken herum. Es ist, als wäre man

> Die Barbarei der Besatzer gipfelte gegen Ende des Krieges in der ›Aktion verbrannte Erde‹: Die Menschen im Norden des Landes wurden gezwungen mitanzusehen, wie die Wehrmacht die Kranken aus den Hospitälern und die Gebrechlichen aus den Altersheimen auf die Straße trieb; wie sie ihre Häuser in die Luft sprengte und anzündete, ihre Viehherden im Maschinengewehrfeuer zusammenschoß, ihre Dörfer und Städte dem Erdboden gleichmachte (in Hammerfest z. B. blieb nur die Leichenhalle stehen), Brücken zerstörte, Strommasten fällte, Straßen aufriß...
> Dann folgte die Kapitulation des selbsternannten ›Herrenvolkes‹ und bis tief in die 60er Jahre hinein galt der Deutsche als der klassische Feigling, der sich in den Hinterhalt legt und seinem angeblichen Freund das Bajonett in den Rücken sticht; der nur angreift, wenn er in der Übermacht ist, der mit der Reitpeitsche auf Frauen und Kinder einschlägt und wimmernd um sein Leben schreit, wenn seine letzte Stunde geschlagen hat. Auch heute ist der Krieg noch nicht vergessen, aber die meisten Norweger haben eingesehen, daß ein halbes Jahrhundert eine lange Zeit ist. Verbittert sind dennoch viele, und das einst so gute Verhältnis der zwei Völker ist gestört, ja im Vergleich zu früher geradezu auf den Kopf gestellt.
> Seine traditionelle Bedeutung hat Deutschland für Norwegen vollkommen eingebüßt, statt dessen haben sich wirtschaftlichen Beziehungen (vor dem Zweiten Weltkrieg ziemlich bedeutungslos) entwickelt: Deutschland ist, nach Schweden, Norwegens wichtigster Handelspartner. Aber einen Handelspartner liebt man nicht unbedingt. Man achtet ihn vielleicht, ist jedoch auch achtsam, daß er einen nicht übervorteilt und fürchtet ihn vielleicht sogar ein wenig. – Insbesondere dann, wenn er so überaus mächtig ist, wie man es von Deutschland, schon gar einem vereinten, annimmt. Auch dies ist vermutlich mit ein Grund warum der ›Norweger auf der Straße‹ einem EU-Beitritt eher skeptisch gegenübersteht.

in einer Zeitmaschine unterwegs gewesen, denn im Neubauviertel **Aker Brygge** (17) ist kein Platz mehr für das Alte. Hier entstand, zum Ruhme der Postmoderne, ein makelloser Ort, dessen schimmernde Glastürme die Hauptstadt wie Menetekel überragen. Zweckbauten, ästhetisch aufgewertet, Funktion, die man der Form geopfert hat, denn das äußere Design zahlreicher Bauwerke scheint mitunter von größerer Qualität als deren Nutzwert. Aker Brygge ist inszenierte Utopie und gläserne Imagination von Planern, die alles Alte, alles Schlechte überwinden wollten durch Architektur.

Die Osloer sind stolz auf dieses neue Viertel in ehemaligen Werftgelände, und alltäglich quillt die Uferstraße Stranden förmlich über von Menschen, herrscht fast südländische Stimmung. Auf schwimmenden Plattformen oder auf dem Kai wird Eis geleckt, ausrangierte Ausflugsboote bieten sich als Restaurants an, in luxuriösen Shoppingarkaden machen sich edle Boutiquen Konkurrenz, und aus Kneipen, Pubs und Night Clubs, über hundert an der Zahl, dröhnt Dixie oder Free-Jazz, Norwegen-Pop oder auch mal Klassisches nach draußen, wo sich die Straßencafés aneinanderreihen und auf Freilicht-Auktionen Kitsch und Kunst unter den Hammer kommen.

Ein Stück von gestern
Die Museumsinsel Bygdøy

Oslo ist, man weiß es längst, eine Stadt der Gegensätze, und diese Kontraste sind es auch, die hier, nebst der Sehenswürdigkeiten, einen Aufenthalt zum Erlebnis werden lassen. Zwei Kilometer sind es bis Bygdøy, eine Halbinsel im Oslofjord: üppige Rosengärten vor weißen Luxusvillen aus Holz, weidende Kühe auf sattgrünen Wiesen, Eichenwälder, Badestrände und – deshalb kommen die Touristen täglich zu Tausenden hierher – die bedeutendsten Dokumentationen norwegischen Volkstums, norwegischen Entdeckungsgeistes und der Seetüchtigkeit dieser Nation. Im Sommer verkehrt alle paar Minuten ein Fährschiff ab **Rådhusbryggene** (18) vor dem Rathausplatz.

Das reich verzierte Osebergschiff war Grabbeigabe für eine Häuptlingsfrau

Vom Anlegesteg der Fähre ist es nur ein kurzes und deutlich ausgeschildertes Wegstück zum **Norsk Folkemuseum**, das 1902 als erstes norwegisches Freilichtmuseum eröffnet und bald mit einem ethnographischen Landesmuseum verbunden wurde. Es ist die größte Ausstellung dieser Art in Norwegen und vermittelt ein großartiges Bild norwegischer Kultur aller Jahrhunderte seit der Reformation. In der Freilichtabteilung finden sich über 170 Gebäude, zusammengetragen aus dem ganzen Land und hier auf einer Fläche von über 14 ha wieder aufgebaut: Stadthäuser ebenso wie Bauernhöfe, Speicher, Fischerhütten, Kirchen, unter ihnen auch die Stabkirche von Gol. Das Verschiedenartige der Jahrhunderte und Landschaften zeigt sich aber auch im Innern der Häuser, in denen Hausrat, Werkzeug und sakrale Kunstgegenstände ausgestellt sind. Freilich, der Eintrittspreis in dieses Volkskundemuseum ist hoch, und so manchen Touristen hört man an der Kasse wettern – »die spinnen ja, die Norweger!« –, aber davon sollte man sich nicht abhalten lassen, denn dieses Kompendium norwegischen Kulturgutes lohnt den hohen Preis.

Einzigartig und in direkter Nachbarschaft steht auch die **Wikingerschiffshalle** (Vikingskiphuset) da, die als das meistbesuchte Museum in Norwegen gilt und die drei berühmtesten noch erhaltenen und restaurierten Wikingerschiffe der Welt birgt: so das reich verzierte Osebergschiff, das nie im Wasser war, sondern Grabbeigabe einer Häuptlingsfrau; dann das Gokstadschiff, 23,3 m lang und damit das größte erhaltene Wikingerschiff überhaupt. Es wurde 1893 nachgebaut und überquerte den Ozean gen Amerika. Schließlich das Tuneschiff, von dem aber nur noch Reste übrig sind. Auch andere Funde aus der Wikingerzeit – meist Grabbeigaben aus Gold und Silber – sind hier trefflich ausgestellt, doch der größte Andrang herrscht nicht vor den Schiffen oder Vitrinen, sondern an den Verkaufsständen am Eingang, wo Wikingerschmuck feilgeboten wird.

Wer müde ist, kann nun zum Fähranleger zurückkehren und das Schiff erneut besteigen, um an der nächsten Station wieder an Land zu gehen. Per Straße (ausgeschildert) sind es vielleicht 10 Min. Fußweg dorthin, wo gleich drei besuchenswerte Museen nebeneinander am Meer liegen. Mit seinem extrem hochgezogenen Dreiecksdach am auffälligsten präsentiert sich das **Fram-Museum**, in dem die weltberühmte Fram konserviert ist. Mit diesem nur 35 m langen und 1892 aus Eiche von Collin Archer erbauten Polarschiff machte sich Fridjof Nansen auf, den Nordpol zu erreichen, und Roald Amundsen lieh sich den dickleibigen Dreimastschoner aus, um an den Rand der Antarktis vorzustoßen, von wo aus er 1911 als erster Mensch zum Südpol gelangte. Das eindrucksvolle Schiff darf betreten und auch von innen betrachtet werden. In der lichtdurch-

Strand am Oslofjord

Oslo

fluteten Halle werden außerdem Fotos und Ausrüstungsgegenstände sowie Karten von den Polarfahrten ausgestellt, Zeitungsausschnitte hängen zuhauf an den Wänden. Die Gjøa, mit der Amundsen 1903 bis 1906 die berüchtigte Nordwestpassage bezwang, ist vor dem Fram-Haus aufgebockt.

Gegenüber liegt das **Kon-Tiki-Museum**, in dem das Balsaholzfloß Kon-Tiki aufgebaut ist, auf dem sich der norwegische Zoologe Thor Heyerdahl zusammen mit fünf Gefährten im Jahre 1947 in 101 Tagen von Peru nach Polynesien treiben ließ (4200 Seemeilen), um zu beweisen, daß Altperuaner schon z. Zt. unseres Mittelalters im Stillen Ozean gekreuzt sein könnten. In der Halle sind außerdem Gebrauchsgegenstände aus Südamerika und Polynesien sowie Steinskulpturen von den Osterinseln ausgestellt. In der Nachbarhalle befindet sich das Papyrus-Boot Ra II, der Nachbau eines Schiffes aus dem alten Ägypten, auf dem Thor Heyerdahl mit

einer siebenköpfigen Mannschaft 1970 von Marokko aus in 57 Tagen den Atlantik überquerte.

Bleibt das **Norwegische Seefahrtsmuseum**, das die Geschichte der norwegischen Navigation von den Anfängen bis zur Gegenwart durch Modelle, Karten, Bilder und maritime Ausrüstungen darstellt. Auch eine Fischerei-Abteilung gibt es, Walfang eingeschlossen.

Wem es nun, nach all dem anstrengenden Sightseeing, ein wenig nach Sonnen, Baden und Entspannen zumute ist, steigt an der Haltestelle vor der Museums-Trinität in den Bus Nr. 30, der von Oslos City her kommt, und fährt durch bis zur Endstation Huk, wo sich die beliebtesten **Sandstrände** der Stadt erstrecken, es auch Kioske und ein Restaurant gibt. Der Bus Nr. 30 ist es auch, der ins Stadtzentrum (Nationaltheater oder Bahnhof) zurückfährt (so man nicht die Fähre zur Rådhusgata nehmen möchte).

Die berühmten drei
Kunst in Oslo

Man kommt nicht dran vorbei, an den drei berühmtesten Dokumentationen künstlerischen Schaffens in Oslo.

Beginnen wir mit der **Vigeland-Anlage** im Frognerpark (ab Nationaltheater mit der Straßenbahn Nr. 12, 15 und Bus Nr. 20). Dieses monumentale ›Skulpturium‹, Ergebnis einer nicht faßbaren Produktivität in Eisen, Bronze und Stein, gilt gemeinhin als die skurrilste Eingebung, die je einem Bildhauer auf Erden widerfahren ist. Vom Schaffensdrang des genialen Künstlers zeugt aber auch das Vigeland-Museum am Südrand des sehr sehenswerten Parks: Früher sein Atelier und seine Wohnung, birgt das Gebäude heute neben 1650 Plastiken rund 3700 Holzschnitte sowie sage und schreibe 11000 Zeichnungen.

Den Strömungen und Ideen der zeitgenössischen internationalen Kunst in Literatur, Musik, Tanz, Film, Theater, Architektur und Kunsthandwerk kann man sich im 12 km außerhalb der City gelegenen, aber schnell und bequem erreichbaren (Bus Nr. 151, 152, 251 und 261 ab Jernbanetorget/Bahnhofsplatz) **Henie-Onstad-Kunstzentrum** widmen. Diese größte Sammlung moderner Kunst in Norwegen – eine

Gustav Vigeland und die Gigantomanie

Es ist, als wäre es Norwegens Schicksal, daß sich die Welt pro Kunstrichtung nur einen Namen merken kann: Munch in der Malerei, Grieg in der Musik und Vigeland (1869–1943) in der Bildhauerei. Aber wie Edvard Munchs Werke, so erfreuten und erfreuen sich auch die des berühmten Bildhauers nicht immer der Wertschätzung des sachverständigen Publikums, und dünkt er den einen als der »Michelangelo der Neuzeit«, so sah Sylvain Pivot in ihm einen »Rodin de Néandertal«.

Es sind nicht die Tausende von Skizzen und die 1650 im Vigeland-Museum ausgestellten Skulpturen, an denen sich die Gemüter scheiden; auch nicht seine Beiträge zum Restaurierungswerk an Norwegens Nationalheiligtum, dem Nidarosdom zu Trondheim, oder all die Portraitbüsten von Bjørnson, Ibsen, Hamsun und vielen anderen, die Oslo und andere Städte zieren – nein: es ist sein Lebenswerk, die in der Tat gigantische Vigeland-Anlage (bzw. Frogner-Anlage) in Oslos gleichnamigem Park, an der er fast die ganzen letzten 22 Jahre seines Lebens arbeitete. Um diese zu verwirklichen, schloß er mit der Stadt Oslo einen merkwürdigen Vertrag ab: er vermachte all seine bisherigen Werke der Stadt und forderte als Gegenleistung ein Atelier und diejenigen Mittel, die er zur Vollendung seiner Vision benötigte.

Es war dies die Idee eines Parks voller Plastiken, die das menschliche Leben in all seinen Phasen darstellen sollte. Und er hat sie verwirklicht, diese Apotheose des Menschseins. In der gewaltigen Anlage stehen Hunderte von Skulpturen aus Stein, Eisen und Bronze, in deren Mitte ein von 35 Granitgruppen umgebener, fast 17 m hoher Monolith aufragt, ›zusammengesetzt‹ aus 121 ineinander verschlungenen Menschenleibern. Des Künstlers Antwort auf die Frage nach dem Sinn ließ alles offen – »Jeder kann es sich erklären, wie er will«.

Oslo

Stiftung von Sonja Onstad (bekannt unter ihrem Mädchennamen Henie, die ›Eisprinzessin‹) und ihrem Ehemann (einem millionenschweren Reeder) – kennt in Europa nicht seinesgleichen, ja braucht nicht mal Vergleiche mit New York zu scheuen. Mit zum (gigantischen) Komplex gehört ein Panoramacafé, ein Skulpturenpark und ein eigener Strand.

Der Bus Nr. 20 ab Bahnhofsplatz führt uns zum im Osten von Oslo gelegenen **Munch-Museum**, in dem das Vermächtnis des Malers an die Stadt ausgestellt wird. Und das sind nicht weniger als 18 000 Grafiken, 4500 Zeichnungen und 1100 Gemälde. Ausgestellt wird zwar immer nur ein Teil dieses Monumentalwerks, doch im Sommer, wenn die Touristen kommen, sind stets die berühmtesten Gemälde zu betrachten.

Praktische Hinweise: Oslo

Flugverkehr: Der Fornebu International Airport, 7 km außerhalb des Zentrums, ist für alle nationalen sowie internationalen Flüge zuständig. Der Flughafenbus (✆ 67 59 62 20) verkehrt ab Oslo Sentralstasjon (Hauptbahnhof) und Nationaltheater alle 10 Min.

Zubringerbusse fahren auch ab SAS Scandinavia Hotel und dem Busterminal/ Galleri Oslo.

Fluggesellschaften: (international) Air France, Haakon VII's gate 9, ✆ 22 83 56 30; Britisch Airways, Karl Johansgt. 16b, ✆ 22 33 16 00; (national) Braathen SAFE, Haakon VII's gate 2, ✆ 22 83 44 70 (Information); SAS Scandinavian Airlines (auch für Auslandsflüge), Oslo Lufthavn, Fornebu, ✆ 22 17 00 20; Wideröes Flyveselskap, Mustadveien 1, ✆ 22 73 65 00.

Bahnverkehr: Oslo Sentralstasjon (ausgeschildert oft nur mit ›Oslo S‹), Jernbanetorget, Information tgl. 7–23 Uhr, ✆ 22 17 70 30.

Busverkehr: Zuständig für Auslandsverbindungen und Destinationen außerhalb Oslo ist NOR-WAY Bussexpress, Karl Johansgt. 2, 0154 Oslo, ✆ 22 17 52 90, Fax 22 17 59 22.

Fährverkehr: Tgl. verkehren Fähren von/nach Kopenhagen, Kiel, Hirtshals und Fredrikshavn, die jeweiligen Anleger liegen nahe dem Zentrum, sind auf den Hauptstraßen ausgeschildert und werden von Pendelbussen (u. a. ab Flughafen, Bahnhof) angefahren.

Fährgesellschaften: Color Line, Hjortneskaia, 0250 Oslo, ✆ 22 94 44 00 (Information), ✆ 22 94 44 70 (Fahrkarten und Reservierung); DFDS Scandinavian Seaways Norge, Vippetangen utst. 2, 0150 Oslo, ✆ 22 41 90 90; Stana Line A/S, Jernbanetorget 2, 0154 Oslo, ✆ 22 41 22 10 (Inf.), ✆ 22 33 50 00 (Fahrkarten- und Platzbestellung).

Für Selbstfahrer: Die Ein- und Ausfahrt in den inneren Stadtbereich von Oslo ist gebührenpflichtig, im Zentrum sind die Haupt-Ausfallstraßen (E18 und E6) deutlich ausgeschildert, und wer von dort das Zentrum erreichen will, folgt den Schildern ›Oslo Sentralstasjon‹ (Bahnhof) oder auch ›Oslo S‹.

Oslo

Im Norsk Folkemuseum

Mietwagen: Avis, Munkedamsvn. 27, ✆ 22 83 58 00 (auch am Flughafen: ✆ 67 53 05 57); Budget Car, Sonja Henies Plass 4, ✆ 22 17 10 50 (auch am Flughafen: ✆ 22 53 79 24); Bislet Limousine, Pilestredet 70c, ✆ 22 57 00 57.

Unterwegs in Oslo

Öffentliche Verkehrsmittel: Oslos Verkehrsnetz ist vorbildlich und besteht aus U-Bahnen, Straßenbahnen und Buslinien sowie Lokalzügen und auch Fährlinien. Die wichtigsten Stationen sind der Bahnhofsplatz (Jernbanetorget), der Universitätsplatz sowie das Nationaltheater und die Storgata – alle direkt im Zentrum gelegen.

Wer in Oslo voraussichtlich viel Bus- und Bahnfahren will, sollte sich an die Touristeninformationen wenden, wo kostenlose Routenhefte ausliegen und man alle Karten und auch Fahrscheine erhalten kann.

Selbstfahrer: Sich in Oslo zurechtzufinden ist einfach, sofern man die Sehenswürdigkeiten nicht fahrend erkunden will, – dann nämlich wird man sich zwangsläufig in einem ausgeklügelten Labyrinth von Einbahnstraßen und Sackgassen verirren. Man tut gut daran, sich so schnell wie möglich einen Parkplatz zu suchen (wer im Park- oder Halteverbot steht, muß mit drastischen Geldbußen oder gar damit rechnen, daß sein Fahrzeug abgeschleppt wird), die zahlreichen Parkhäuser der Stadt sind wie üblich kenntlich gemacht und ausgeschildert.

Das Zentrum selbst erreicht man ab der E18, der Haupt-Durchgangsstraße, in wenigen Minuten, indem man die

Oslo

Abfahrt ›Oslo Sentralstasjon‹ oder auch ›Oslo S‹ nimmt. Direkt am Bahnhof gibt es ebenfalls ein Parkhaus sowie einen großen, auch für Wohnmobile tauglichen Parkplatz; weitere Plätze liegen um die Akershus-Festung sowie direkt vor der Aker Brygge und der dortigen Touristeninformation. Aber: Parken ist sündhaft teuer, die Ein- und Ausfahrt ins Zentrum gebührenpflichtig und wer sich nicht nur auf der Durchreise befindet, sollte den öffentlichen Verkehrsmitteln unbedingt den Vorzug geben.

Taxi: Taxis sind zahlreich, aber wesentlich teurer als in Deutschland. Freie Fahrzeuge tragen auf dem Dach ein erleuchtetes Schild, Taxibestellung erfolgt über ✆ 22 38 80 90.

Camping: Bogstad Camp og Turistsenter, Ankervn. 117, 0757 Oslo, ✆ 22 50 76 80, ganzjährig geöffnet, auch Hüttenverleih; hin mit Bus Nr. 32 (30 Min.) ab Nationaltheater (aussteigen in Bogstad). 15 km vom Zentrum, nahe Bogstadvannet gelegener Komfortplatz, der als der bestausgerüstete von Oslo gilt (gute Bademöglichkeiten).

Ekeberg Camping, Ekebergvn. 65, 1181 Oslo, ✆ 22 19 85 68, geöffnet 1. 6.–15. 8.; hin mit Bus Nr. 24 und 72 ab Zentralbahnhof (10 Min.) oder mit Straßenbahn Nr. 18, 19 ab Zentralbahnhof. Für Selbstfahrer: 2,5 km vom Zentrum, der Platz ist ab der E18 im Zentrum Oslos ausgeschildert. Ekeberg bietet eine phantastische Aussicht über die Stadt.

Stubljan Camping, Herzenbukta, ✆ 22 61 27 06, 1. 6.–15. 8. geöffnet; hin mit Bus ›Ingierstrand‹ ab Zentralbahnhof (ca. 30 Min.). Oslos kleinster Platz, rund 9 km südlich des Zentrums an der E6 (ausgeschildert) gelegen, bietet u. a. einen Badestrand – empfehlenswert für Familien mit Kindern.

Preiswert (zwischen 300 und 500 NOK/Doppel): *Privatzimmer* (ab ca. 160 NOK für ein Doppel) vermittelt die Touristeninformation im Hauptbahnhof, Rathaus und im alten Westbahnhof (Ecke Stranden und Rådhusgata); s. ›Information‹.

Herbergen: Oslo Vandrerhjem Haraldsheim (Jugendherberge), Haraldsheimvn. 4, 0409 Oslo, ✆ 22 22 29 65; ganzj. geöffnet, hin mit Straßenbahn Nr. 10 und 22 ab Zentralbahnhof bis Sinsen, Bus Nr. 31 und 32 bis Sinsenkrysset; vom Zentralbahnhof verkehrt auch ein Lokalzug nach Grefsen, vom Bahnhof sind es dann noch 500 m zur JH.

Oslo Vandrerhjem Holtekilen, Michelets vei 55, 1320 Stabekk, ✆ 67 53 38 53, Mitte/Ende Mai–Mitte/Ende Aug. geöffnet; 9 km vom Zentrum, mit dem Auto auf der E18 Richtung Drammen; mit dem Lokalzug von Oslo Richtung Asker bis zur Station Stabekk (10 Min.), mit dem Bus Nr. 151, 153,

Oslo

161, 162, 251, 252, 261 vom Oslo-Zentrum bis zur Haltestelle Kveldsrovn.

Pensionen: Ambiose Bed 'n' Breakfast, Østbyfaret 9d, 0690 Oslo, ☏ 22 27 23 00; Cochs Pensjonat, Parkvn., 0350 Oslo, ☏ 22 60 48 36 (1,3 km vom Zentralbahnhof); Ellingsen Pensjonat, Holtegt. 25, 0355 Oslo, ☏ 22 60 03 59 (1,5 km vom Bahnhof); Ekeberg Pensjonat, Brannfjellvn. 10, ☏ 22 19 37 34 (10 Min. mit dem Bus vom Bahnhof); Frogner Pensjonat, Thomas Heftyesgt. 41, ☏ 22 55 37 82 (2,6 km vom Bahnhof); Bella Vista, Årrundvn. 11b, ☏ 22 65 45 88 (5 km vom Bahnhof).

Hüttenvermietung: Den Norske Hytteformiddling, Kierschowsgt. 7, 0406 Oslo, ☏ 22 35 67 10.

Mittelklasse (zwischen 550 und 1000 NOK/Doppel): Reservierung über die Touristeninformation. *Eine Auswahl:* Ami Hotel, Nordahl Brunsgt. 9, 0165 Oslo, ☏ 22 11 61 10; Anker Hotel, Storgt. 55, 01182 Oslo, ☏ 22 11 40 05; Best Western Hotel Bondeheimen, Rosenkrantzgt. 8, 0159 Oslo, ☏ 22 42 95 30; City Hotel Skippergt. 19, 0152 Oslo, ☏ 22 41 36 10; Comfort Majorstuen Hotel, Bogstadvn. 64, 0366 Oslo, ☏ 22 69 51 00; Hotel Fønix & Postcaféen, Dronningensgt. 19, 0154 Oslo, ☏ 22 42 59 57; Gabelshus Hotell, Gabelsgt. 16, 0272 Oslo, ☏ 22 55 22 60; IMI Hotel Oslo A/S, Staffeldtsgt. 4, 0166 Oslo, ☏ 22 20 53 30; Norrøna Hotell & Kafe A/S, Grensen 19, 0159 Oslo, ☏ 22 42 64 00; Rainbow Hotel Stefan, Rosenkrantzgt. 1, 0159 Oslo, ☏ 22 42 92 90; Rainbow Spectrum, Brugt. 7, 0186 Oslo, ☏ 22 17 66 30; West Hotel, Skovvn. 15, 0257 Oslo, ☏ 22 55 75 04; Westside Bed & Breakfast, Eilert Sundsgt. 43, 0355 Oslo, ☏ 22 56 63 20.

Komforthotels (zwischen 1000 und 1800 NOK/Doppel): Reservierung über Touristeninformation. *Eine Auswahl:* Grand Hotell, Karl Johansgt. 31, 0159 Oslo, ☏ 22 42 93 90, eines der edelsten und klassischsten Häuser der Stadt, sehr gutes Preis-Leistungs-Verhältnis; Karl Johan Hotel, Karl Johansgt. 33, 0162 Oslo, ☏ 22 42 74 80 (gilt zusammen mit dem Grand als das ›bestbewahrte‹ Hotel der Stadt; Royal Christiania Hotel, Biskop Gunnerus'gt. 3, 0155 Oslo, ☏ 22 42 94 10 (7stöckiger Wintergarten, mehrere Pubs, Bars, Restaurants: eine luxuriöse Welt für sich, sehr gutes Preis-Leistungs-Verhältnis); Soria Moria, Voksenkollvn. 60, 0394 Oslo, ☏ 22 14 60 80 (außerhalb, sehr umfassendes Komfortangebot, u. a. Hallenbad, dabei günstig).

Restaurants/Cafés: Wer sein Reisebudget schonen will, sollte es sich verkneifen, im Stadtzentrum irgendwo einzukehren, denn selbst ein Kaffee kann schon mal mit 20 NOK und mehr zu Buche schlagen, – für ein Bier (0,5 l) muß man rund 30–50 NOK berappen, ›billige‹ Gerichte sind ab 80 NOK teuer, will man auch Gemütlichkeit und mehr als nur ›Mehlfrikadellen‹ mit Kartoffeln und Erbsbrei, sollte man sich auf mindestens 100 NOK pro Gericht einstellen.

»Wenn schon, denn schon« – finden wir und geben nachfolgend eine kleine Auswahl zwar nicht billiger (Gerichte ab ca. 120 NOK), aber von den Speisen her und/oder in Bezug aufs Interieur besuchenswerter Restaurantbetriebe:

Grand Café, Grand Hotell, Karl Johansgate 31, ☏ 22 42 93 90; Mo–Sa 11–23.30, So ab 12 Uhr. Es spricht für sich, daß hier Ibsen, Munch, Krogh und andere Berühmtheiten zu speisen und ihren Kaffee zu trinken pflegten. Hier wird die ›gute alte Zeit‹ konserviert.

Theatercaféen, Hotel Continental, Stortingsgata 24–26, ☏ 22 33 32 00; Mo–Sa 11–24 Uhr, So 12–23 Uhr. Wahrzeichen Oslos und eines der weni-

Oslo

gen noch originalgetreuen Jugendstil-Kaffeehäuser Europas, einst Knut Hamsuns Stammlokal, heute Treff der Prominenz und teuer, selbst für Osloer Verhältnisse.

Blom Restaurant, Karl Johansgt. 41b, ✆ 22 42 73 00; Mo–Sa 11.30–24 Uhr. Wappenschilder und Gemälde prägen diesen Treffpunkt der Kulturelite Norwegens.

Torstrupkjelleren, Karl Johansgt. 25, ✆ 22 42 14 70; Mo–Sa 16–1 Uhr. Man speist typisch Norwegisches zu Tafelmusik und findet sich im Kreise politischer und schreibender Berühmtheiten.

Mølla Restaurant, Sagvn. 21, ✆ 22 37 54 50; Mo–Sa 15–24 Uhr. Ein Komplex, der u. a. aus einer umgebauten Spinnerei und einem ehemaligen Turbinenraum besteht; ausgefallen und teuer.

Det Gamle Rådhus, Nedre Slottsgt. 1, ✆ 22 42 01 07; Mo–Sa 11–23 Uhr. Norwegische Spezialitäten, mit Idealismus serviert, im ältesten Restaurant von Oslo.

Ekebergrestauranten, Kongsvn. 15, ✆ 22 19 44 22; Mo–So 11.30–1 Uhr, Lunch bis 15 Uhr. ›Das‹ Panoramarestaurant der Stadt.

Vegeta Vertshus, Munkedamsvn. 3b, ✆ 22 83 40 20; Mo–Sa 10–22 Uhr, So ab 11 Uhr. Ein reines Vegetarier-Restaurant – welch Unikum in Norwegen.

 Klubs und Diskotheken: Hierfür ist in Oslo insbesondere die Aker Brygge (s. ›Sehenswürdigkeiten‹) zuständig; die Namen der Lokale wechseln ständig, weshalb hier auf Nennungen verzichtet wird. Zu beachten ist, daß in diesen Lokalen die Altersgrenze meist bei 20 Jahren liegt, Eintrittsgeld üblich ist und beträgt meist 80–100 NOK.

Szenetreffs: Sie gehen so schnell konkurs, wie sie aus dem Boden schießen. Schon seit mehreren Jahren behaupten konnten sich bislang:

Café Blitz, Pilestredet 30; Treff der ›Subkulturellen‹ mit sporadischen Polit- und Musikveranstaltungen.

Rockefeller, Torggt. 16, ✆ 22 20 32 32; Pop & Rock & Roll aus der Konserve, aber auch häufig live; außerdem Shows, Musikfilme.

Jegerhallen/New Orleans Workshop, Akersgt. 38, ✆ 22 42 97 44; jeden Do 20–24 Uhr Jazztreff, aber im Sommer (20. 6.–10. 8.) geschlossen.

Oslo Jazzhus, Toftesgt. 69, ✆ 22 38 59 63; Do, Fr und Sa Jazz-Livekonzerte von in- und ausländischen Musikern (›der‹ Jazztreff in Oslo).

Stortorvets Gjæstgiveri, Grensen 1, ✆ 22 42 88 63; für die Generation ab 40, die hier freitags zwischen 20 und 24 Uhr das Jazz-Tanzbein schwingen sowie samstags 14–17 Uhr den Jazzklängen lauschen kann.

Theater: Nationaltheater, Stortingsgt. 15, 0161 Oslo, ✆ 22 41 27 10, Kartenverkauf Mo–Fr 8.30–19.30 Uhr, Sa 11–18 Uhr. Norwegisches und internationales Theater.

Oslo Nye Theater, Rosenkranzgt. 10, 0159 Oslo, ✆ 22 42 90 75; wie das Nationaltheater, also mehr für das ›Klassische‹ zuständig.

Det Åpne Teater, Tøyenbekken 34, 0188 Oslo, ✆ 22 17 39 95. Staatlich gefördertes offenes Theater, das einzige seiner Art im Norden, untergebracht in einer alten Schlosserei von 1917; jeweils Mi 16 Uhr und Sa 15 Uhr wird ein neu verfaßtes Schauspiel vorgestellt.

Black Box Theater, Aker Brygge, Stranden 3, 0250 Oslo, ✆ 22 83 39 90. Bühne der freien Gruppen aus dem In- und Ausland.

Dukketeatret (Puppentheater), Frognervn. 67 (im Oslo-Stadtmuseum), 0266 Oslo, ✆ 22 42 11 88; Vorstellungen Mo–Fr sowie jeden zweiten So.

Konzert/Oper: Konzerthaus, Munkedamsvn. 14, ✆ 22 83 32 00; Kartenverkauf Mo–Fr 12–20 Uhr.

Opernhaus, Storgt. 23c, ✆ 22 42 94 75; 20. 6.–3. 9. geschlossen. Vorstellungsbeginn meist um 19.30 Uhr.

Folklore: Wer sich an Volkstanz-Vorführungen erfreuen möchte, kann das tun im Juli und August an jedem Montag und Donnerstag ab 21 Uhr im Osloer Konzerthaus, Munkedamsveien 14, ✆ 22 83 32 00.

Lebensmittel: Selbstverpfleger, für die Oslo erste Reisestation ist, werden hier zwar preislich vieles zu teuer finden, aber Tatsache ist, daß man fast nirgends in Norwegen so billig Obst und Gemüse bekommen kann wie hier, – wenn man weiß, wo! Die Geschäfte im Stadtkern sind ziemlich teuer, die außerhalb gelegenen riesigen Supermärkte relativ günstig, am billigsten kauft man jedoch an den Marktständen, wo das Angebot an Obst und Gemüse auch am größten ist. Im Vergleich am besten schneiden die Stände auf dem Bahnhofsplatz (Jernbanetorget) ab und die rechts unterhalb vor dem Hauptausgang des Hauptbahnhofs an der Straße (gegenüber City-Shoppingzentrum).

Shopping: Die ›Tempel der Shoppinglust‹ finden sich zuhauf entlang der Karl Johansgata. Doch Norwegen ist bekanntlich teuer. Wesentlich günstiger bekommt man alles, was man aus Norwegen mitzubringen pflegt (also z. B. Pullover, Strickjacken, ›Wikingerschmuck‹, Kunstgewerbe) in den Provinzstädten bzw. da, wo es auch gefer-

Idylle im Oslofjord: Dyna Fyr

Oslo

Das Osebergschiff

tigt wird. Dennoch ein paar Empfehlungen:

William Schmidt, Karl Johansgt. 41, ✆ 22 42 02 88; eine Selbstdarstellung: »Die größte Auswahl in Oslo an echten norwegischen Souvenirs«.

Maurtuara, Fridjof Nansen Plass 9 (gegenüber Rathaus), ✆ 22 41 31 64; ›der‹ Laden für Handgestricktes.

David-Andersen, Karl Johansgt. 20, ✆ 22 41 69 55; größte Auswahl an sogenanntem Saga-Schmuck (nach Art der alten Wikinger).

Norway Design, Stortingsgt. 28, ✆ 22 83 11 00; alles, was man sich unter Design im allgemeinen vorstellt.

Galleri Karl Johan, Karl Johansgt. 11 (im Park hinterm Dom), ✆ 22 42 42 70; Kunstgewerbe der exklusiven Art.

 Information: Fragen Sie in den Fremdenverkehrsämtern nach der ›Oslo-Karte‹ (Oslo Kortet), die für einen Tag 130 NOK, für zwei Tage 200 NOK, für drei Tage 240 NOK (Kinder zahlen je die Hälfte) kostet und unter anderem zum gebührenfreien Parken in der Stadt berechtigt, aber auch zum freien Eintritt in die Osloer Museen sowie zur kostenlosen Benutzung der Stadtbusse und -bahnen.

Touristeninformation Zentralbahnhof, Oslo Sentralstasjon, 0154 Oslo, ✆ 22 17 11 24; tgl. 8–23 Uhr.

Oslo/Norwegen Informationszentrum (direkt vor der Aker Brygge), Vestbaneplassen 1, 0250 Oslo, ✆ 22 83 00 50. Hier bekommt man auch umfangreiches kostenloses Informationsmaterial sowie zahlreiche kostenpflichtige Publikationen und Karten über Norwegen. Mai–Sept. Mo–Fr 9–20 Uhr, Sa/So 9–16 Uhr, Sept.–Mai Mo–Fr 9–16 Uhr.

 Post: Oslo Sentrum Postkontor (Hauptpostamt), Dronningensgt.

Oslo

15, ✆ 22 40 90 50; Mo–Fr 8–17 Uhr, Sa 9–13 Uhr.
Telefon, Telegramm, Telex, Fax: Telekontor, Kongensgt. 21, Eingang Prinsensgt.; Mo–Fr 8–21 Uhr, Sa und So 10–18.30 Uhr.

Banken/Wechselstuben: Die meisten Banken sind geöffnet Mo–Fr 8.15–15.30 Uhr, Do bis 17 Uhr; die Bank am Flughafen hat werktags 6.30–22.30 Uhr geöffnet, Sa 7.30–19 Uhr, So 7–21 Uhr. Das Wechseln von Bargeld und Reiseschecks ist darüber hinaus in allen Postämtern der Stadt möglich.

Wechselstube im Hauptbahnhof, ✆ 22 42 07 69; tgl. 8–23 Uhr zwischen dem 1. 6. und 30. 9. (sonst werktags 8–20.30 Uhr, Sa bis 14 Uhr).

Notfall: Notarzt/Unfallwagen: ✆ 1 13, 22 11 70 70; Notzahnarzt: ✆ 22 67 30 00. Polizei: ✆ 1 12. Auto-/Abschlepphilfe: NAF, ✆ 22 34 16 00 (24 Std.); Viking, ✆ 22 32 10 00; Falken ✆ 22 23 20 85. Fundbüro: ✆ 22 95 00 00, Mo–Fr 8.15–15 Uhr.

Das Osloer Schloß

Die schönsten Routen

Der Osten – Das alte Bauernland

Schmucke Dörfer, Strände und Schären am Skagerrak

Fjordland – Norwegen wie im Bilderbuch

Hardangervidda – Sommerweide wilder Rentiere

Die Bauerntalungen und ihre Stabkirchen

Quer durch die Telemark

Die Otra nahe ihrer Quelle

»Klassisch«, aber nicht »typisch«
Der Osten

Eine Reise durch Norwegens ›ältesten‹ Landesteil, Streifzüge durch Fredrikstad, die einzige erhaltene Festungsstadt des Nordens. Runensteine und Hügelgräber – über den »Sagazeit-Weg« zu Zeugen aus prähistorischer Zeit. Eine Fahrt entlang dem Oslofjord.

Wer die schnelle E6 bevorzugt, um durch Schweden nach Südnorwegen zu gelangen (und so macht es das Gros der motorisierten Touristen), der wird am Grenzübergang, gebildet durch den Svinesund, über den sich eine 65 m hohe Brücke spannt, zwar landschaftlich großartig empfangen, doch das typische Norwegen-Bild: tiefe Fjorde, hohe Berge – findet man hier nicht. Die Landschaft im Osten, wegen ihrer Form auch als der ›Blinddarm Norwegens‹ bekannt, ähnelt dem Nachbarland Schweden: Wälder, Wiesen und Felder sind in sanften Wellen ausgebreitet, man sieht viel Grün, aber auch an blauer Farbe wird nicht gespart, denn allenthalben erstrecken sich Seen und plätschern Flüsse durchs Bauernland, das noch viele stattliche Gehöfte aus vergangenen Zeiten zählt. Auch anderes erinnert ans Gestern: burggekrönte Städte, Festungswälle und Felszeichnungen, Runensteine und Grabhügel, weshalb sich dieser Østfold geheißene Landesteil auch rühmt, der ›älteste‹ Norwegens zu sein. Reich mit Schären und Stränden gesegnet ist er allemal, und so sei die Empfehlung ausgesprochen, es nicht den meisten ausländischen Reisenden nachzumachen. – Die nämlich werfen hier nur flüchtige Blicke aus dem Autofenster, machen vielleicht ein Foto und rasen schon weiter.

Halden – Bollwerk gegen die Schweden

Etwa 6 km sind es von der Grenze (Svinesund) bis in die rund 25 000 Einwohner zählende Stadt Halden, die bis 1927 Fredrikshald hieß, weil sie Dänenkönig Fredrik III. 1665 befestigen ließ. Sieben Jahre zuvor nämlich war Dänisch-Norwegen im ›Frieden zu Roskilde‹ der schwedischen Provinz Bohuslän verlustig gegangen, womit der Ort ins Zentrum der Streitereien zwischen den damals verfeindeten

Route I

Staaten geriet. Dreimal, zum letzten Mal 1814, rannten die Schweden gegen das 128 m hohe, auf einem Hügel über der Stadt gelegene Bollwerk an, ohne es zu erobern.

Heute gilt die **Festung Fredriksten** als das wichtigste militärgeschichtliche Denkmal Norwegens. Die Aussicht von der Burg, die in einen Freizeitpark umgewandelt wurde (mitsamt Restaurant und Campingplatz / Hüttenvermietung), ist beeindruckend: Der Blick geht weit über Østfold und die in einer Senke am Tista-Fluß gelegene Stadt.

Halden selbst, mehrmals abgebrannt, ist weniger aufregend, bietet sich aber dennoch für einen Aufenthalt an. Zum einen liegt die **Schärenküste** nicht weit und erstrecken sich im direkten Umfeld der Stadt zahlreiche idyllische **Seen,** zum anderen werden auf dem hier vorbeiführenden Iddelfjorden lohnende **Bootstouren** nach Strömstad (Schweden) und anderswohin unternommen (Informationen und Tickets über das Fremdenverkehrsamt, s. u.), und schließlich nimmt hier der Halden-Kanal seinen Anfang, der sich – von Seen unterbrochen – rund 70 km durch das Land schlängelt und bei in- und ausländischen Wassersportlern als Norwegens **Kanu-Eldorado** gilt.

 Hotels: Fredrikshald Hotell (preiswert), Ohmespl. 3, ✆ 69 18 82 22.

 Camping/Hütten: Fredriksten Camping/Hüttenvermietung, Festung Fredriksten, ✆ 69 18 40 32; ein Panoramaplatz.

In Østfold bei Sarpsborg

Touristeninformation: am Gästehafen, ✆ 69 17 48 40, 1.6.–1.9. tgl. 8–20 Uhr.

 An-/Weiterreise: Züge ab Jernbanetorget 2, ✆ 69 18 41 11 (Verbindungen von/nach Schweden, Fredrikstad, Oslo), Busse ab Halden Trafikk A/S, Langbrygga 3, ✆ 69 17 22 11 (Verbindungen von/nach Ørje, Fredrikstad, Moss, Oslo).

Festungsstadt Fredrikstad

Insbesondere der schiffbaren Mündung der Glomma (auch Glåma), Norwegens größtem Fluß, an dessen Ufer sich Fredrikstad ausdehnt, verdankt die Stadt ihren Stellenwert als wichtiges Industriezentrum, während es Gamlebyen (die Altstadt) ist, die dem Ort viele (meist norwegische) Touristen beschert.

Fredrikstad

> ## Steckbrief Route I
>
> **Routenverlauf:** Svinesund-Grenzstation – Halden (E6; 6 km) – Fredrikstad (E6/R110; 32 km) – Moss (R110/E6; 32 km) – Jeløy (4 km) – Oslo (E6; 55 km)
> **Länge:** ca. 130 km
> **Öffentliche Verkehrsmittel:** Alle Etappen kann man sowohl mit dem (grenzüberschreitenden, von Göteborg kommenden) Zug als auch mit dem Autobus erreichen.
> **Anschlußmöglichkeiten:** mit Route II
> **Variante:** Allen Freunden lieblicher Feld-Wald-Seen- und Wiesenlandschaft sei empfohlen, bei Sarpsborg (km 32) nach rechts auf die R111 abzubiegen und so via R105 die R21 zu erreichen, die parallel zur schwedischen Grenze bis hinauf nach Kongsvinger führt (ab Sarpsborg 213 km), von wo aus es noch 92 km bis Oslo sind.
>
> Wer Oslo umgehen will, zweigt bei Moss (km 70 ab Svinesund) von der E6 ab und nimmt die Fähre (ca. alle 30 Min.) über den Oslofjord hinüber nach Horten (s. S. 106).

Wir folgen den zahlreich aufgestellten Schildern dorthin, erreichen so das Ostufer der breit und träge dahinströmenden Glomma, passieren eine Allee mächtiger Eichen und haben plötzlich ein unerwartetes Bild vor Augen: rechts eine hölzerne Zugbrücke, die einen Festungsgraben überspannt, voraus dann die Altstadt, die 1567 von König Fredrik II. gegründet wurde und heute als die einzig erhaltene Festungsstadt des Nordens gilt. Sie ist von einem gras- und baumbedeckten Wall umgeben und überaus malerisch anzusehen. Es lohnt sich, den Wagen stehen zu lassen (Parkplätze vor/hinter dem Wall) und den holprigen Kopfsteinpflastergassen zu folgen, die – von farbenfroh getünchten Holzhäusern gesäumt – alle irgendwann vor den mit uralten Bäumen bestandenen Festungswällen enden. Von dort oben dann bietet sich eine reiche Aussicht aufs Land, die Glomma sowie die Neustadt, die sich auf der anderen Flußseite erhebt und von hier aus mit kleinen Fährbooten zu erreichen ist. Mehrere Cafés und Restaurants, allesamt überaus gemütlich, laden zum Einkehren ein, Kunstgewerbler nutzen den Rahmen, um ihre Arbeiten anzubieten.

Rund 500 m östlich der Altstadt erhebt sich das **Kongsten Fort,** früher als ›Schwedenschreck‹ be-

Route I: Fredrikstad

kannt. Mit zur Anlage gehören mehrere unterirdische Kammern und Gänge (Führungen), auch ein stadtbekanntes Restaurant sowie, direkt angrenzend, einer der schönsten Freizeit- und Erholungsparks des Landes (u. a. mit Frei- und Hallenbad, Hotelbetrieb und Campingplatz).

Auch von hier aus werden **Bootsfahrten** zum schwedischen Strömstad unternommen (Infos/Tikkets im Fremdenverkehrsamt), und wer eines der eindrücklichsten Gebiete der norwegischen Schärenküste kennenlernen will, darf es sich nicht nehmen lassen, den ca. 15 km entfernten Schären-›Archipel‹ **Hvaler** zu besuchen, der über Brücken erreichbar ist (R 108, im Stadtgebiet ausgeschildert) und zahlreiche Bademöglichkeiten bietet.

Hotels: Hotel City (Mittelklasse; sehr steril), Nygaardsgt. 46, ✆ 69 31 77 50; Victoria Hotel (Komfortklasse; teuer), Turngt. 3, ✆ 69 31 11 65.

Camping/Hütten: Fredrikstad Motel og Camping/Hüttenvermietung, Fredrikstad, Tornesvn. 16 (am Kongsten Fort), ✆ 69 32 03 15.

Touristeninformation: Østre Brohode, Gamlebyen (an der Zufahrtsstraße zur Altstadt, nach der Brücke über die Glomma), ✆ 69 32 03 30.

An-/Weiterreise: Züge ab Bahnhof an der St. Olavsgt. 2, ✆ 69 31 26 03 (Verbindungen von/nach Halden, Schweden, Moss, Oslo); Busse ab dem Busbahnhof, Daniel Leegaardsgt. 1607, ✆ 69 31 37 60.

Blick auf die Festungsstadt Fredrikstad von Gamlebyen

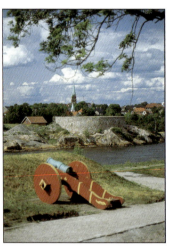

Nach Oslo

Etwa 88 km trennen uns jetzt noch von Oslo, sofern man der E6 (ab Fredrikstad über die R 110) den Vorzug gibt. Die Städte an der Strecke haben wenig Sehenswürdigkeiten zu bieten, und die Schärenküste des Oslofjordes ist meist nur über Stichstraßen zu erreichen. Das ist zeitaufwendig, außerdem ähneln sich die Landschaftsbilder sehr, so daß, wer die Inselgemeinde Hvaler besucht hat, hier keine Steigerung der Eindrücke mehr erfahren kann.

Der »Sagazeit-Weg«

Der Ort Skjeberg, rund 20 km nördlich von Halden an der E6 gelegen, ist für uns von Bedeutung, weil hier die R110 abbiegt. Ihr wollen wir folgen, denn auf den 11 km bis Fredrikstad trifft man auf zahlreiche Zeugnisse aus der Bronzezeit, und viele Male weisen Schilder mit der Aufschrift ›Helleristninger‹ (= Felsmalereien) auf Vorgeschichtliches hin. Der Reihe nach:

- **Solberg,** rechts der Straße; drei Felder mit über 100 Felszeichnungen (ca. 3000 Jahre alt), darunter Schiffe, Räder, Sonnenbilder, Wagen, Waffen, Menschen, Tiere

- **Hornes,** rechts der Straße: 3000 Jahre altes Feld mit 18 Schiffsdarstellungen samt Mannschaften

- **Hornes,** links der Straße: 20 Schiffs- und Tierfiguren, ebenfalls rund 3000 Jahre alt

- **Gunnarstorp,** rechts der Straße: riesige Grabsteinaufschüttung aus der Bronzezeit, Gräberfeld aus der Zeit um Chr. Geburt

- **Hunn,** rechts der Straße: Wahrscheinlich größtes Grabfeld des Landes (um die Zeitenwende herum); viel Aufsehen erregten die großen, aus je 13 Steinen bestehenden Steinkreise, deren Bedeutung unbekannt ist.

- **Hunn,** rechts der Straße: Mehrere Grabhügel (2000–1300 Jahre alt), bis zu 20 m breit und 2 m hoch, in denen man zahlreiche Grabbeigaben fand; unter einem konnte ein ca. 4000 Jahre altes Hausfundament aus der Steinzeit ausgegraben werden.

- **Oldtidsvegen,** links und rechts der Straße: Direkt neben der R110 sieht man Teile einer ersten Straße aus dem Altertum (um 2000 Jahre alt), die sich teils bis zu den Grabhügeln von Hunn verfolgen läßt.

- **Ravneberget,** rechts der Straße, Anfahrt möglich über den Waldweg vom Hunnfeld aus: Hoch oben auf dem Ravne-Hügel gelegene Wehranlage aus dem 5. Jh. n. Chr.; herrliche Aussicht bis zum Meer.

- **Begby:** rechts und links der Straße: Mehrere Felszeichnungsfelder aus der Bronzezeit, teils sehr deutliche und kräftig eingeritzte Darstellungen.

Route I: Jeløy

Eine Ausnahme sei genannt: die Moss vorgelagerte Insel **Jeløy,** die über eine Brücke zu erreichen ist. Sie wird als die ›Perle des Oslofjordes‹ bezeichnet, ist von großer Fruchtbarkeit – hier wachsen sogar Weintrauben – und in landschaftlicher Hinsicht äußerst vielfältig. Der Norden dieses nur wenige Quadratkilometer großen Eilandes ist reich an Wald, Wild und schroffen Klippen, der Süden hingegen erinnert mit seinen weiten Wiesenebenen ans dänische Jütland und bietet zahlreiche Badeplätze, von denen der beim Dörfchen Alby als

der schönste gilt. Schön auch die Aussicht von hier auf den Fjord und bis hinüber nach Horten, wohin man von Moss aus, direkt an der E6 gelegen, per Autofähre gelangen kann (Bastø Ferry: stündlich, Fahrtdauer 35 Min., in Moss ✆ 69 25 37 90 und in Horten ✆ 33 03 17 40). Wer an einem Besuch Oslos nicht interessiert ist, sollte diese Möglichkeit nutzen und sodann unter ›Horten‹ (Route II) weiterlesen.

Nördlich von Moss ist die E6 bald zur Autobahn ausgebaut, führt durch weites, mäßig reliefiertes Land und nur bisweilen noch an die Küste heran. Dann vereinigt sie sich mit der E18, dieser (ebenfalls von Schweden kommenden) Europastraße wollen wir nun folgen, um Oslo zu erreichen. Staus kennt man hier selten und wenn, dann kommt es meist nur zwischen 15 und 17 Uhr zu kleineren Engpässen. Wer Norwegens Kapitale besichtigen will, orientiert sich bald an den Schildern ›Sentralstasjon‹ (bzw. ›Oslo S‹) zum Bahnhof, wo zahlreiche (gebührenpflichtige) Parkplätze sowie Parkhäuser zu finden sind. Aber auch der Weg durch Oslo hindurch (Anschluß an Route II) ist einfach und schnell, denn die E18 verläuft größtenteils in einem Tunnel unter dem Stadtkern hindurch.

Der Oslofjord zwischen Moss und Oslo

Riviera am Skagerrak
Von Oslo in den Süden

Durch Drammens Spirale in luftige Höhe, nach Tønsberg, Norwegens älteste Stadt. Zu Lande und zu Wasser ans ›Ende der Welt‹, zu den prächtigsten Holzhausstädtchen des Landes, Traumstrände und Schären am Skagerrak, ein Streifzug durch die Renaissance-Stadt Kristiansand.

Mal angenommen, es gäbe nichts Besseres zu tun, als die E18 von Oslo bis hinunter nach Kristiansand abzufahren. Dann würde man ca. 330 km allerbeste Straße erleben, hier und da auch mal einen Meereszipfel, eine Schäre erspähen, ein bißchen Wald ausmachen, zahlreiche Kohl- und Kartoffelfelder sehen. Und sonst? Ach ja: vorbeifliegende Städte, Industrieanlagen und was der Fortschritt auch Norwegen noch so beschert hat.

Die meisten Urlauber wählen diese Hauptstraße des Tourismus und entsprechend langweilig finden sie den Süden, der von den Bezirken Buskerud, Vestfold, Telemark, Aust- und Vest-Agder gebildet wird.

Die landschaftlichen Schönheiten und Sehenswürdigkeiten dieser Region lassen sich nicht von der E18 aus erschließen. Man muß den gemächlichen Landstraßen den Vorzug geben, auch so manche Sackgasse nehmen, vielleicht das Auto mit dem Fahrrad oder Ruderboot tauschen. Dann aber kann es sein, daß man die Lust am Weiterfahren verliert. Denn wo sonst in Norwegen genießt man so viele Ausblicke auf spiegelndes Wasser, findet solch reine Landschaftsformen, wie sie die über 3000 Schären bieten, solche ›karibisch‹ schöne Strände im Saum tiefer Eichen- und Buchenwälder oder prächtiger Holzbaustädte, ganz in weiß, typisch nordisch und doch mit südländischem Flair?

Drammen – Die Stadt mit der Spirale

Wir verlassen Oslo über die E18 in Richtung Drammen, passieren die (ab hier gut ausgeschilderte) Museumshalbinsel Bygdøy (s. S. 78ff.), sodann zahlreiche Buchten, in denen die Städter baden und tausende Boote vertäut sind. Nach rund 12 km liegt das Henie-Onstad-Kunstzentrum (s. S. 82f.) am Weg. Die Landschaft wird jetzt freier mit

Steckbrief Route II

Routenverlauf: Oslo – Drammen (E18; 40 km) – Horten (E18/R19; 50 km) – Borre (R19; 4 km) – Åsgårdstrand (R311; 8 km) – Tønsberg (R311; 15 km) – Sandefjord (R303; 11 km) – Larvik (R303; 10 km) – Langesund (E18/R352; 53 km) – Kragerø (R352/E18/R38; 29 km) – Risør (R38/E18/R416; 44 km) – Tvedestrand (R416/R411; 26 km) – Arendal (R410; 28 km) – Fevik (R420; 10 km) – Grimstad (R420; 5 km) – Lillesand (E18; 19 km) – Kristiansand (E18; 30 km)
Länge: ca. 382 km
Öffentliche Verkehrsmittel: Alle o. g. Städte sind untereinander sowie mit Oslo durch Buslinien verbunden. Per Bahn kann man ab Oslo nur die o. g. Städte bis einschließlich Larvik erreichen; ab Porsgrunn führt der Schienenstrang ins Landesinnere, berührt die Küste erst bei Kristiansand wieder.
Anschlußmöglichkeiten: Von Route I (auch ab Moss, Fährverbindung mit Horten) sowie mit Route II und IV

sanften Erhebungen und ist agrarwirtschaftlich intensiv genutzt.

Dies bald schon eintönig wirkende Bild ändert sich erst kurz vor Drammen. Die in einer Talmulde am gleichnamigen Fluß und Fjord gelegenen Stadt ist die fünftgrößte des Landes (ca. 59 000 Einw.). Sägewerke und Papierfabriken an der Wasserfront geben Auskunft darüber, daß Drammen noch heute insbesondere von der Holzwirtschaft lebt, der es auch seine Gründung im 14. Jh. verdankt. Größter Importhafen für Kraftfahrzeuge ist es obendrein, und gäbe es nicht die ›Spirale‹ sowie ein Museum, so würde sich kaum ein Grund finden lassen, in dieser geschäftigen Kapitale des Bezirks Buskerud die Fahrt zu unterbrechen.

Bei der **Spirale** nun (ab E18 Abfahrt ›Nord‹, dann den Schildern Richtung ›Sentrum‹ folgen) handelt es sich um eine schlangenförmig ins Innere eines Berges gesprengte Straße von 1650 m Länge (6 Windungen, Radius 35 m, Steigung 10 %). Um dieses einzigartige Stück Ingenieurskunst anzulegen, wurden rund 70 000 Kubikmeter Steine bewegt. Es war die Straßenbehörde, die diese Attraktion schuf (1953–1961), denn ein von ihr betriebener Steinbruch störte die Anwohner, und so verlegte man das Abbaugebiet ins Innere des 200 m hohen Bragernesåsen, auf dessen Kuppe die Spirale führt. Von oben genießt man die beeindruckende Aussicht auf Stadt und Land, außerdem gibt es ein Panoramarestau-

Route II: Drammen

rant sowie zahlreiche ausgeschilderte Wanderwege und auch einen Naturlehrpfad.

Die andere Sehenswürdigkeit ist das **Drammen-Museum** (Mai–Okt. Di, Mi, Fr, Sa 11–15, Do, So 11–19 Uhr) auf der südlichen Flußseite (dort auch ausgeschildert). Es ist in einem herrschaftlichen Landhaus untergebracht, das sich inmitten einer schönen Parkanlage befindet. Zu betrachten sind hier u. a. zahlreiche originalgetreu eingerichtete Stuben des 17., 18. und 19. Jh., auch Kunst zwischen Renaissance und Empire wird reichlich geboten, selbst die beliebte Rosenmalerei ist vertreten.

Hotels (Mittelklasse): Quality Ambassadeur Hotel, Strømsøtorg 7, ✆ 32 83 15 90; Rica Park, Gamle Kirkeplass 1, ✆ 32 83 82 80; Tollboden Home Hotel; Tollbugaten 43, ✆ 32 89 10 90.
Preiswerte Unterkünfte: Danvik Conf. Centre, Fagerlibakken 1, ✆ 32 83 12 90, zentral, in schönem Garten, Kochmöglichkeit, Schwimmbad; Frau Høvik, 4. Strøm Terrasse 9, 32 89 43 22, 10 Min. vom Bahnhof.

Camping/Hütten: Drammen Camping/Hüttenvermietung, Buskerudvn. 97 (5 km außerhalb, E11 Richtung Kongsberg), ✆ 32 82 17 98; geöffnet 20. 5.–10. 9.

Touristeninformation: Bragernestorg 6, ✆ 32 80 62 10.

Route II

Route II

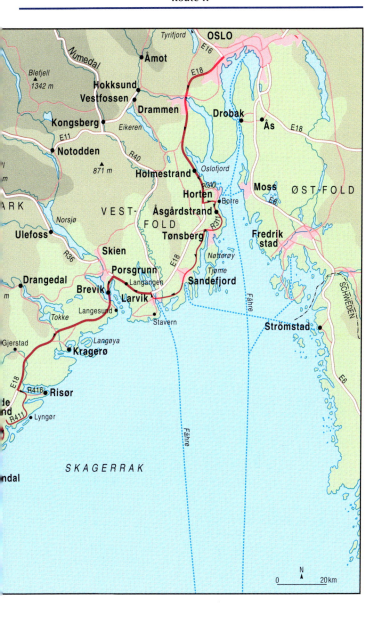

An-/Weiterreise: Drammen ist per Bahn und/oder Bus mit allen Orten dieser Route verbunden. Bahnhof, Strømsøtorg, ✆ 32 80 95 00; Busbahnhof, Strømsøtorg, ✆ 32 83 50 80.

Marinestadt Horten

Die Distanz zwischen Drammen und unserem nächsten Ziel, zu dem wir südlich der Hafenstadt Holmestrand von der E18 abbiegen, beträgt rund 50 km. Auf dieser Strecke, die zur Hälfte am Oslofjord entlangführt, bieten Landschaft und Städte nur spärliche Reize und das, was wir von zu Hause her wohl zur Genüge kennen: Industrieparks.

Die Geschichte der Stadt, die heute knapp 15 000 Einwohner zählt, beginnt erst im Jahre 1818, als hier, an der strategisch wichtigen Enge des Oslofjordes, ein Marinehafen eingerichtet wurde. Dieser diente von 1853 bis zu Anfang unseres Jahrhunderts den norwegischen Seestreitkräften als Hauptstützpunkt (inzwischen hat Bergen diese Funktion inne). Heute präsentiert sich die alte Marinezentrale als ein beschauliches Städtchen, in dem vieles von Vergangenem zeugt: so die vier Museen, allesamt sehenswert. Aber auch die Kadetten der hier beheimateten Marineschule, die in ihren offenen altenglischen Sportwagen durch die Gassen dröhnen, den Mädchen schöne Augen machen und auf ihren Yachten zu Champagner einladen. – Ganz wie im Kino.

Das **Marinemuseum** (tgl. 10–15 Uhr, Sa/So 12–16 Uhr), deutlich ausgeschildert, hat seinen Standort in der Seefestung Karl Johansvern. Das unter Militärverwaltung stehende Museum rühmt sich, im Besitz der größten Schiffmodellsammlung des Landes (über 100 Modelle) zu sein sowie von sieben Originalen, darunter auch die ›RAP‹, das erste Torpedoboot der Welt, das 1872 nach norwegischen Plänen in England gebaut wurde. Vor dem Museum befindet sich der Yachthafen, ein paar hundert Meter weiter der Badestrand ›Vollene‹.

Zurückgekehrt ins kleine, von einem großen Platz dominierte Zentrum, stoßen wir beim Fähranleger (Verbindungen nach Moss) auf das **NSSR-Museum** (Strandpromenaden 8, Fr, Sa, So 12–16 Uhr), das einzige Seerettungsmuseum in Norwegen. Nahebei, an der Langgatan 82, liegt das **Preus Fotomuseum** (Mo–Fr 10–14, So 12–14 Uhr), das einzige seiner Art in Norwegen. Mit über 1000 ausgestellten Kameras und rund 10 000 Büchern zur Fotografie zählt es zu den größten der Welt. Auch einige Kuriosa sind hier zu finden, so z. B. eine Kamera, eingebaut in einen Spazierstock, eine andere ist so konstruiert, daß sie von einer Taube in die Höhe getragen werden konnte, wodurch Luftaufnahmen möglich wurden. Etwa 2 km weiter treffen wir dann schließlich auf das neueste **Autoveteranen-Museum** des Landes (Sollistrandsveien 12b; Mitte Juni–Aug. tgl. 12–15 Uhr, sonst

Horten

Bei Drammen

nur So 12–15 Uhr), in dem über 40 Autos und 12 Motorräder die Geschichte des Vehikels von 1895 bis in die 60er Jahre aufzeichnen.

Hotels: Grand-Ocean, Jernbanegt. 1, ☏ 33 04 17 22 (gehobene Mittelklasse zu günstigen Preisen). Central Hotel, Storgt. 45, ☏ 33 04 16 01.

Camping/Hütten: Rørestrand Camping, Parkveien 34 (R19, 1 km Richtung Åsgårdstrand), ☏ 33 07 33 40, 1. 5.–31. 8. Weitere Plätze bei Borre, s. u.

Jugendherberge: in Borre (4 km weiter), s. u.

Touristeninformation: Torget 6a, ☏ 33 04 33 90.

An-/Weiterreise: Horten ist per Bahn und/oder Bus mit allen Orten dieser Route verbunden; Fahrplanauskünfte über das Touristenbüro. Der Bahnhof (☏ 33 07 07 61) befindet sich 4 km außerhalb in Skoppum, der Busbahnhof (☏ 33 04 58 66) ist im Zentrum an der Teatergt. 7 zu finden.

Ab Anleger im Zentrum stündlich Verbindungen (5–23 Uhr) per Autofähre mit Moss (s. Route I, S. 94), ☏ 33 04 31 93.

Strandwege nach Tønsberg

Nur 4 km sind es von Horten entlang der von Häusern gesäumten R19 bis zum kleinen Örtchen **Bor-**

Route II: Borre

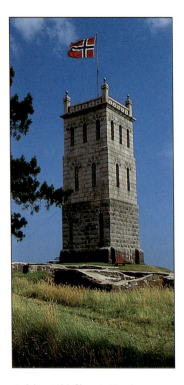

Auf dem Schloßberg in Tønsberg

re, wo graugelbe Strände im Wiesensaum nebst zwei Sehenswürdigkeiten zum Verweilen einladen. Ein Schild weist den Weg zum links der Straße gelegenen Borrehaug, der größten nordischen Ansammlung von Grabhügeln aus dem 8. Jh. Das Areal wurde 1932 zum Nationalpark erklärt. In den verschieden großen Hügeln (insgesamt 27 Stück), von uralten Laubbäumen beschattet, sollen die Mitglieder der aus Schweden eingewanderten Ynglingar-Dynastie beigesetzt sein. Ein Stückchen weiter entlang der R19 erhebt sich linker Hand die über 1000 Jahre alte Borrekirke, die Kennern als einer der sehenswertesten norwegischen Sakralbauten des Mittelalters gilt.

Camping/Hütten: Borre Familiecamping (bei der Kirche links ab), ✆ 33 08 23 90; 15. 6.–1. 9. geöffnet.

Jugendherberge: Borre Vandrerhjem, Langgrunn, ✆ 33 04 25 90 und 33 07 30 26.

Wir folgen nun den Schildern zum 4 km entfernten **Åsgårdstrand**. Das elegante und zeitlos wirkende Holzhausstädtchen ist ganz in weiß gehalten. Hier verbrachte Edvard Munch (s. S. 59f.) viele Sommer lang seine Urlaube. Sein Haus – »Glückshäuschen«, wie er es nannte, kann besichtigt werden (Munchsgate; tgl. 13–19 Uhr). Sehr schön ist es, hier in einem der Terrassencafés mit Blick über den Oslofjord zu verweilen, schön auch, im Meer, an dem die R19 nun entlangführt, ein Bad zu nehmen (Wiesen-/Sandsaum, Badeplattformen).

Hotel: Åsgårdstrand, Havnegt. 6, ✆ 33 08 10 40; sehr geschmackvolles Haus (Holz-/Glasarchitektur) direkt an der Promenade, edle Einrichtung, günstige Preise.

Tønsberg – Norwegens älteste Stadt

In der Saga über König Harald Hårfagre steht geschrieben, daß Tønsberg schon vor der Schlacht bei Harsfjord (um 872) bestand, und diese Zeitangabe nahmen die Stadtväter zum Anlaß, 1971 das 1100jährige Bestehen auszurufen und Tønsberg als »Norwegens älteste Stadt« zu feiern. Verbürgt ist, daß hier König Håkon Håkonson im 12. Jh. die Festung Castrum Tunsbergis errichten ließ, eine der größten mittelalterlichen Burganlagen des Nordens, und daß dessen Sohn, König Magnus Lagabøte, in dieser Burg das erste Landesgesetzbuch Norwegens verfaßte. Die Pest des 14. Jh. brachte den Niedergang mit sich, 1503 wurde Castrum Tunsbergis geplündert und in Brand gesteckt, 1536 schließlich die ganze Stadt durch eine Feuersbrunst vollständig in Asche gelegt. Eine gewisse Bedeutung erlangte sie dank dem Holzhandel erst seit dem 17. Jh. wieder, und dieser Erwerbszweig war es auch, auf dem die Seefahrt basierte: 1806 besaß Tønsberg die drittgrößte Tonnage in Norwegen, 1840 dann die größte, und 1861 wurde hier die Wilhelm Wilhelmsen-Reederei gegründet, seinerzeit die größte der Welt. Mit dem Aufkommen der Dampfschiffe kam erneut der Niedergang, doch noch immer ist der Schiffsbau und die Schiffahrt Tønsbergs Haupterwerbsquelle, und noch heute gilt die rund 32 000 Einwohner zählende Hauptstadt des Bezirks Vestfold als eine der wohlhabendsten des Landes.

Dies wird offensichtlich, sobald man durch die prachtvollen Shoppingzentren flaniert. Aber auch die Geschichte ist noch präsent – wenn auch im Rücken der Stadt. Unübersehbar ragt der alte **Schloßberg** mit den Resten des Castrum Tunsbergis aus dem Häusermeer auf.

Beeindruckender als diese Fragmente ist der Blick über Stadt und Land, den man von hier aus, besser noch vom 1888 erbauten Aussichtsturm genießen kann. Diese als Slottsfjellet bekannte Stätte gehört zum am Fuß des Burgberges gelegenen **Vestfold Museum,** von wo aus sie über einen Fußweg zu erreichen ist. Die weitläufige Anlage befindet sich im ausgeschilderten Stadtteil ›Tønsberg Nord‹, links der Hauptstraße, und ist unbedingt einen Besuch wert (Mo–Sa 10–17 Uhr, So 12–17 Uhr). Sie besteht aus mehreren Sammlungsgebäuden und einer Freilichtabteilung (mitsamt ›offenem‹ Sommertheater und ›Almcafé‹) und informiert ausführlich über die Themen Archäologie (u. a. sind hier ein Wikingerschiff aus dem 9. Jh. und Funde aus der Stein-, Bronze- und Eisenzeit ausgestellt), über die Schiffahrt (zahlreiche Modelle und Karten), Stadtleben (u. a. originalgetreu eingerichtete Stuben und Geschäfte) sowie über den Walfang (u. a. zahlreiche Walskelette, beispielsweise von einem über 20 m langen Blauwal).

Route II: Tønsberg

›Verdens Ende‹

Einen Spaziergang lohnt die **Altstadt** mit ihren vielen Holzbauten klassizistischer Prägung, deren prächtigste rings um die 1858 errichtete **Domkirche** (Di–Fr 8–12, Sa 10–12 Uhr) zu finden sind.

Aber dies ist nur eine Seite von Tønsberg. Die andere, landschaftliche Schönheit ist entlang der R309 und R308 zu entdecken, die die südlich angrenzenden (durch Brükken verbundenen) Inseln **Nøtterøy** und **Tjøme** erschließen. Leuchtendblau und klar das Wasser, weiß die Strände und braun, auch schwarz die Schären. Wo die Straße endet, 27 km südlich der Stadt, liegt ›Verdens ende‹, das ›Ende der Welt‹, vor dem 1696 der erste norwegische Leuchtturm zu blinken begann. Wer die Schärenwelt nicht nur von Land aus betrachten will, sollte an einer vierstündigen **Schiffstour** auf dem 1909 in Dienst gestellten Veteranendampfer ›Kysten I‹ teilnehmen, die während der Saison täglich durchgeführt wird (Abfahrt: Honnørbryggen um 12 Uhr; ✆ 33 31 25 89).

Hotels: Borge Hotel, Husøydund (6 km außerhalb der City auf Husøy), ✆ 33 36 74 25 (außerordentlich günstiges Familienhotel mit Garten, Tennis, Spielplatz, eigenem Anlegesteg, geheiztem Pool); Grand Hotel, Øvre Langgt. 65, ✆ 33 31 22 03 (komfortables Mittelklassehotel); Inter Nor Klubben Hotell, Nedre Langgt. 49, ✆ 33 31 51 11 (Komfortklasse).

Camping/Hütten: Furustrand Camping, Tolvdrød (5 km östlich, R311), ✆ 33 32 44 03 (ganzjährig geöffnet); Fjærholmen Camping, Nøtterøy (7 km ab City), ✆ 33 38 51 43 (15. 6.–1. 9.); Mostranda Camping, Tjøme (26 km ab City), ✆ 33 39 07 10 (1. 6.–1. 9.).

Jugendherberge: Tønsberg Vandrerhjem, Dronning Blancasgt. 22, ✆ 33 31 28 48 (15. 6.–1. 9.).

Touristeninformation: Tønsberg og omland Reiselivslag, N. Langgt. 36b, ✆ 33 31 02 20; Öfnungszeiten: Juni/Aug. Mo–Sa 10–17 Uhr, Juli tgl. 10–20 Uhr, Sept.–Mai Mo–Fr 10–15.30 Uhr

An-/Weiterreise: Per Bahn und/oder Bus Verbindungen zu allen Orten dieser Route. Bahnhof, Brey Wedelsgt. (Zentrum-Nord; nahe Museum), ✆ 33 31 16 84; Busbahnhof, Jernbanegaten hinter dem großen Shoppingzentrum in Tønsberg-Nord (nahe Museum), ✆ 33 31 00 20.

Sandefjord – Im Zeichen des Wales

Sandefjord kann ab Tønsberg via R303 oder auch E18 erreicht werden. Beide Strecken, etwa gleichlang, bieten nichts Aufregendes. Auch die Stadt, durch einen Brand im Jahre 1900 in Schutt und Asche gelegt und heute von Betonbauten geprägt, ist nicht eigentlich schön zu nennen. Aber sie besitzt eine Attraktion, die kein Fotofan ausläßt. Es ist dies das **Walfangmonument** (direkt an der Promenade). Dieses eindrucksvolle Kunstwerk inmitten aufschießender Wasserfontänen stellt Männer in einem Boot dar, die mit einem Wal kämpfen.

Nahebei trifft man auf das ›Walcafé‹, das ›Walrestaurant‹, die ›Walapotheke‹ und viele Läden mehr, die den Meeressäuger im Namen tragen. Bis 1968 war Sandefjord das Zentrum des großen Walmordens in Norwegen. Wer sehen will, wie es dabei zuging, kann dies im **Walfangmuseum** tun (Museumsgt. 39, Mai–Sept. tgl. 11–17, Okt.–April Fr–So 12–16 Uhr), wo die Jagdmethoden aufgezeigt werden und Nachbildungen der Urtiere sowie allerlei ausgestopfte Kreaturen zu betrachten sind. Was fehlt, sind Informationen darüber, welch hohe Entwicklungsstufe die Wale erreicht und welch irreparablen Schaden die Schrapnellharpunen der Sandfjorder den Meeresbewohnern zugefügt haben. – Hier wird ein geschöntes Bild gezeichnet.

Hotels: Sandefjord Motorhotel, Fokserød/E18, ✆ 33 47 03 80 preiswert); Rica Park Hotel, Strandpromenaden 9, ✆ 33 46 55 50 (zentrale Lage, Mittelklasse); Hotel Kong Carl, Torggt. 9, ✆ 33 46 31 17 (alt und charmant, Mittelklasse).

Camping: Granholmen Camping, Granholmsvn. 75 (R303), ✆ 33 45 81 77; 1. 6.–1. 9. Wiesenplatz mit Badestrand an der Schärenküste.

Touristeninformation: Torget/Rathaus, ✆ 33 46 05 90.

An-/Weiterreise: per Bahn und/oder Bus bestehen Verbindungen zu allen Orten dieser Route. Bahnhof an der Castbergsgate, im Nor-

den der Stadt, ✆ 33 46 39 99, Busbahnhof gegenüber dem Bahnhof, Information über ✆ 33 46 29 86.

Fünfmal täglich Fährverbindungen nach Strömstad/Schweden, Informationen über Scandi Line, Tollbugt. 5, ✆ 33 46 08 00.

Täglich Flüge nach Stavanger, Bergen und London sowie Kopenhagen, Informationen über Wideröe Norsk Air, Sandefjord Lufthavn, ✆ 33 46 90 00.

Larvik

Wir verlassen Sandefjord über die mit ›Granholmen‹ ausgeschilderte R303, passieren den o. g. Campingplatz mit sehr guten Bademöglichkeiten, genießen vereinzelte Ausblicke auf die Schärenküste und erreichen nach rund 10 km die Hafen- und Fährstadt Larvik, deren einzige kulturhistorische Sehenswürdigkeit (ein **Herrenhof** aus dem 17. Jh.) direkt beim ersten Kreisverkehr ausgeschildert ist. Einen Buchenwald gibt es auch, Bøkeskogen, er ist der größte Norwegens, aber für Besucher aus deutschen Landen dürfte er kaum ein Ereignis darstellen.

Hotel: Seierstad Gjestegård, ✆ 33 11 10 92 (sehr preiswert), Holms Motel, E18, ✆ 33 19 24 80 (preiswert), Inter-Nor Grand Hotel, Storgt. 38, ✆ 33 18 78 00 (Komfortklasse).

Das Walfangmonument in Sandefjord

Camping/Hütten: Gon Camping, am südöstlichen Stadtrand, ✆ 33 12 65 11 (1. 6.–1. 9.); zahlreiche weitere Plätze entlang der R301 und ihrer Stichstraßen.

Touristeninformation: Storgt. 48, ✆ 33 13 01 00; Mo-Sa 8–18 Uhr, So 15–18 Uhr.

An-/Weiterreise: Per Bahn und/oder Bus Verbindungen mit allen Orten der Route. Busbahnhof (✆ 33 18 18 04) und Bahnhof (✆ 33 18 30 30) direkt unterhalb Zentrum an der Durchgangsstraße mit Fährhafen.

Täglich zwei bis drei Fährverbindungen mit Fredrikshavn/DK, Informationen über Larvik Line, Fergeterminalem, ✆ 33 18 70 00.

Die Route der weißen Orte

In Larvik halten wir uns Richtung E18, die im nun folgenden Abschnitt ausnahmsweise durch eine großartige Landschaft führt. Schon bei der Auffahrt werfen wir einen ersten Blick auf die wild zerklüftete und von schmalen Fjordarmen durchzogene Landesinnere. Schnell wechseln die Bilder, und bald schon, jenseits der Grenze zur Telemark, finden wir uns inmitten tiefer Wälder, wo man sich durchaus an den Schwarzwald erinnern fühlen kann. Bei Langangen, nach rund 11 km, wölben sich zwei kunstvolle Bogenbrücken über schmale, zum Meer hin offene Schluchten, es folgt eine Mautstelle, bald auch die Abfahrt nach Skien/Porsgrunn, aber einen Besuch dieser Industriestädte kann man sich schenken. Das Holzhausstädtchen Brevik, nachfolgend ausgeschildert, präsentiert sich insbesondere von oben, von der Höhe der Brevik-Brücke der E18 aus, als Sehenswürdigkeit.

Jenseits der Brücke biegen wir ab auf die N352, die zwar eine Sackgasse ist, aber dort, wo sie endet, Wunderschönes bietet. – Nämlich das Örtchen **Langesund,** mit dem wir den ersten der ›weißen Orte‹ erreichen, die laut Eigenwerbung »wie Perlen entlang der Riviera am Skagerrak« aufgereiht sind.

Aber dieser Vergleich trifft hier ausnahmsweise mal zu. Langesund entpuppt sich als Perle: schneeweiße Häuser mit Holzkreuzfenstern, knarrende Stege an schmalem Sund, vorgelagerte Schären, dunklen Fischrücken gleich. – Ein Ort, um Oden an die ›gute alte Zeit‹ der Segelschiffahrt zu schreiben, das 18. und 19. Jh., als dieses kleine Städtchen, wie alle ›weißen Orte‹, zu Reichtum kam. Außerhalb der Saison kann man hier auch prächtig über die Stille meditieren, wie es der Sørland-Dichter Gunnar Reiss-Andersen tat. Doch der Sommer hat andere Reize: im Garten des alten Patrizierhauses Wrightegården bei klassischen Klängen von Grieg zu dinieren, auf die Insel Langøya überzusetzen, wo Strände und Spazierwege locken, oder mit einem Kutter hinauszufahren aufs Meer, zu angeln und dabei auf die Küste zu blicken, die gewaltig und vollkommen leer in einem homerischen Licht daliegt.

Hotel: Langesund Bad, Feriesenter, ☎ 35 97 35 29 (Mittelklasse; auch Hüttenvermietung).

Camping/Hütten: Fjordhotel Fjellstad Gård Camping og Hyttesenter, Stadhelle, ☎ 35 97 26 18; 1. 6.–31. 8. (ca. 4 km außerhalb Langesund an der nach links, Richtung E18 und Ris ausgeschilderten Nebenstraße). Rognastranda Camping/Hytter, Stadhelle, ☎ 35 97 39 11, 1. 5.–31. 8. (die Einfahrt findet sich ein paar hundert Meter nach Fjellstad Camping Richtung E18, zum Platz noch 2 km).

Grenzstein

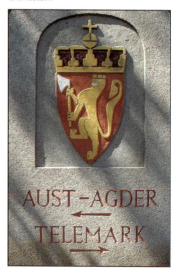

In Kragerø

Touristeninformation: Rådhuset, ☏ 35 57 77 00; 20. 6.–20. 9.

An-/Weiterreise: Busverbindungen mit Skien, Porsgrunn sowie Brevik.

Wir verlassen Langesund wieder, biegen bald nach links, auf eine mit ›E18/Risør‹ ausgeschilderte Nebenstraße ab, passieren die o. g. Campingplätze und erreichen so die E18, die nun durch eine mit Fjell, Wald und Seen überaus gesegnete Landschaft führt. Etwa 13 km weiter treffen wir auf die nach Kragerø ausgeschilderte R38: unglaublich, welch Formenreichtum sich hier auf nur 14 km Länge erschließt! Hinter der Abzweigung beginnt der Wald, die Straße schlägt eine Bresche durch Fichten und Kiefern, Ahorn und Birken; graue Felsen liegen verstreut, auch kleine Sumpfseen, silbern wie blind gewordene Spiegel wechseln mit schönen gelben und roten Blumenpolstern. Weiter geht es durch Wiesenflur, dann zum Ort Kammerfoss, der an einer schmalen Schlucht am Ende eines Fjordes liegt: bunte Boote schaukeln auf grünem Wasser, dem man nicht glauben will, daß es Salzwasser ist, weil man die offene See nicht sieht. Dann wird die Strecke kurvenreich, führt vorbei an Sunden und Schären, weißen Häusern und roten Hütten, die sich oft nur durch ihre halb aufs Land gezogenen Boote verraten.

Kragerø ist eine Welt für sich. Ein Schild weist den Weg zum Zentrum, das ausnahmsweise nicht di-

Route II: Kragerø

rekt am Ufer des Meeres liegt, sondern hoch darüber. Vor der Kirche findet man zahlreiche Parkplätze, und dann geht es zu Fuß der schmal werdenden Hauptstraße nach oder durch Gassen, so eng und verwinkelt wie in einem andalusischen Dorf. Und auch die Häuser (wenngleich aus Holz) sind – wie in Südspanien – teils in Felsnischen gebaut, teils am Felsen klebend. Eine ›Plaza‹ tut sich auf, Bäume spenden reichlich Schatten, Parkbänke und Straßencafés laden Touristen und Fischer zum Verweilen ein. Der 5000 Einwohner zählende Ort Kragerø, dessen Wappen eine Kogge ziert, lebt längst nicht mehr allein vom Fischfang, sondern auch vom Tourismus, ja genießt – insbesondere bei Norwegern – allerhöchstes Ansehen als Urlaubsziel. Entsprechend groß ist das Angebot an Bootsausflügen, entsprechend gut auch die Bademöglichkeiten vor allem im Kragerø Sjøbad auf der vorgelagerten Schäre Øya.

Hotels: Villa Bergland, Kragerøvn. 73, ☎ 35 98 30 00 (Mittelklasse, auch Hüttenvermietung); Kragerø Sportell, Lovisenbergveien 20, ☎ 35 98 33 33 (Mittelklasse, sehr attraktives Sportangebot); Victoria Hotel, ☎ 35 98 10 66 (Mittel-/Komfortklasse; Stadthotel).

Camping/Hütten: Lovisenberg Camping, Lovisenbergvn., ☎ 35 98 87 77 (20. 4.–15. 8.); vier weitere Campingplätze im Landesinnern bei Sannidal.

Jugendherberge: Kragerø Vandrerhjem, Lovisenbergvn. 20 (zum o. g. Sportell gehörig), ☎ 35 98 33 33; (14. 6.–16. 8.).

Touristeninformation: Zentrum (ausgeschildert), ☎ 35 98 23 88, ganzjährig.

An-/Weiterreise: Busverbindungen bestehen u. a. mit Brevik, Porsgrunn, Skien, Arendal und Kristiansand, im Sommer auch mit Oslo. Wer mit großen Wohnwagengespannen den Weg nach Kragerø nimmt, muß versierter Fahrer sein (sehr enge/kurvige Straße) und sollte unbedingt unten am Hafen parken.

Zur E18 zurückgekehrt halten wir uns Richtung Arendal und folgen der Europastraße durch die typische Telemark-Landschaft, die sich auch an der 7 km später erreichten Grenze zu Aust-Agder nicht ändert. Die Sørlandsporte, Pforte zum Südland, wird durchfahren, und direkt hinter dem Tunnel zweigen wir auf die nach Risør ausgeschilderte R416 ab. Alternativ kann man ab Kragerø die häufig verkehrende Autofähre hinüber nach Stabbestad nehmen (nur wenige Minuten) und dann der R51 folgen, die die herrliche Küstenlandschaft zwischen Kragerø und Risør erschließt (Umweg von nur ca. 10 km).

Die R416 führt (ähnlich wie die R38) durch eine Landschaft aus

Typische Landschaft bei Risør

Route II: Risør

Wäldern, Seen und Schären. Auch das Ziel, **Risør,** kann sich unbedingt mit Kragerø messen. Wie jener Ort, so verdankt auch dieses rund 3500 Einwohner zählende Barockstädtchen seinen noch heute unübersehbaren Wohlstand der Windjammer-Epoche. Außerdem lockt es mit Tauchsportangeboten (Ausrüstungen über das Risør Hotel, s. u.), Bootsausflügen und mehreren Stränden (insbesondere auf der vorgelagerten Insel Skallet). Doch so eng und verwinkelt Kragerø ist, so weit und großzügig ist Risør mit seinen breiten Kopfsteinstraßen zwischen weit ausladenden Villen und der schicken Uferpromenade vor edlen Holzfassaden, die so blütenweiß gestrichen sind, daß sie vor dem kobaltblauen Meer wie körperlose Kulisse wirken.

Hotels: Risør Gjestehus og Camping, ✆ 37 15 50 02 (sehr preiswert); Risør Hotel, Tangengt. 16, ✆ 37 15 07 00 (Mittelklasse).

Camping: Risør Gjestehus og Camping, ✆ 37 15 50 02 (ganzjährig); Sørlandet Camping of Fritidssenter, Sandnes, ✆ 37 15 40 80 (1. 1.–31. 12.; einer der bestausgestatteten Plätze des Südens, südlich von Risør am Sandnesfjord gelegen).

Hüttenvermietung: Sørlandes Camping (s. o.); Lunden Hytteutleie, Torskeberg, ✆ 37 15 42 15 (2. 5.–15. 8.); Åsmundshavn Hytteutleie, ✆ 37 15 40 65 (Mai–Sept.).

Jugendherberge: Risør Vandrerhjem, Srisvn. 13, ✆ 37 15 09 93 (1. 7.–11. 8.).

Touristeninformation: im Risør Hotel (s. o.), ✆ 37 15 85 60.

An-/Weiterreise: Busverbindungen bestehen u. a. von/nach Oslo, Tvedestrand, Arendal, Grimstad und Kristiansand.

Die R416 ist eine Sackgasse, wir fahren daher etwa 8 km bis Bøssvik zurück, wo es nach links auf die R411 geht, die nach Lyngør beschildert ist. Eine außerordentlich wilde Wald- und Moor-, Fels-, Seen- und Fjordlandschaft empfängt uns hier, in der Schwan und Möwe, Auerhahn und Elch in guter Nachbarschaft leben. Die Fahrt ist ein Erlebnis für Naturfreunde, und selbst dort, wo der Mensch in die Natur eingegriffen hat, hat er sie verschönt, so z. B. bei Langet (4 km), am Ende des Sandnesfjord (mit kleinem Campingplatz). Die Straße wird noch enger als zuvor, das Landschaftsbild bleibt unverändert. Dann kommen wir an eine Kreuzung: links geht es in die (autofreie) Ortschaft Lyngør, eine nur per Fähre (oder Bootsausflug ab Tvedestrand) erreichbare Schärensiedlung, die kein Fotofan ausläßt; rechts ist Tvedestrand ausgeschildert (ca. 15 km).

Tvedestrand, eine weitere ›Perle‹ auf der weißen Route, strahlt ein eigenes Flair aus. Die Stadt zieht sich hügelauf, hügelab, von einer Ziegelkirche überthront, zur schmalen Endung des 10 km langen Oksenfjords hin und bietet sowohl Verwinkeltes wie Kragerø als

Tvedestrand

auch Prächtig-Elegantes wie Risør. Letzteres prunkt an der Hafenpromenade, wo man in urgemütlichen Restaurants auf weiße Yachten blicken kann, Fischer ihre Dienste als Skipper anbieten und all die herrlichen Bootsausflüge starten, die die Schären zum Ziel haben, welche hier – wie man sagt – zu den schönsten der Sørlandküste zählen. Aber Tvedestrand selbst ist begrenzt – eng der Fjord, Hügel im Rücken –, und so möchte man hier zwar vielleicht einen Tag verweilen, aber doch nicht den ganzen Urlaub verbringen.

Hotel: Einziges Haus ist in Lyngør das Lyngør App. Hotel, das auch Hütten mit Bad anbietet, ✆ 37 16 65 44.

Camping/Hütten: Sjøverstø Feriested, ✆ 37 03 41 36, Holt Camping, ✆ 37 16 02 65 (nahe E18).

Touristeninformation: am Hafen, ✆ 37 16 11 01; 1. 6.–31. 8., tgl. 10–19 Uhr, So ab 16 Uhr.

An-/Weiterreise: Busverbindungen u. a. mit Oslo, Kragerø, Risør, Arendal, Grimstad, Kristiansand.

Beim Verlassen von Tvedestrand werfen wir noch einen kurzen Blick auf das angeblich schmalste Haus Norwegens, dessen Name Strykejernet auf seine ›Bügeleisen‹-Form zurückgeht. Zu finden ist es am Anfang der Einkaufspassage (im Erdgeschoß ist ein Versicherungsbüro untergebracht), die sich sofort nach der Straßengabelung E18/R410 links öffnet und unterhalb der Kirche verläuft.

Nun haben wir die Wahl zwischen der R410 und der E18, die beide Arendal zum Ziel haben und in etwa gleich lang sind. Doch während die Europastraße durch zunehmend agrarwirtschaftlich genutztes Hügelland führt, verläuft die R410 entlang der auch weiterhin atemberaubend schönen Schärenküste.

Arendal ist laut Prospekt die ›Rose‹ des Sørland, aber nach all den Höhepunkten kann diese etwa 13 000 Einwohner zählende Hauptstadt des Bezirkes Aust-Agder ei-

Das ›Bügeleisenhaus‹ in Tvedestrand

Route II: Grimstad

gentlich nur enttäuschen. Auch das Altstadtviertel Tyholmen, das sich hinter der kupfergedeckten Dreifaltigkeitskirche erstreckt (direkt an der Kirche einbiegen, geradeaus zum Hafen, dort Parkplätze), vermag sich mit den zuvor betrachteten nicht messen, bietet allerdings Größeres. So das an die Kaianlagen grenzende Rathaus von 1843, vier Geschosse hoch und einer der größten Holzbauten Norwegens.

Sonst gibt es nicht viel zu sehen, und so fahren wir weiter, dem rund 15 km entfernten Grimstad entgegen. Die Zubringerstraße R420 hat gegenüber der E18 den Vorteil, den Ort **Fevik** zu passieren, der für seine herrlichen Sandstrände bekannt ist und zahlreiche Campingplätze besitzt (s. u.).

Fevik gehört bereits zum weit gefaßten Stadtgebiet von **Grimstad,** das wir 5 km weiter erreichen. Der Ort trägt einen Zweimaster im Wappen, doch wären ihm die Stadtrechte (die seit 1812 bestehen) später verliehen worden, so würde uns vermutlich das markante Backenbartgesicht Henrik Ibsens von Fahnen und Straßenschildern aus mustern. Die Prospekte zumindest ziert es, natürlich gibt es auch zahlreiche Läden, die mit dem Namen des Dramatikers auf Kundenfang gehen. Denn Grimstad rühmt sich, den jungen Ibsen, der hier das Apothekerhandwerk lernte, zwischen 1847 und 1850 beherbergt zu haben. Also machen wir uns auf die Suche nach Ibsen-Büsten, deren bekannteste, unendlich oft ab-

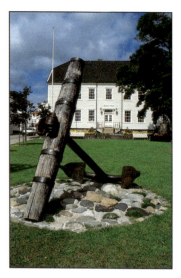

Das Rathaus in Lillesand

gebildet, den kleinen Garten des Ibsenhuset schmückt, das – ›natürlich‹ – an der Henrik Ibsengate zu finden ist (an der Promenade vor der Shell-Tankstelle rechts rein, geradeaus, zum Eck-/Ibsenhaus: Mo–Sa 11–17, So 13–17 Uhr). Innen ist ein kleines Museum untergebracht, in dem man Ibsens authentisch eingerichtetes Zimmer bestaunen kann.

Damit sind laut Prospekt die Sehenswürdigkeiten der Stadt erschöpft. Was die Broschüre nicht auflistet, sind die malerischen Sträßchen, die das Hafenviertel prägen, die zwar nicht mit denen von ›Tvedestrand & Co‹ konkurrie-

Lillesand

ren können, aber doch einen kleinen Rundgang wert sind.

Hotels: Grimstad Hotel, Kirkegt. 3, ✆ 37 04 47 44 (Mittelklasse); Helmershus Hotel, Vesterled 23, ✆ 37 04 10 22 (Mittelklasse).
In Fevik: Strand Hotel, Nedre Fevik, ✆ 37 04 73 22 (Mittelklasse).

Camping/Hütten (in Fevik): Bie Apartment og Feriesenter (auch Camping), ✆ 37 04 03 96; an der Ortseinfahrt aus Richtung E18 gelegen, ganzjährig geöffnet.
Bei Fevik: Moysand Familiecamping, Moy/Fevik, ✆ 37 04 72 56 (15.5.–30. 8.), und acht andere Plätze mehr.

Touristeninformation: Strandpromenade, ✆ 37 04 40 41; Mo-Fr 8.30-16 Uhr, Juni/Aug. 10-18 Uhr, Juli 10–19 Uhr u. zudem Sa/So 11-17 Uhr.

An-/Weiterreise: Grimstad ist per Bus mit allen Orten dieser Route verbunden.

Unser nächstes Ziel, das letzte vor Kristiansand, setzt dieser Route das ›i-Tüpfelchen‹ auf. Denn **Lillesand** gilt vielen als der schönste der ›weißen Orte‹ von Sørland. In der Tat braucht man nicht lange, um sich von der Schönheit des Städtchens (19 km hinter Grimstad, E18) überzeugen zu lassen. Lillesand rühmt sich nicht ohne Grund, die Siedlung Norwegens zu sein, die am meisten von der Holzarchitektur vergangener Jahrhunderte geprägt ist. Die blütenweiß gestrichenen Holzhäuser stehen in ausreichendem Abstand voneinander entfernt, lassen daher Platz zum Kreuz- und Quergehen und sind, wie nirgends sonst, in üppige Gärten blühender Pflanzen gebettet, die insbesondere von Rosen umrankt werden. Es liegt ein ›Märchenfrieden‹ über diesem Ort, ganz wie bei Hans Christian Andersen beschrieben; wir Touristen freilich stören ihn, ja machen uns auf den gepflasterten Straßen, die früher auf prachtvolle Windjammer blickten, fast wie Eindringlinge aus.

Sonst gibt es hier nichts zu betrachten, aber es reicht allemal für einen erbaulichen Spaziergang (und viele Fotos). Wer mehr sehen will, z. B. die Küste vom Meer aus, für den ist die **Bootsfahrt** durch die von ›tausend‹ Schären gebildete Fahrrinne Blindleia ein unbedingtes Muß. Morgens gegen 10 Uhr geht es los, um 13 Uhr erreicht das Schiff Kristiansand, von wo ein Bus (im Ticket inkl.) nach Lillesand zurückfährt (Ankunft gegen 17 Uhr, tgl. außer So).

Auch die Tauchgründe sollen vor Lillesand von berückender Schönheit sein. Wer an entsprechenden Exkursionen interessiert ist oder Kurse absolvieren will (mit Zertifikat), wende sich ans ›Dykkesenter‹ bei der Promenade ✆ 37 27 21 30).

Hotel: Høvåg Gjestehus, Vestre Vallesverd, ✆ 37 27 53 35 (preiswert); Lillesand Hotel Norge, Strandgt. 3, ✆ 37 27 01 44 (luxuriöse Herberge in altem Patrizierhaus).

Holz

Träger der überlieferten Kultur

Obgleich es in Norwegen wohl nichts zahlreicher als Steine gibt, ist es doch ein Land mit enormen Holzressourcen. Wald nimmt rund ein Viertel der Landesfläche ein; wer durch die Täler des Südens reist, hat ständig Wald um sich. In Freilichtmuseen, auf alten Höfen oder auch in modernen Möbelgeschäften ist allenthalben die Vielfalt der aus Holz gefertigten Produkte zu besichtigen. Holz bestimmte und bestimmt noch heute den Alltag und das Kulturbewußtsein der Norweger, und wenn es auch der Sakralbau in Holz ist (Stabkirche, s. S. 190), der als Höhepunkt der norwegischen Holzbautechnik und -kunst gilt, so ringt doch auch der hölzerne Profanbau höchste Bewunderung ab.

Holzhäuser landauf, landab sind ein norwegisches Charakteristikum. Auch heute errichten die Norweger ihre Häuser am liebsten aus Holz, und scheinen die Unterschiede auf den ersten Blick so unbedeutend, so vermag selbst der Laie schnell zu erkennen, daß es Trends gibt, aber auch landschaftliche Variationen zu finden sind. Seit dem 18. Jh. etwa begann man, die bis dato in roher Blockbauweise erstellten sowie meist mit Grasdach gedeckten Häuser zu bemalen, und zwar mit rotem sowie gelbem Ocker; das Gras wich der Schindel aus Schiefer, und die Fenster, bis dahin noch klein und bleigerahmt, wurden größer und in Holz gefaßt, doch erst im Verlauf des 19. Jh. andersfarbig abgesetzt.

Zur gleichen Zeit setzte sich auch die Verschalung durch, bestand sie zunächst noch aus aneinandergesetzten senkrechten Brettern, so kamen bald schon spundgehobelte in Mode, die senkrecht oder waagerecht angebracht wurden. Mit dem Aufkommen des Jugendstils dann wurden die Hauswände hell, meist weiß gestrichen und mehr und mehr auch die Schnitzmesser bemüht, mit deren Hilfe insbesondere die farblich kontrastierenden Fenster, Türen und Balkone nebst Dacharchitraven reiche Ornamente erhielten. Dieser Schmuck sowie eine Flächenaufteilung durch Leisten gab den Bauten ihr individuelles ›Gesicht‹. So gibt es Häuser, die so reich verziert sind wie die Spitzendeckchen, auf denen in feinen Cafés Konfekt serviert wird.

Mit dem Niedergang der Segelschiffahrt, der dem Süden vorübergehend viel von seinem Reichtum nahm, gingen auch Eleganz und

Holzarchitektur

Verspieltheit des Jugendstils das tragende Element, aber entstanden, sind Allerweltsgedeckt und in Fabriken vor- der Funktionalismus durch. dahin, setzte sich mehr und mehr Zwar blieb Holz auch weiterhin die meisten Bauten, die seitdem häuser, oft genug mit Wellblech gefertigt.

Die Stabkirche von Uvdal

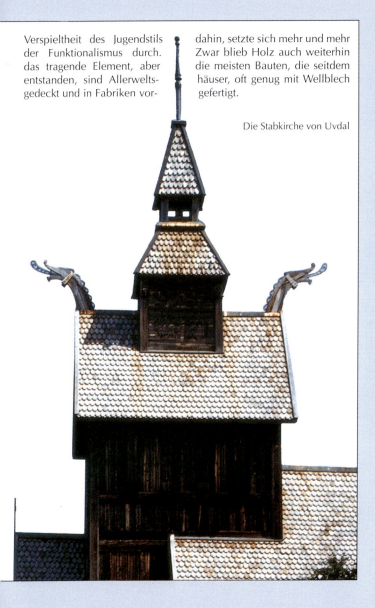

Route II: Kristiansand

Camping/Hütten: Tingsaker Familiecamping, nördlich Zentrum, ✆ 37 27 04 21 (1. 5.–30. 9.); Tyrdal Hyttteservice, Stykkene, südlich Zentrum, ✆ 37 27 14 34 (15. 5.–30. 9.).

Touristeninformation: Havnegaten (Promenade), ✆ 37 27 23 77; Sommer: Mo–Sa 10–20, So 12–16 Uhr.

An-/Weiterreise: Lillesand ist per Bus mit allen Orten dieser Route verbunden.

Die letzten 30 km bis Kristiansand per Europastraße sind schnell gemacht, bringen auch nichts Neues, es sei denn, man reist mit Kindern und will ihnen etwas Gutes tun: dann nämlich bietet es sich an, 12 km vor Kristiansand den Schildern Richtung ›Dyrepark‹ (auch ›Sørlandspark‹) zu folgen. Die 600 ha große Anlage (tgl. 9–18 Uhr, vor dem 22. 6./nach dem 15. 9. 10–15 Uhr, in der Hauptsaison auch 20–23 Uhr); ist mehr als nur ein Tierpark (rund 800 Tiere). So besitzt sie u. a. einen Nachbau jener merkwürdigen Stadt Kardemomme, die durch Thorbjørn Egners Geschichte »Die Räuber von Kardemomme« zu Berühmtheit gelangte.

Wir nähern uns dem Stadtgebiet von Kristiansand, passieren den ausgeschilderten Abzweig zum ›Vest-Agder Fylkemuseum‹ (s. u.), queren sodann auf der 1956 errichteten, 620 m langen und 32 m hohen Varrodd-Brücke den Topdalsfjord, bezahlen Maut und folgen den Schildern ins Zentrum, das durch den unübersehbaren Turm der Domkirche markiert wird.

Kristiansand – Metropole des Sørland

Die Stadt an der Otra-Mündung ist die Metropole des Sørland, aber die ›Riviera am Skagerrak‹ hätte nach Meinung vieler Besucher eine schönere Hauptstadt verdient. Kristiansand ist nicht Nizza, schon gar nicht Cannes, hält zwar den norwegischen Rekord in Sachen Sonnenstunden, weist auch verschiedene Sehenswürdigkeiten auf, wirkt aber zu geschäftig, um sich lange mit der Vergangenheit aufzuhalten. Es ist – neben Stavanger und Oslo – das bedeutendste Wirtschaftszentrum des Südens, mit rund 68 000 Einwohnern auch eine der größten Städte des Landes und kennt manche industrie- und verkehrsbedingte Häßlichkeit. Selbst wer vom Meer kommt, wird nicht mit ausgebreiteten Armen empfangen, sondern von Aluminium- und Nickelwerken, denen es gelungen ist, den Fjord zu einem der schmutzigsten des Nordens zu machen.

Gegründet wurde Kristiansand 1641 vom baufreudigen Dänenkönig Christian IV., der seiner Schöpfung die Form einer mathematisch exakten Quadratur mit regulierten Straßennetzen im rechtwinkligen Rastersystem zugrunde legte. Diese für Planstädte des 17. Jh. gängige Mode blieb erhalten, und heute ist der Grundriß des zentralen Stadtteils **Kvadraturen**, in dem das architektonische Ideal der Renaissance zum Ausdruck kommt, ein Unikat in Norwegen. Das macht zwar ei-

Kristiansand

Am Hafen von Kristiansand

nen Sighseeing-Bummel einfach, aber nicht unbedingt interessanter, denn die dazugehörigen Gebäude sind den zahlreichen Stadtbränden zum Opfer gefallen. Auch die **Domkirche** (1, Mo–Sa 9–14 Uhr, So zu den Messen um 9 und 11 Uhr) ist nur wenig mehr als hundert Jahre alt und wurde 1884 im neugotischen Stil errichtet. Das nördlich angrenzende **Holzhausviertel** (2), das sich zwischen der Festningsgata und Kronprinsgate erstreckt, kann mit denen von Lillesand oder Tvedestrand nicht konkurrieren, die **Strandpromenade** (4) haben wir auch schon prächtiger gesehen, ebenso verhält es sich mit der **Markens Gate** (3), der hochgelobten Einkaufsstraße.

Wirklich sehenswert hingegen ist das 4 km außerhalb, nahe der

E18 gelegene und ausgeschilderte **Vest-Agder Fylkemuseum** (5) mit einer aus 29 Gebäuden bestehenden Freilicht-Abteilung, die Stadthäuser (mitsamt Einrichtung) sowie Gehöfte aus dem Setesdal (s. S. 202) ebenso umfaßt wie alte Kaufläden und Werkstätten (Mo–Sa 10–18, So ab 12 Uhr, im Winter nur So 12–17 Uhr; nur wenige Kronen Eintritt).

Erlebenswert sind auch die **Bootsausflüge**, die in Kristiansand beginnen (genauer Abfahrtsort s. Stadtplan Nr. 6/7): die M/S Maarten und M/S Silius starten vom 1.6.– Mitte Aug. tgl. um 11 Uhr zu einer Fahrt durch den Blindleia geheißenen Schärenkanal nach Lillesand (Rückkehr mit dem Bus oder um 14.30 Uhr mit dem Boot); gen We-

---

Kristiansand 1 Domkirche 2 Holzhausviertel 3 Markens Gate 4 Promenade 5 Vest-Agder Fylkemuseum 6 Anleger M/S Maarten 7 Anleger M/S Øya/Sørlandcruise 8 Hotel Bondeheimen 9 Hotel Sjøglott 10 Rica Fregatten Hotel 11 Ernst Park Hotel 12 Campingplatz 13 Jugendherberge 14 Touristeninformation 15 SAS/Flughafenbus 16 Bahnhof 17 Busbahnhof 18 Fähranleger

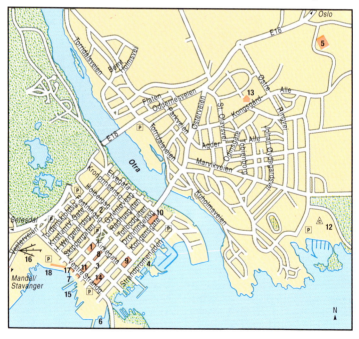

Kristiansand

sten geht es über Høllen nach Mandal Mi, Fr, Sa um 16 Uhr (Rückkehr mit dem Bus oder Boot um 19.30 Uhr). Eine Tour am Di, Do und So um 16 Uhr hat den vorgelagerten Schärenarchipel Hellesund zum Ziel. Reizvoll ist auch eine Fahrt mit der **Setesdal-Veteranenbahn** vom rund 20 km entfernten Grovane nach Kristiansand (hin per Zug ab Bahnhof; 16.6.–1.9. jeweils So 11.30, 13.30, 15.30 Uhr, im Juli auch Mo–Fr 18 Uhr).

Hotels (alle innerhalb der Quadratur gelegen): Hotel Bondeheimen, Kirkegt. 15, ✆ 38 02 44 40 (preiswert); Hotel Sjøgløtt, Østre Strandgate 25, ✆ 38 02 21 20 (preiswert); Rica Fregatten Hotel, Dronningensgt. 66, ✆ 38 02 15 00 (Mittelklasse); Ernst Park Hotel, Rådhusgt. 2, ✆ 38 02 14 00 (Komfortklasse).

Camping/Hütten: Roligheden Camping, Framnesveien, ✆ 38 09 67 22 (1. 6.–1. 9.); Hamresanden Motel og Camping, Hamre (11 km östl. Zentrum an der E18; ausgeschildert), Riksvei 39, ✆ 38 04 72 22 (15. 6.–3. 8.); in Hamre noch zwei weitere Campingplätze/Hüttendörfer.

Jugendherberge: Kristiansand Vandrerhjem, Tangen, Skansen 8, ✆ 38 02 83 10.

Touristeninformation: Dronningensgt. 2, ✆ 38 02 60 65; zwischen 17. 6. und 18. 8. Mo–Sa 8–19.30 Uhr, So ab 12 Uhr, sonst Mo–Fr 8–16 Uhr.

Autovermietung: Avis, Vestre Strandgt. 13, ✆ 38 07 00 90; Hertz, Skippergt. 4, ✆ 38 02 22 88.

Flug: Braathens SAFE bedient tgl. die Routen von/nach Oslo, Stavanger, Bergen; ab der Vestre Strandgt. verkehren die Flughafenbusse, Tickets, Informationen über Braathens SAFE, Vestre Strandgt. 29, ✆ 38 00 80 00.

Bahn: Bahnhof am Vesterveien, ✆ 38 07 75 00, es bestehen Verbindungen von/nach Oslo und Stavanger.

Bus: Verbindungen mit allen Orten an dieser Route, der folgenden (Vom Skagerrak ins Fjordland), dem Setesdal (Route VI), Bergen. Der Busbahnhof befindet sich an der Vestre Strandgt., ✆ 38 02 43 80.

Fähre: Drei- bis viermal tgl. (je nach Saison) von/nach Hirtshals/Dänemark; der Fährhafen liegt vor der Vestre Strandgt., ist deutlich ausgeschildert; Information und Ticket-Reservierung über Color Line, ✆ 38 07 88 00 und 38 07 88 88.

Vom Schärengarten ins Fjordland
Der Süden

Zum sturmumwehten Südkap und entlang dem ›Nordseeweg‹ durch eine Welt aus dunklem Urgestein, nach Jæren und nach Stavanger, der norwegischen Ölmetropole.

Ähnlich wie in Spanien, wo man unzählige Strände zählt, aber nur einige Costas herausgehoben werden, gibt es in Norwegen allenthalben Küstenlinien im Urzustand. Doch als Ziele gelten offenbar auch hier nur wenige, insbesondere die von Westnorwegen (bei ausländischen Besuchern) und die der ›Riviera am Skagerrak‹ im Süden (bei Norwegern). So freundlich und anmutig die Schärenküste ist, so malerisch und idyllisch ihre Hafenstädtchen, so majestätisch und gewaltig die Fjordlandschaften sind, so feinsandig weiß und berückend, dann wieder wild, einsam und ernst, oft melancholisch, fast tragisch schön, aber deshalb unvergeßlich eindrucksvoll können die Gestade und das Hinterland der Nordsee sein, entlang derer diese Route führt. Es geht um die Landschaft, nicht um Kulturgeschichtliches, das macht sich eher rar und ist erst am Ziel, in der Ölmetropole Stavanger, wieder zu erleben.

Der südlichste Süden

Die Gegend, die wir nun durchfahren, heißt Vest-Agder. Sie beginnt, nachdem wir uns von der Höhe ei-

Route III

ner Brücke aus endgültig von Kristiansand verabschiedet haben, mit lockerem Wald. Bald wird er dicht und dunkel, das Land zunehmend stärker reliefiert, und erst nach 15 km etwa, vom markierten Aussichtspunkt am Ende des Tryfjord, kann der Blick wieder weit in die Ferne, auch aufs Meer und die Schären, schweifen. Erneut säumt der Wald die nun weniger stark frequentierte Europastraße, Seen fliegen vorüber, dann ist **Mandal** ausgeschildert, aber wir folgen dem zweiten, dem zum ›Sentrum‹ weisenden Zeichen, das uns direkt an den Hafen geleitet. Hier gibt es zahlreiche Parkplätze, die Ausflugsboote liegen hier vertäut; auch die Touristeninformation hat hier ein Büro; und hintenan, parallel zur Promenade, beginnt die ›Gågada‹, Norwegens südlichste Einkaufsstraße, denn Mandal ist des Landes südlichste Stadt, auf der Höhe – dies sei zur Erinnerung gesagt – von Schottlands nördlichstem Zipfel gelegen. Allenthalben Holzhäuser weiß und fein, aber die autofreie Straße hat sich für Touristen herausgeputzt und wirkt deshalb nicht echt.

Route III: Mandal

Einzigartig schön hingegen ist der 900 m lange und sanft geschwungene Sandstrand Sjøsanden hinter der Promenade. Entsprechend beliebt ist der Ort bei Sommerfrischlern.

Hotels: Hotel Mandaliten, St. Elvegt. 23a, ✆ 38 26 14 22 (Mittelklasse); Inter Nor Solborg Hotel, Nesevn. 1, ✆ 38 26 66 66 (Komfortklasse).

Camping/Hütten: Wenn schon, debb schonb, also am Sjøsanden: Sjøsanden Feriesenter, Sjøsandvn. 1, ✆ 38 26 14 19 (geöffnet 1. 6.–15. 9.).

Jugendherberge: Mandal Vandrerhjem, Kjøbmannsgården, St. Elvegt. 7, ✆ 38 26 12 76; ganzjährig geöffnet. Die frühere Jugendherberge Hald wird jetzt als Pension betrieben (nur im Juli geöffnet): Hald Pensjonat, Ulvegjelet, ✆ 38 26 01 00.

Touristeninformation: Adolph Tidemandsgt. 2, ✆ 38 26 08 20; Mo–Sa 10–17 Uhr.

An-/Weiterreise: Mandal ist per Bus mit allen Orten dieser Route verbunden, auch mit Oslo; Busstopp am Hafen.

Die Landschaft bis zum nur 12 km entfernten Ort **Vigeland** ist der vor Mandal ähnlich. Zum Ruhme der Stadt ist zu sagen, daß hier Gustav Thorsen seine Kindheit verbrachte, der sich später, als Künstler, den Namen Vigeland zulegte (s. S. 83). Hier empfiehlt sich ein Abstecher nach Lindesnes, zum südlichsten per

Der südlichste Punkt Norwegens

Steckbrief Route III

Routenverlauf: Kristiansand – Mandal (E18, 42 km) – Lyngdal (E18, 30 km) – Kvinesdal (E18, 28 km) – Flekkefjord (E18; 23 km) – Egersund (R44; 66 km) – Brusand (R44; 25 km) – Stavanger (R44/R507/R509/E18; 59 km)

Länge: ca. 273 km

Öffentliche Verkehrsmittel: Alle o. g. Städte sind untereinander sowie mit Oslo via Kristiansand durch Buslinien verbunden. Per Bahn kann man ab Kristiansand nur Egersund, Brusand und Stavanger erreichen, da der Schienenstrang ansonsten durchs Landesinnere führt.

Anschlußmöglichkeiten: von Route II, mit Route IV und VI

Variante: Freunde von Küstenstraßen, die zusätzlich zu den Hafenorten der letzten Route noch weitere sehen wollen, sollten in Lyngdal auf die R43 nach Vestbygd abbiegen (39 km), von dort über Nebenstraßen und die R465 nach Kvinesdal aufschließen (45 km).
Anstatt bei Flekkefjord auf die R44 abzubiegen, um der Küstenstraße nach Egersund zu folgen, kann man Egersund auch per E18 erreichen (72 km); aber die Europastraße erschließt hier nichts Neues, sehr wohl aber R 44. Die E18 ist zwar ein paar km länger als die R44, dafür ist letztere äußerst kurvenreich und teils extrem schmal, so daß man viel Zeit dafür veranschlagen muß.
Auch ab Egersund bieten sich zwei gleichlange Strecken nach Stavanger an. Die E18 führt durch eine schöne Mittelgebirgslandschaft, die wir aber später noch zur Genüge kennenlernen werden, während die Küstenstraße Ungewohntes, nämlich ›plattes‹ und doch sehenswertes Land bietet.

Anmerkung: Die R44 zwischen Flekkefjord und Egersund ist für Wohnwagengespanne nicht geeignet, da teils extrem schmal und kurvig.

Straße (R460) erreichbaren Punkt Norwegens, der vom Nordkap stolze 2518 km Luftlinie entfernt liegt. Ungeschützt den Westwinden ausgesetzt ist dieser Ort und entsprechend karg anzusehen; die Strecke beträgt 54 km hin und zurück, passiert u. a. den südlichsten Sandstrand Norwegens und ein paar winddurchwehte Fischerorte.

Route III: Lyngdal

Im Lyngdal

Westlich von Vigeland steigt die Straße stark an und erinnert mitunter an eine Hochschwarzwaldstrecke. Dann windet sie sich um den Nordzipfel des Lenefjord herum und gewährt Ausblicke ins nun felsige, auch zunehmend wilder zerklüftete Hinterland. Weiter geht es hinein in die Ebene bei **Lyngdal** (Verkehrsknotenpunkt, wo die R43 Richtung Fagersund und Vestbygd abzweigt). Der Ort eignet sich für Abstecher ins naturschöne Lyngdal, das im oberen Abschnitt immerhin von 600ern überragt wird und sich gut für Wanderungen eignet, über die das Touristenamt informiert.

 Camping/Hütten: Kvavik Camping, Kvavik R43 (4 km südlich), ✆ 38 34 61 32 (1. 6.–31. 8.); Rosfjord Camping, Rosfjord (an der R43 ausgeschildert), ✆ 38 34 73 00 (ganzjährig). Beide Plätze liegen am Ende eines Fjordes.

 Touristeninformation: an der E18 (ausgeschildert), ✆ 38 34 51 43.

 An-/Weiterreise: Lyngdal ist per Bus mit allen Orten der Route, auch mit dem Lyngdal sowie mit Farsund verbunden.

Auf der Weiterfahrt, es geht in Höhen bis über 400 m hinauf, machen wir Bekanntschaft mit unzähligen kleinen Seen und Mooren, um schließlich, ganz oben, zum ersten Mal auf unserer Fahrt durch den Süden, auf den Landschaftstyp des Plateaufjells zu treffen. Hier können Reisende, die das ›Glück‹ eines Regentages haben – wenn die Wolken so tief treiben, daß zwischen Himmel und Erde kaum noch Platz bleibt –, vom Autofenster aus Visionen einer Urlandschaft erleben: Vorgeschmack auf die Hardangervidda.

Ein Panoramabalkon ist ausgeschildert, und es lohnt, dort zu halten, denn der Blick umfaßt das von hohen Bergen und zackigen Felsen umschnürte Kvinesdal. In dieses bildschöne Tal fahren wir hinab. Und wieder einmal fällt es schwer zu glauben, daß es Salzwasser ist, was bis zu den Wiesen im Talgrund reicht, denn das offene Meer ist von **Kvinesdal** über 30 km entfernt.

Camping/Hütten: Førland Camping, im Ort ausgeschildert, ✆ 38 25 34 12; Sarons Dal Ferie- og Fritidssenter, im Ort ausgeschildert, ✆ 38 25 07 11 (beide Anlagen sind vom 1. 6. bis 31. 8. geöffnet).

Touristeninformation: Kiosk an der E18, ✆ 38 35 13 06.

An-/Weiterreise: Kvinesdal ist per Bus mit allen Orten der Route verbunden.

In den grauen und vom Gletscherschliff geprägten Fels hineingesprengt die Straße, neben uns die blaue Unergründlichkeit des Wassers. – Der Fedafjord, gleich hinter Kvinesdal, vermittelt zum ersten Mal auf dieser Reise eine Ahnung davon, wie sich viele das ›wirkliche‹ Norwegen mit seinen Fjorden vorstellen, dem wir später, ab Stavanger, für lange Zeit verbunden bleiben. Danach wieder geht es ins Hochfjell mit weitem Blick. Sodann fahren wir in den ausladenden Trog bei **Flekkefjord** hinab, der von großen Seen gesäumt wird. Die Altstadt hinter dem Hafen kann gefallen, mehr noch tun das die Badeplätze, Grønnes und Rauli (per Boot zu erreichen) oder die täglichen Kreuzfahrten mit der ›Alf‹ in den Schärengarten sowie Abstecher ins hier beginnende Sirdal, das an die Hardangervidda grenzt, fast bis in 1000 m Höhe hinaufführt und als Wander-Eldorado gilt.

Hotels: Bondeheimen Hotel, Elvegt. 9, ✆ 38 32 21 44 (preiswert); Hotel Maritim, Sundegt. ✆ 38 32 33 33 (nur 1. 6.–31. 8.; Mittelklasse).

Camping/Hütten: Egenes Camping, an der E18 vor Flekkefjord (Schild), ✆ 38 32 01 48 (10. 6.–1. 9.).

Touristeninformation: Hafenpromenade, ✆ 38 32 42 54, Mitte Juni–Mitte Aug.

An-/Weiterreise: Flekkefjord ist per Bus mit allen Orten dieser Route verbunden; außerdem auch mit dem o. g. Sirdal.

Der Nordsjøvegen

66 km sind es, die Flekkefjord von Egersund trennen, aber diese Strecke ist nicht an ihrer Länge, sondern an ihren Kurven zu messen: rund 2 Std. reine Fahrzeit sind ein Minimum. Gönnen sollte man sich mehr, denn der ›Nordseeweg‹ erschließt Eindrucksvolles, wie man

es ähnlich noch nicht gesehen hat und auch anderswo nicht sehen wird. Das Land, das er durchschneidet, besteht aus vielfarbig grauen, bis über 400 m hohen Bergbuckeln, vom Schliff der Gletscher und der Gewalt der Erosion gerundet, die dicht hinter der wild zerfransten Küste eine wulstige Mauer bilden. Impressionen von archaischer Schönheit unter einem sehr wetterwendigen Himmel; und wenn im Dämmerlicht der untergehenden Sonne Girlanden von verschwimmenden und immer neu aufleuchtenden Regenbögen die Bergwelt kränzen, dann können sich auch völlig unromantische Naturen im Schwelgen über die Anmut der Welt verlieren. In Flekkefjord biegen wir auf die R44 ab, die bald das Meer verläßt und konstant ansteigend hineinfährt in die Felslandschaft. Ein ums andere Mal passieren wir Moorseen und Tümpel, blicken von ungesicherten Serpentinen aus in bodenlos scheinende Schluchten und Klüfte und schließlich, nach rund 18 km und fast wie vom Flugzeug aus, auf das tief unten und gänzlich von Felsmänteln umhüllte Städtchen Åna-Sira hinab.

Etwa 3 km weiter kommen wir zur Grenze nach Rogaland. Die Wegführung wird noch kühner als zuvor und verlangt vom Fahrer beim Abstieg in die klaffende Kerbe des Jøssingfjord eiserne Nerven. Vermessen ist, was hier der Natur angetan wurde und Anfang der 80er Jahre im ersten Umweltskandal Norwegens gipfelte: Die ›Titan A/S‹, die in den Bergen nahebei dies seltene (und für die Waffenproduktion so wichtige) Metall abbaut und verhüttet, hat fast ein halbes Jahrhundert lang äußerst giftigen Titanschlamm ins Meer geleitet; so viel, daß die Wassertiefe im Fjord nicht mehr 50 m beträgt, sondern nur noch knappe 15 m. Dann, vor rund 10 Jahren, bekam Greenpeace Wind von dem verbrecherischen Treiben und zwang Oslo durch eine (zusammen mit den Fischern des Ortes durchgeführte) Titan-Transport-Blockade zum Einschreiten. Das Umweltministerium gab nach, der Schlamm wird jetzt anderswo entsorgt, doch der Fjord ist und bleibt für alle Zeiten verseucht.

Wir lassen Jøssingfjord hinter uns, die Straße schlängelt sich in eine Schlucht, die keine 50 m breit ist. Linker Hand ›duckt sich‹ Helleren, eine Zweihaus-›Siedlung‹, unter einem weit überhängenden Felsklotz. Was folgt, ist ein richtiger kleiner ›Trollstigen‹ durch eine Landschaft von erratischen Blöcken in Hausgröße bedeckt: es sieht aus, als habe sich hier die Natur als Sprengmeister betätigt. Wir machen konstant Höhe, ständig ›wächst‹ die Aussicht, vereinzelt bis aufs offene Meer. Es folgt eine Talfahrt und dann der landschaftliche Kontrast in Form fruchtbarer Auen, auf de-

---

Bei Flekkefjord

Route III: Egersund

nen der Weizen steht, auch Kühe und Schafe weiden. Ein Badeplatz ist ausgeschildert, der Ort Hauge erreicht.

Rund 30 km sind es noch bis Egersund, auch diese Strecke ist von großer (Fels-)Schönheit, aber aufregende Höhepunkte sind hier nicht mehr zu erwarten. **Egersund**, ein kleines Städtchen mit quirliger Hafenzone, lebt vom Fischfang (Hering) und von der Fischverarbeitung und bietet sich als einziger Ort mit Infrastruktur an der Strecke für eine Übernachtung an. Die Strandgate nahe der 1620 errichteten **Stadtkirche** (im Juli 10 –15 Uhr zu besichtigen) lohnt wegen ihrer im spätklassizistischen Stil errichteten Holzhäuser einen Spaziergang, das **Dalane Folkemuseum** in Slettebø, 3 km nördlich, informiert über Leben und Arbeit im 18. und 19. Jh. (im Sommer geöffnet Mo–Sa 11–17, So 14 –18 Uhr), und der **Strand** auf der vorgelagerten Insel Eigerøy (über die Brücke zu erreichen), verspricht beste Bademöglichkeiten.

Hotels: Eigers Motel, Årstadalen, ✆ 51 49 02 00 (Mittelklasse, Sommerrabatt); Grand Hotel, Johan Feyersgt. 3, ✆ 51 49 18 11 (ebenfalls Mittelklasse).

Camping/Hütten: Steinsnes Camping, Tengs (1,5 km außerhalb an der R44 Richtung Stavanger), ✆ 51 49 41 36; ganzjährig geöffnet.

Touristeninformation: an der R44 ausgeschildert, ✆ 51 49 08 19.

An-/Weiterreise: Egersund ist per Bus mit allen Orten dieser Route verbunden und liegt außerdem an der Bahnlinie Oslo – Stavanger.

Durchs platte Land

Nach ›schottisch Hochland‹, woran die Strecke bis Egersund erinnert, folgt nun und bis Stavanger ›Ostfriesland‹ mitsamt holsteinischer Milchkühe und lüneburg'scher Heidschnucken auf saftig grünen Wiesen. Auf den Feldern dazwischen, Furche an Furche, oft bis zum Horizont, stehen Getreide, Gemüse und auch Futterpflanzen auf fruchtbaren Moränen- und Flugsandböden. Jeder Quadratmeter Erde ist hier genutzt, ja **Jæren**, wie die Landschaft am Südwestrand Skandinaviens heißt, gilt als der intensivst kultivierte Agrarraum Norwegens und rühmt sich außerdem (nach Østfold) das älteste Siedlungsgebiet des Landes zu sein: mehr als 600 Grabhügel aus der Eisenzeit säumen die Küste, mehr als 400 Fundplätze aus der Zeit der Völkerwanderung sind bekannt, und wie angenommen wird, sind die norwegischen Wikinger von hier aufgebrochen, die nordatlantischen Inseln zu besiedeln.

Touristen, ob nun aus dem In- oder Ausland, finden bislang nur

Traumhaft schöner Strand bei Jæren

Route III

selten den Weg in diese so ›unnorwegisch‹ scheinende Region. Doch wer ein Freund von Stränden ist – den breitesten, längsten, wohl auch schönsten des Nordens –, wem Dünengürtel mehr sagen als Felssäume, der kann hier prächtig Urlaub machen. Wir verlassen also Egersund über die R44. Auf den 12 km bis zum Ort Hellvik ändert sich die Landschaft grundlegend. Die Bergbuckel verlieren zusehends an Schroffheit, flachen ab, sind bald nur noch hügelhoch. In den Mulden dazwischen weiden Schafe, bald auch Kühe. Dann flachen selbst die Hügel ab, weichen Bodenwellen, die sich schließlich, bei dem Ort **Brusand**, in weiter Ebene verlieren.

Camping/Hütten: Brusand Camping, direkt an der R44 vor Brusand, ✆ 51 43 91 23; Fjordtra og Rogaland Hytteformidling (Hütten nur wochenweise zu mieten); Kåre Qualbein ✆ 51 43 92 30 (ausgeschildert in Brusand).

Auf der Weiterfahrt passieren wir zahlreiche Relikte großdeutscher Herrschsucht: Panzersperren. Die Straße wird hier ein schnurgerades Band, das sich im Angesicht von Meer und Flachland nach Osten zieht. So geht es rund 40 km weiter: Diese Strecke, an der zahlreiche Schilder auf Fundplätze aus der Eisenzeit hinweisen, kann Reisende, die an Grabhügeln nicht besonders interessiert sind, schon mal langweilen. Dann zweigt die mit ›Orre‹ beschilderte R507 nach links ab. Diese Nebenstraße, holperig, aber gut zu befahren, führt uns nun in den Bereich der schönen Sandstrände der Region, bietet übrigens auch die einzig empfehlenswerten Wildcamp-Möglichkeiten seit Egersund. Ein erster Zeltplatz, der beste, ist gleich 2 km hinter dem Abzweig zu finden, indem man einem Schild mit Hinweis auf einen Badestrand nach links folgt. Auch dieser Strand vor hoher Düne ist sehr einladend und von jetzt an weisen immer wieder Informationstafeln auf schöne Küstenstriche mit Feinsand hin.

Etwa 18 km weiter stoßen wir auf eine Kreuzung, biegen links in die R510, passieren in Folge den Flughafen von Stavanger und können bald schon eine Skyline von Hochhäusern in der Ferne ausmachen. Nur wenige Minuten trennen uns jetzt noch von der zur Autobahn ausgebauten E18, die bis ins Herz der Stadt hineingeleitet. Ein Schild ›Sentrum‹ weist den weiteren Weg, aber Stavanger hat große Verkehrs- und Parkplatzprobleme. So empfiehlt es sich, ab ›Sentrum‹-Zubringer den Schildern Richtung ›Tau‹, Fährstation, nachzufahren, die, jenseits eines Tunnels, zur Uferstraße führen. Dort geht es ein paar Meter nach rechts, dann findet sich schließlich direkt vor dem Hafen ein (auch für Wohnmobile tauglicher) Parkplatz sowie Hinweise auf ein Parkhaus. Von hier aus sind alle Sehenswürdigkeiten bequem zu Fuß erreichbar.

Stavanger – Mehr als eine »Boomtown«

Daß die fast 103 000 Einwohner zählende Stadt am ›Fjord mit den steilen Bergen‹ (so des Namens Ursprung) das größte Wachstum im Lande verzeichnet, daß sie an Prosperität alle anderen weit hinter sich gelassen hat, auch »Norways largest shopping mall« besitzt – das verdankt sie dem Erdöl, das seit 1969, als das erste riesige Explorationsfeld ›Ekofisk‹ 300 km vor der Küste gefunden wurde, ununterbrochen sprudelt. Zur ersten Quelle

---

Stavanger 1 Domkirche 2 Kongsgård 3 Stavanger Museum 4 Seefahrtsmuseum 5 Gamle Stavanger (Altstadt) 6 Konservenmuseum 7 Hafen 8 Touristeninformation 9 Einkaufsviertel 10 Kulturhaus/Information 11 Havly Hotel 12 Commandør Hotel 13 Melands Gjestgiveri 14 Skagen Brygge Hotel 15 Dickens Pub 16 Grand Hotel 17 Stavanger B & B 18 SAS 19 Bahnhof/Busbahnhof 20 Bootsanleger 21 Fähranleger (England) 22 Schnellbootanleger (Haugesund/Bergen/ins Ryfylke) 23 Anleger für Autofähren (Lysefjord/Tau)

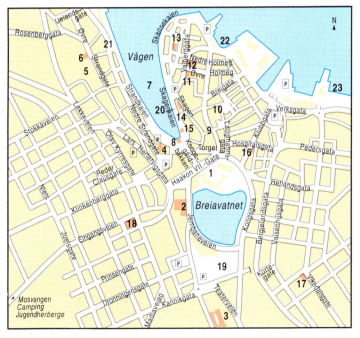

Die barocke Kanzel in der Domkirche

sind längst zehn weitere hinzugekommen, Stavanger schmückt sich mit dem Beinamen »Oil Capital of Europe« und führt gerne an, daß hier Menschen aus über 50 Nationen – Legionäre der Bohrgesellschaften – zu Hause sind, es eine ›International School‹ gibt wie ›Square Dance‹-Gruppen, einen ›Petroleums Wifes Club‹ und einen französischen Kinder-Kirchenchor.

Stavanger

Aber Stavanger ist nicht Abu Dhabi oder Kuwait City, schon gar nicht Klondyke, wie vor allem in Bergen, Stavangers ewigem Konkurrenten im Norden, geringschätzig gesagt wird. Stavanger ist keine aus dem Boden gestampfte Siedlung, sondern gemächlich gewachsen seit ältesten Zeiten. Schon 1125 wurde der Ort Bischofssitz und erhielt im gleichen Jahr die **Domkirche** (1), die heute nach dem Nidarosdom in Trondheim als der bedeutendste Sakralbau des Landes gilt und mehr gotische Züge bewahrt hat als irgendeine andere Mittelalterkirche in Norwegen. Hohe Kreuzgewölbe und spitzbogige Fenster zeugen davon. Der Barockzeit verdankt der von Türmen flankierte Bau sein reiches Interieur; insbesondere die große Kanzel und die schweren Epitaphe ziehen heute die Blicke der Besucher an (geöffnet: 15. 5.–15. 9. Mo–Sa 9–18, So 13–18 Uhr, sonst Mo–Sa 9–14 Uhr). Aus alten Tagen herübergerettet wurde auch der **Kongsgård** (2). Der ursprüngliche Bischofssitz befindet sich unmittelbar südlich des Domes. Erbaut gegen Ende des 13. Jh., diente er später als Residenz der Dänenkönige und beherbergt heute Stavangers ältestes Gymnasium.

Das **Stavanger Museum** (3, Muségata 16; 15.6.–15.8. tgl. 11–16 Uhr, sonst So 11-16 Uhr) informiert über die Geschichte der Stadt, besonders attraktiv für Kinder sind die szenischen Darstellungen historischer Momente. Die maritimen Aspekte der Stadtgeschichte sind im **Sjøfartsmuseet** (4, Seefahrtsmuseum, N. Strandgt. 17 u. 19, geöffnet wie Stavanger Museum) direkt am Hafen dargestellt, das man auf dem Weg in die Altstadt passiert. **Gamle Stavanger** (5), im Bereich der Øvre und Nedre Strandgata über den Kaianlagen gelegen, rühmt sich, mit rund 150 Holzhäusern aus dem 17./18. Jh. das besterhaltene Holzbauviertel Nordeuropas zu sein. Mitten in der Alstadt liegt das in einer ehemaligen Fabrik untergebrachte **Norsk Hermetikkmuseet** (6, Konservenmuseum, Øvre Strandgt. 88a, geöffnet wie Stavanger Museum), das die Geschichte der Konservenindustrie zeigt, ab Ende des vergangenen Jahrhunderts Stavangers größter Arbeitgeber. Wichtigster Rohstoff war die Sprotte, (von Mitte Juni–Mitte Aug. eindrucksvolle Demonstrationen einzelner Arbeitsprozesse, u.a. des Sprottenräucherns). Angesichts der nostalgischen Wohnstätten mitsamt Gaslaternen und Kopfsteinpflaster davor, glaubt man kaum, daß nur einen Steinwurf entfernt die Moderne pulsiert.

Der **Hafen** (7), auf den die schmucklosen Altstadtzeilen blikken, ist maßloses Durcheinander von Fischkuttern und Kreuzfahrerdampfern, Frachtern, Tankern und Versorgungsschiffen für die Ölplattformen weit draußen im Meer. Der Verkehr brandet, und in den Fußgängerzonen des angrenzenden Einkaufsviertels herrscht ein für Norwegen fast schon babyloni-

Der importierte Tod

Umweltprobleme

Kein Volk in Europa, das ein derart inniges, ja fast schon metaphysisch anmutendes Verhältnis zur Natur hat wie die Norweger, die lange Zeit, genauer: bis zum Titanschlamm-Skandal vom Jøssingfjord (Anfang der 80er Jahre) glaubten, sie würden ihre Hände in umweltpolitischer Unschuld waschen. Absolut betrachtet tun sie das auch, denn viereinhalb Millionen Menschen auf einer Fläche größer als Deutschland können nicht gar so viel zerstören. Betrachtet man aber die Verunreinigung in Abhängigkeit zur Bevölkerungszahl, verschieben sich die Dimensionen. Zum Beispiel in Richtung auf einen zweiten Platz hinsichtlich der Nordsee-Verschmutzung oder gar auf einen Spitzenplatz (weltweit!) in Sachen Hausmüll und Energieverbrauch. Auch rauschen in Norwegen rund 70 % aller Haushaltsabwässer ungeklärt ins Meer, gilt der öffentliche Nahverkehr als der unterentwickeltste von Skandinavien.

All dies soll nun, da publik geworden, korrigiert werden. Das norwegische Umweltministerium (übrigens das erste, das in Europa eingerichtet wurde) will Abhilfe schaffen, z. B. in der FCKW-Frage radikale Schritte gehen, nämlich in Kürze die Produktion auf 10 % reduzieren. Stickstoffdünger-Einsatz soll durch eine neue Preispolitik zugunsten des Bio-Anbaus verhindert werden, die Industrie muß 5 % ihrer Bruttoinvestitionen für Umweltschutz abzweigen. Weitere Beispiele für ein umweltbewußteres Denken der Norweger ließen sich hier anbringen.

---

sches Gewimmel. Wären da nicht die Flaggen in Landesfarben, die allenthalben im Wind wehen, man würde womöglich nicht glauben, in Norwegen zu sein.

›Typisch norwegisch‹ mutet dagegen an, was man während der Bootstouren zu sehen bekommt, die außer im November und Dezember das ganze Jahr über angeboten werden: Das Schnellboot ›Clipper‹ klappert auf einer sechsstündigen Rundtour (275 NOK) die landschaftlichen Sehenswürdigkeiten des (atemberaubend schönen) Lysefjord ab, passiert dabei auch die berühmte ›Kanzel‹ (Preikestolen, s. S. 151), ein anderes Schiff hat nur den Fuß der Kanzel zum Ziel (3 Std., 190 NOK). Informationen über all diese Touren, auch Platzreservierung und Ticketkauf, über das Touristenbüro am Hafen (s. S. 146).

Stavanger

Nur leider: absolut betrachtet wird das nicht viel ändern, denn Norwegen gehört, wie auch Schweden und Finnland, zu den sogenannten Nettoimporteuren. Alle drei Länder sind nämlich weniger Täter als vielmehr Opfer der globalen Umweltzerstörung, und aufgrund der geographischen Lage ist Norwegen am schlimmsten dran. Denn es importiert von Großbritannien, einem der Spitzenreiter in Sachen ›Umwelttod‹, unter anderem sauren Regen. Die Niederschläge an der Westküste weisen in Extremfällen bereits pH-Werte unter 3 auf (normal wäre um 7), das ist dann faktisch Säure. In der Folge stirbt nicht nur der norwegische Wald, sondern versauern auch alle Binnengewässer, was das Ende für die meisten darin vorkommenden Lebewesen bedeutet.

Bislang sind schon über 1000 Seen Südnorwegens vom zugewehten Untergang bedroht oder gar ›umgekippt‹, also bar jeglichen Lebens. Gleichzeitig ist vor Norwegen die Quecksilberverunreinigung des Meeres mit die größte der Welt, ist der Anteil an Schwermetallen einzigartig hoch. Vielerorts mußten bereits die Fischaufzucht und der Fischfang verboten werden, in riesigen Küstenstrichen ist die Gewinnung von Miesmuscheln untersagt. Zahlreiche Vogelarten sind – weil der Fisch vergiftet – von der Ausrottung bedroht, und die sogenannte Algenpest, die im Frühjahr 1988 auftauchte und im Südwesten alles marine Leben bis in 40 m Tiefe abtötete, kann jederzeit wieder auftreten.

Es ist schon so: Die Erde ist klein geworden, und die Verfehlungen der einen schlagen auf die anderen zurück, wenn nicht auf alle, wie uns auch die Ausdünnung der Ozonschicht lehrt, die im Frühjahr 1993 über Skandinavien bereits 50 % betragen haben soll.

Wer Richtung Norden weiterreist, sollte einen Abstecher zum Utstein-Kloster auf der landfesten Insel Mosterøy (Mautgebühr) nicht versäumen. Es gilt als das besterhaltene mittelalterliche Kloster Norwegens (geöffnet 1.5.-15.9. Di–Sa 10–16, So 12–17 Uhr).

Hotels (im Zentrum, preiswert, Mittelklasse): Commandør Hotel, Valberggt. 9, ✆ 51 89 53 00; Havly Hotel, Valberggt. 1, ✆ 51 89 67 00; Scandic Hotel Stavanger, Eiganesvn. 181, ✆ 51 52 65 00 (mit Hallenbad); Skagen Brygge Hotel, Skagen 30, ✆ 51 89 41 00; Stavanger B & B, Vikedalsgt. 1a, ✆ 51 52 76 00. Grand Hotel, Klubgt. 3, ✆ 51 89 58 00 (im Zentrum, klassisch und schön, eine der besten Adressen; Mittel-/Komfortklasse).

Pensionen : Melands Gjestgiveri, Nedre Homegt. 2, ✆ 51 89 55 85 (im Zentrum); Paradis Hospits, Lyder Sagensgt. 26, ✆ 51 52 96 55; Rogalandsheimen,

Route III: Stavanger

Muségt. 18, ✆ 51 52 01 88 (nahe Zentrum beim Stadtmuseum); Øglend Hospitz, Jens Zetlitzgt. 25, ✆ 51 52 08 32.

Camping/Hütten: Mosvangen Camping, Tjensvoll, Henrik Ibsengt. 21, ✆ 51 53 29 71 (24. 5.–5. 9.; im südlichen Stadtgebiet, direkt bei der Jugendherberge); Sola Motel & Camping, Solastranden, Nordsjøvn. 314, Ræge, ✆ 51 65 43 28 (ganzjährig, am Strand, nahe Flughafen an der R510).

Jugendherberge: Stavanger Vandrerhjem, Tjensvoll, H. Ibsensgt. 21, ✆ 51 87 29 00; geöffnet 1.6.–1.9.

Restaurants/Cafés: Die typische norwegische Küche macht sich rar in Stavanger, die internationale hingegen ist in allen Geschmacksrichtungen vertreten.

Stræn Fiskerestaurant, Strandkaien, ✆ 51 52 62 30 (das bessere der beiden Fischrestaurants); Restaurant Skagen, Skagenkaien, ✆ 51 89 51 80 (intern. und norwegische Gerichte, in umgebautem Werfthaus); Jans Mat og Vinhus, Breitorget, ✆ 51 89 47 73 (Erlesenes aus europäischen Küchen, Châines des Rotisseurs); China Town, Skagen 14, ✆ 51 89 52 54 (bestes Chinarestaurant, preiswert – für Stavanger); Dickens, Skagenkaien 6, ✆ 51 89 59 70 (beliebtester Pub, in altem Speicherhaus).

Informationsamt: Stavanger Kulturhus-Sølvberget, ✆ 51 89 66 00, ganzjährig Mo–Fr 9–17, Sa bis 14 Uhr. **Touristeninformation** am Hafen, ✆ 51 89 62 00, 1. 6.–31. 8. tgl. 10–20 Uhr; mehr auf des Touristen Belange zugeschnittenes Infomaterial als unter obiger Adresse. Hier (oder im Hotel) unbedingt nach der ›Stavanger-Karte‹ fragen, mit der man in den Genuß zahlreicher Ermäßigungen kommt: Rabatt gewährt wird u. a. in Museen (50%), bei Automiete (25%), Bootsausflügen (25–40%), Expressbussen nach Kristiansand und Oslo (25%), Fähre nach Bergen (25%).

Autovermietung: Avis, Byterminalen, ✆ 51 52 85 65; Budget, Lagårdsvn. 125, ✆ 51 52 21 33 (außerdem am Flughafen, ✆ 51 65 07 29); Hertz, Olav V'sgt. 13, ✆ 51 52 00 00.

Zug: Stavanger ist per Zug mit Kristiansand und Oslo verbunden. Zentralbahnhof, Jernbanevn. (nahe Dom), ✆ 51 56 96 00.

Bus: Verbindungen mit allen größeren Städten des Landes (auch mit allen Orten der Route III sowie IV). Der zentrale Busbahnhof liegt direkt am Bahnhof, Jernbanevn. ✆ 51 52 26 00 und 51 56 71 71.

Flugzeug: Tgl. von/nach Kristiansand, Sandefjord, Oslo, Bergen und Trondheim nebst Kopenhagen, Amsterdam, London, Newcastle, Aberdeen und Paris. Der Flughafen liegt rund 12 km außerhalb, Buszubringer ab Zentrum (Bahnhof), Informationen und Reservierungen über SAS im Zentrum (SAS Hotel, Løkkevn. 26, ✆ 51 56 70 00) sowie am Flughafen (✆ 51 65 89 00).

Schiff: Fährschiffe verkehren auf den Routen nach Bergen (tgl., mit Flaggruten) und Haugesund (2–3mal tgl. per Schnellboot – nur Passagiere; Flaggruten). Außerdem mit Boknafjorden Trafikkselskap nach Skudeneshavn (südl. Haugesund; 6mal tgl.), Nedstrand (östlich Haugesund, 5mal tgl.) und Tau (am Ryfylkevegen; 21 mal tgl.) sowie Lysebotn am Ende des Lysefjord via Oanes am Ryfylkevegen (s. Route IV). Die einzelnen Fähranleger sind auf en Ausfallstraßen sowie im Zentrum von Stavanger deutlich ausgeschildert.

Mit »Däumling« und »Schneewittchen«
ins Ölzeitalter

Daß Märchen und Mythen auch in Kreisen norwegischer Ölsucher lebendig geblieben sind, davon zeugen die Namen der Offshore-Felder in der Nordsee. »Schneewittchen«, »Aschenhans« und »Däumling« sind da vorhanden, und die Geschichte des letzteren kann stellvertretend für die Norwegens stehen, denn zum guten Schluß zog er, der kleinste unter den Geschwistern, die Siebenmeilenstiefel an und machte sein Glück.

Es begab sich am 24. Oktober 1969, als Norwegen – das zwar nicht kleine, aber im Schatten seiner »Geschwister« stehende Land – die »Siebenmeilenstiefel« anzog. Damals wurde es bei dem später Ekofisk genannten und rund 300 km südwestlich vor Stavanger in der Nordsee gelegenen Bohrloch fündig und entwickelte sich schlagartig zu einem Ölland. So machte es sein Glück, konnte sich quasi über Nacht von der über 40 Mrd. Mark hohen Auslandsverschuldung befreien, hatte dadurch auch freie Bahn in den Wohlfahrtsstaat. Doch Ekofisk machte nur den Anfang. Es folgten die Felder Eldfisk, Edda und Valhall, Thor, Cod und Ula, Heimdal, Troll etc., die außer Erdöl (jährlich über 50 Mio. Tonnen) auch reichlich Erdgas (jährlich rund 30 Mrd. Kubikmeter) liefern.

So überholte Norwegen alle, auch wenn es gelernt hat, daß man selbst mit Siebenmeilenstiefeln auf die »Nase fallen« kann. Denn das vollkommene Wohlstandsparadies blieb ihm verschlossen, und überhaupt herrscht ein wenig Sorge in Norge, weil man von seinen »Stiefeln« abhängig geworden ist. Auch haben manche Angst davor, daß eines Tages die »Sohlen« durchgelaufen sein könnten und die Erdöl- und Erdgasfelder nichts mehr hergeben. Aber diese Angst scheint unbegründet, denn einerseits wird nicht so viel gefördert wie möglich, sondern wie wirtschaftlich vertretbar (dank weitgehender Verstaatlichung der fördernden Konzerne), und andererseits scheinen die norwegischen Erdöl-und Erdgasreserven wesentlich größer als 1986 geschätzt (zwischen 1,5 bzw. 2,5 % der Weltproduktion). Allein Troll gilt heute als das größte bekannte Gasvorkommen unter den Weltmeeren (ab 1996, wenn die Ausbauphase beendet ist, soll es jährlich 16,5 Mrd. Kubikmeter liefern). Auch im hohen Norden ist man bei Probebohrungen vielerorts fündig geworden und geht daher davon aus, daß einst Harstad (auf der Breite von Narvik gelegen) den Rang einnehmen wird, den die Ölmetropole Stavanger heute im Süden innehat.

Mehr Anlaß zum Nachdenken geben da die »Blasen«, die man sich mit den »schnellen Stiefeln« gelaufen hat: ein überzogenes Lohnniveau, eine wachsende Arbeitslosenzahl, steigende Inflation sowie eine maßlose Auslandsverschuldung (von über 230 Mrd. Kronen). Und die zunehmende Verschmutzung der Nordsee, damit des Nordmeeres, schließlich der Barentssee, die als das größte Fisch-›Kinderbett‹ der Welt gilt. Wie Greenpeace zu berichten weiß sind 38 % aller Fischembryonen dort durch Ölverschmutzung geschädigt, werden in der Nordsee jährlich 300 Ölteppiche registriert, fand man im Bereich der Ölfördergebiete Quecksilberwerte von 200 Nanogramm pro Liter (verglichen mit 0,5 Nanogramm in der restlichen Nordsee). Unverantwortlich auch, daß Bohrloch- und Reservoir-Analysen routinemäßig mit Kobalt-60-Strahlen und Neutronenbeschleunigern durchgeführt werden und radioaktive Verschmutzung längst ein Problem ist. Denn zur Aufrechterhaltung des Föderdrucks wird Seewasser in die Reservoirs gepumpt, und dieses sammelt in ›heißen‹ Schichten Radium, Thorium und Uran auf, das mit dem Öl vermischt nach oben kommt; der Schlamm in den Wasserabsonderungsanlagen strahlt bis zu 40 Becquerel pro Gramm stark. Und dieser Schlamm wird, zumindest im britischen Sektor (von den Multis kontrolliert), nicht immer wie vorgeschrieben entsorgt, sondern ins Meer gekippt. Dort werden auch (anders als in Norwegen, wo man Wasserschlämme benutzt) jährlich rund 12 250 t Ölschlämme über Bord der Bohrinseln gekippt. Von U-Booten aus registrierte man Explosionen unbekannten Ursprungs, was die Frage aufwarf, ob British Petrol versuche, mit sogenannten PNEs (peaceful nuclear explosions) Öllager anzulegen. Ein Manager der Firma antwortete daraufhin ausweichend: »Soweit mir bekannt ist, nicht...«

Norwegen, wie man es sich vorstellt
Der Ryfylkevegen

In das Fjordland, das Land der Trolle mit elementaren Naturerlebnissen, zum Preikestolen, Norwegens berühmtestem Aussichtspunkt, hinunter in die Tiefen dramatischer Fjorde, hinauf in endlose Fjellweiten, durch liebliche Täler, zu Seen, Wasserfällen und Lachsflüssen.

Der Ryfylkeweg, der den zu Rogaland gehörigen Bezirk Ryfylke erschließt, umfaßt ein Reich, in dem die Natur in ihren spektakulärsten und eindrucksvollsten oder – wie manche sagen: norwegischsten Erscheinungsformen auftritt. Es sind dies vielgestaltige und majestätische, bis über 80 km weit eingeschnittene Fjorde, tiefe Wasser in irisierendem Grünblau, dunkle, schier bodenlose Schluchten, in Gold und Rosa getauchte Schwingen gewaltiger Trogtäler, Licht – so weich wie Regenwasser.

Man möchte annehmen, daß Stanislaw Przybyszewski, Munchs dichtender Freund, diese Region vor Augen hatte, als er schrieb: »Land eines furchtbaren Ernstes…, tragischstes Land in Europa. Und in dieser Öde… beginnt die Seele des sonst so vernünftigen Norwegers langsam auseinanderzugleiten. Schlimme, trübe Gedanken steigen auf.« – Sicher, der Sommertourist wird hier wohl kaum von Gemütsleiden befallen, aber berührt wird er dennoch von dieser Welt aus Fels, Wasser und Licht, über der selbst bei eitelstem Sonnenschein eine harte, schwere Melancholie zu liegen scheint. Es geht hier um Naturerlebnisse wie sie elementarer nicht sein können, und wer einmal auf dieser Route gefahren ist, den wird Fjordland immer wieder anziehen, kräftig und unwiderstehlich, oder er wird sich schaudernd abwenden, sanfteren, weniger aufwühlenden Gegenden zu.

Fjordland –
Eine erste Annäherung

Über die ersten 20 km ab Zentrum Stavanger sind nicht viele Worte zu verlieren, denn sie führen uns bis hinter die Industriestadt Sandnes, wo wir von der E18 auf die R13 abbiegen, ausschließlich durch urbanisiertes Land. Auch die Strecke bis **Lauvvik**, der ersten Fährstation an dieser Route, ist nicht sehr spekta-

Route IV

Route IV

Oanes/Preikestolen

kulär, denn Seen, Felder, Wiesen und Hügelland haben wir schon zur Genüge betrachtet und sind nun auf Einzigartiges eingestimmt.

Und da, während der letzten 100 m zum Anleger, steigt es aus dem Meer, das tausendfach und doch nie hinreichend beschriebene Fjordland, von dem wir hier freilich nur einen winzigen Teil ausmachen können. Ungläubig blinzeln wir über die leicht geriffelte Wasserfläche des Høgesfjord und des sich anschließenden Lysefjord, beide gerahmt von düstergrauen Wänden, die teils in mehr als einem Kilometer Höhe gipfeln.

Aber unser Blickfeld ist begrenzt, wir fiebern der Fährfahrt nach **Oanes** (15 Min.) entgegen, und was wir wenig später von der Reeling aus wahrnehmen, sind keine Wände mehr, sondern dichtes Beieinander von ausgeformten Bergen zwischen vielfarbig grünen Tälern. Wie die Berge sich geschmeidig in diese Wiesentröge legen und wieder aus ihnen hinausgleiten, das ist so vollendet wie ein Wellenzug.

Hinter Oanes (hier treffliches Übernachten, s. u.) wendet sich die nun schmale Straße bald kurvenreich nach Westen, um eine denkbar liebliche Seen- und Fjordlandschaft zu erschließen. Der Blick reicht oftmals bis hinüber nach Stavanger, erfaßt bald auch Jørpeland, wohin wir nach 24 km hinter Oanes gelangen.

Etwa 5 km vor diesem uninteressanten Industrieort (Fährverbindung mit Stavanger) zweigt rechts eine mit Preikestolen beschilderte Straße ab, und wer die Felskanzel, die 600 m hoch und senkrecht über dem Lysefjord thront, besichtigen will, biegt hier ein. Ab Jugendherberge bedarf es eines gut 2stündigen, relativ mühsamen Fußmarsches zum **Preikestolen.** Das wohl bekannteste Motiv aus der norwegischen Fremdenverkehrswerbung, ermöglicht Schwindelfreien bis zum Rand des ungesicherten Abgrundes vorzurobben, um mit Blicken wie aus dem Flugzeug belohnt zu werden.

Hotel: Das nächste Hotel findet sich in Jørpeland (ab dort auch Taxizubringer zum Wanderweg): Vågen Fjord Hotel, ✆ 51 74 88 78 (preiswert).

Camping: Im Bereich der Jugendherberge Preikestolen kann man auch campieren (Zelt/Caravan/Wohnmobil). In Jørpeland, Fjelde Camping, ✆ 51 74 71 51 (15. 6.–31. 8.).

Hütten: In Oanes, Lysefjord Hyttegrend, ✆ 51 70 38 74 (schön gelegene Panoramahütten).

Jugendherberge: Preikestolhytta Prekestolen Vandrerhjem, ✆ 94 53 11 11 am Ende der befahrbaren Straße, geöffnet 1. 6.–31. 8.; Schlafsaal, auch Zimmervermietung, Restaurant.

Wanderinfos, nicht nur Preikestolen betreffend, in der Jugendherberge, allgemeine Informationen in Jørpeland im Touristenbüro (an der R13 ausgeschildert), ✆ 51 74 83 14.

Anreise: Fähre von Stavanger nach Tau (8.30 und 9.20 Uhr),

Steckbrief Route IV

Routenverlauf: Stavanger–Lauvvik-Fährstation (E18/R13; 40 km) – Tys-/Målandsdal (R13; 50 km) – Hjelmeland-Fährstation (R13; 31 km) – Sand/Suldal (R13; 42 km) – Røldal (R13/R11; 84 km)
Länge: ca. 247 km
Öffentliche Verkehrsmittel: Alle o. g. Städte sind untereinander und ab Stavanger durch Buslinien verbunden.
Anschlußmöglichkeiten: von Route III, mit Route V und VI.
Variante: Ab Sand, km 121, kann man auch die häufig verkehrende Fähre über den Saudafjord nehmen (ca. 15 Min.), dann der R13 weiter nach Sauda folgen, wo sie endet bzw. zur R520 wird, die durch eine ähnlich atemberaubende Landschaft zur R11 nahe Røldal führt wie die R13. Welche Strecke die schönere ist, kann nicht beantwortet werden; beide sind in etwa gleich lang, die schnellere und besser ausgebaute wird nachfolgend beschrieben.
  Eine andere Variante ist, in Sand die o. g. Fähre zu nehmen, sodann der R46 bis Ølen an der R11 zu folgen, ab dort entweder nach Haugesund zu fahren (uninteressante Industriestadt; Fähranschluß retour nach Stavanger) oder via Etne der R11 bis Skarsmo zu folgen, wo sie auf die R47 stößt (Route V). Insbesondere die letztgenannte Route eröffnet großartige Fjordlandschaften.
Anmerkung: Zwischen km 40 (Oanes) und km 70 (Jøssang) sowie auf vereinzelten Abschnitten im weiteren Verlauf ist die R13 teils außerordentlich schmal und erfordert von Lenkern größerer Wohnwagenspanne ein gewisses Können.

---

von Tau weiter mit dem bereitstehenden Bus zur Preikestolhytta, von dort Rückkehr mit dem Bus um 16.15 Uhr (Ende Juni-Anfang Sept.), Information, ✆ 51 74 02 00.

Die nächsten 11 km bis Tau genießen wir nicht viel mehr als Aussicht auf Stavanger zur linken,

---

Preikestolen

›Almhänge‹ zur rechten Seite und vielleicht einen Blick auf am Wegesrand ausgeschilderte Felszeichnungen (ca. 40 Stück auf Klippen am Meer) aus der Bronzezeit. Der Ort selbst (Fährverbindung mit Stavanger) bietet – wie eigentlich alle Städte an dieser Strecke – nichts, was zu einem Verbleib einlädt, wohingegen der sich anschließende Taltrog, dem wir die nächsten 15 km folgen, landschaftlich so schön und vielseitig ist, daß manche Reisenden ihren ganzen Urlaub hier verbringen. Es ist dies das **Tysdal** und – in der Verlängerung – das **Målandsdal**, vom fjordgleichen Tysdalsvatnet ausgefüllt. Hier gibt es so manchen Campingplatz, auch viele Hüttenvermietungen, hier kann man trefflich angeln, bootfahren, auch baden (sogar an Sandstränden). Wasserfälle überziehen die teils düster, teils heiter anzuschauenden Steilflanken mit dünnen Schleiern, und die 800 m übersteigenden Höhen über den angrenzenden Felsflanken sind für so manche Wanderung gut. Eine davon, vielbegangen und etwa 5–6 Std. lang, beginnt direkt bei der Feriensiedlung Tysdal am Ende des Tysdalsvatnet, erklimmt sodann die Aussichtskanzel Reinaknuten, 789 m hoch, und steigt schließlich wieder in den Taltrog hinab, der bei Bjørheimsbygd an der Nahtstelle zwischen Tysdalsvatnet und Sjørheimsvatnet erreicht wird (ab dort sind es noch 4 km zurück zum Ausgangspunkt entlang der R13).

 Camping: Camping, Tysdal, ✆ 51 75 24 34 (ganzjährig).

Hüttenvermietung: Wathne Feriesenter, Bjørheimsbygd, ✆ 51 74 64 17 (ganzjährig); Hamrane Hyttefelt, Bjørheimsbygd, ✆ 51 74 64 20 (ganzjährig).

Ein »ernstes« Land

Am Ende des Målandsdal steigt die Straße zu einem Sattel an, führt dann in einen anderen Taltrog hinein, folgt ihm wieder bis zu seinem Ende, steigt auf und hat nun den Årdalsfjord zum Ziel, der eher ein Bergsee zu sein scheint, sind doch die säumenden Flanken ganz und gar bewaldet. Dann geht es wieder hinauf, steil und kurvenreich. Auf der Höhe angekommen, genießen wir die Fernsicht auf eine Welt aus Fels, Eis und Schnee und auf die Hardangervidda. Tief unter uns

Im Suldal

Hjelmeland

liegt das Örtchen **Hjelmeland**, wo wir, anders als auf den meisten Karten verzeichnet, die Fähre über den Jøsenfjord hinweg nach Nesvik besteigen müssen.

Touristeninformation: Hjelmeland, am Schiffsanleger, ✆ 80 03 10 07, geöffnet Juni–Aug. 10–20 Uhr, sonst 8–16 Uhr. Hier auch Vermittlung von Hütten auf Bauernhöfen; Wanderinformationen.

Ungefähr 10 Min. währt die Fährzeit auf dem ständig hin und her pendelnden Schiff. Wir betrachten die grandiose Aussicht in den kilometerlang sich ins Land ziehenden Fjord, dessen Flanken schwarz und steil bis in die beschneiten Bastionen der Vidda heraufdrängen. Das Wasser schimmert in Skalen von Blau und Grün, vereinzelte Kiefern, uralt und wild verdreht, setzen kraftvolle Akzente, und in die schmalen Uferwiesen sind bunte Blumenkleckse eingewebt. Dieses Bild (vielleicht eines der beeindruckendsten seit dem auf dem Lysefjord) haben wir auch während der folgenden 11 km Autofahrt ständig vor Augen. Schade nur, daß

Wenn die Angst aufsteigt
Die Trolle

Wenn große zerfaserte Quellwolken über den unruhigen Himmel ziehen und gelblich-schwarz die Berge umhüllen; wenn im Krachen des Donners der alte Thor seinen gewaltigen Hammer wirft, der Sturm dröhnt und lacht; wenn dann die Angst aufsteigt – dann kommen die Trolle! Schwer, dunkel und überwachsen stampfen sie daher, wie Berge, die wandern, »mit Augen, so groß wie zinnerne Teller und Nasen, so lang wie Hackestiele«. Ihre Zahl ist Legion, viele sind als Menschenfresser verschrien und allen gemeinsam ist ihre Gier nach Gold und Silber sowie ein Haß auf alle Christen.

Der *Skogtroll* (Waldtroll), ein zotteliger Zyklop, ist vielleicht der fürchterlichste von allen. Als der hinterlistigste gilt der *Nøkk*, der Süßwassertroll, der in Seen, Teichen und Tümpeln lauert und die üble Angewohnheit hat, Menschen mit seinen schwarzen Klauen in die Tiefe zu zerren, um ihnen die Seele zu stehlen. Im Meer lebt der außerordentlich bösartige *Draug*, Schrecken aller Fischer und Wiedergänger derer, die in den Fluten ertrunken sind.

Einer weniger erschreckenden Sorte Troll gehört der *Fossegrimen* an, der unter Wasserfällen haust und mit einem großen Stück blutigen Fleisches so milde gestimmt werden kann, daß er dem, der es ihm bringt, ein meisterhaftes Fidelspielen zu lehren vermag. Nicht zu vergessen auch die *Nisser*, listenreiche Kobolde, die in Haus und Hof für Ordnung sorgen, solange man ihnen kleine Opfergaben darreicht. Eine Schüssel voll Grütze zu Weihnachten in die Scheune gestellt kann schon ausreichen. Das Lied ›På låven sitter nissen med sin julegrøtt‹ (›In der Scheune sitzt der Nisse mit seiner Weihnachtsgrütze‹) zeugt von diesem Brauch. Aber so nützlich Nisser auch sein mögen: weg bekommt man sie nicht, was immer man auch anstellen mag.

Ein besonders beliebter Vertreter ist der *Julenisse*, der Weihnachtsmann. Er ist sanft und nett, beschenkt reichlich für den Glauben, den man pflegt, und hat noch nie jemandem ein Leid angetan.

Anders die *Huldra*, ein weiblicher Troll, goldblond, wunderschön und von großer Grazie, doch mit Kuhhintern und Rinderschwanz ausgestattet. Ähnlich der Loreley, becirct sie Männer und Jünglinge und stürzt sie ins Verderben. Ihre Geschichte reicht bis in die Schöpfungszeit zurück. Wie es heißt, kam eines schönen Tages Gott persönlich zu

Trolle

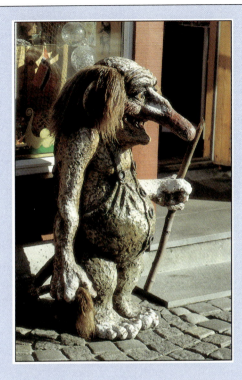

So können sie aussehen, die Trolle

Besuch ins Paradies, um Adam und Eva und deren Kinder wiederzusehen. Aber in Evas Haushalt ging es drunter und drüber, viele der Kleinen waren noch nicht gewaschen und gekämmt. Aus Scham präsentierte sie lediglich die, die schon besuchsfertig waren. Das erzürnte den Herrn, der alle sehen wollte, und er stieß einen gräßlichen Fluch aus: »Wie du mir viele deiner Kinder vorenthalten hast, werde ich von jetzt an manche meiner Kinder vor den Augen der Menschen verstecken.« So geschah es, und seit jener Zeit gibt es Huldras – ›die Verhüllten‹ –, deren Existenz nach Meinung der ›Trollologen‹ allerdings mit Freudschen Gedankengängen zu erklären sind: Huldra also, ein Produkt der Furcht des Mannes vor der Macht schöner Frauen…

Route IV: Sand

Am Suldalsvatnet

man beim Bau der gut ausgebauten und an Tunneln überreichen Fjorduferstraße vergessen hat, Parknischen anzulegen.

Wo die R13 landeinwärts in eine Schlucht abzweigt, ist nach rechts eine Jugendherberge (s. u.) ausgeschildert. Der Weg aus der Schlucht heraus führt über einen Paß, und jenseits erstreckt sich eine weitere Schmelzrinne vom Ende der Eiszeit – der Erfjord, ›bergumschwiegen‹. Hier und da ein Bauernhof als rotweißer Farbklecks, an den Hängen grüne ›Almen‹. Herrliche Motive tun sich auf, und in jeder Parkbucht stehen Touristen und stanzen Rechtecke aus der Landschaft, um die voll ausgeleuchtete Szene mit nach Hause nehmen zu können.

Wir queren eine Hängebrücke, rechts nun der Tyse-, links der Erfjord, finden uns bald in enger Schlucht, dann in einem schwarzen Tunnel wieder, und wo wir das Licht erneut erblicken, fahren wir in eine Felskerbe, fast so schmal wie eine Klamm und in der Tiefe vom dunklen Grün des Fjordwassers ausgefüllt. Steil geht es nun nach oben, glatte Wand, hellgrau und senkrecht ist die Straße hereingesprengt, gläsern hell die Berge, deren Schwingen in Schnee getaucht sind, wo die Straße wieder das Meeresniveau erreicht, liegt **Sand**, Verwaltungszentrum der Gemeinde Suldal und beliebter Ferienort.

Unterkunft – bis/in Sand

Hotels/Pensionen: Sand Fjordhotel, ✆ 52 78 12 11 (Mittelklasse), Sand Gjesteheim, ✆ 52 79 73 90 (preiswert/Mittelklasse).

Camping: Vor Sand nur ein kleiner, während der Saison geöffneter Straßenplatz.

Jugendherberge: Gullingen Vandrerhjem/Fjellstove, Mosvatnet, an der R13 (s. o.) ausgeschildert, ✆ 52 79 99 01; ganzjährig geöffnet, auch Hüttenvermietung, sehr großes Sportangebot (u. a. MTB, Kanus, Kajaks, Pferde), ein richtiges kleines ›Sportel‹. In der näheren Umgebung Wandermöglichkeiten (auch mit Übernachtungshütten) für einen ganzen Wanderurlaub –

Suldal

bis ins Setesdal sowie zur Hardangervidda.

Unterkunft in Suldal

Hotel/Pension: Lindum A/S, Suldalsosen, ✆ 52 79 91 61, altes ›Lachsschloß‹ in schöner Lage am Fluß, auch einfache Hütten und Platz für Wohnmobile; Osabu Pensjonat og Hytter, Suldalsosen, ✆ 52 79 92 60 (preiswert).

Camping/Hütten: Vikane Hyttetun, Suldalsosen, ✆ 52 79 93 97; Litlehaga Hyttetun, ✆ 52 79 72 37.

Wanderinformationen in der Jugendherberge, allgemeine Informationen sowie Vermittlung von Ferienhäusern und Privatzimmern/-hütten über die Touristeninformation in Sand, ✆ 52 79 72 84.

In Sand müssen wir uns entscheiden zwischen der nachfolgend beschriebenen Route (die ab hier der R13 folgt) oder der Alternativroute (s. unter Steckbrief) via R13 und R520, die ebenfalls Røldal an der R11 zum Ziel hat. Wir biegen nach rechts auf die R13 ab (nach links ist der 4 m hohe Wasserfall Sandfossen ausgeschildert), die sich sofort vom Fjord abwendet und uns innerhalb weniger Minuten in eine ganz anders geartete Landschaft hineinführt. Das schmale **Suldal** schneidet tief in die jetzt bis über

Route IV: Suldal

Bei Bjørheimsbygd hinter Tau

1400 m hoch aufragende Bergwelt, dichter Tannenwald bedeckt die Flanken und den schattigen Grund, wo der Suldalselv – ein bekannter Lachsfluß – über Katarakte seinen Weg sucht. Dann weitet sich die Kerbe, das Urwüchsige ist an die Flanken verbannt, – träge strömt der Fluß, teils seeartig verbreitet, durch Birken- und Koniferenhaine, vorbei an saftiggrünen Wiesen und Gehöften.

So geht es in ständigem Wechsel, bis bei Suldalsosen (s. unter ›Unterkunft‹), insgesamt 11 km hinter Sand, der Fluß endgültig zum See wird, ständig an Breite gewinnt, bald das halbe Tal ausfüllt und sodann, als Suldalsvatnet, auch das ganze – und zwar auf einer Länge von über 20 km. Auf beiden Seiten der blau-grün-schwarz schimmernden Wasserfläche ragen Ketten finsterer Felsskulpturen in den Himmel. Das Gestein kennt keine Lagen und Faltungen mehr, nur homogenes Dunkel. So mag mancher sich das frühgermanische ›Nifelheim‹ vorstellen, das Reich des Eises und der Kälte.

Dies also werden wir auf den folgenden 18 km von der R13 aus

Røldal

erblicken, sofern wir nicht durch meist unbeleuchtete Tunnel fahren, von denen es auf dieser Distanz gleich über ein Dutzend zu passieren gilt. Dann verläßt die Straße den See und zweigt nach links ins Brattlandsdal ab, das sich uns zu Anfang als steil ansteigende Klamm präsentiert, durch die ein Wildbach tosend zu Tal geht. Mit zunehmender Höhe weitet sich die nur wenige Meter breite Kluft und wird bald zum Hochtal, wie wir es ähnlich wild, ja ›trollhaft‹, noch nicht gesehen haben und auch schwerlich irgendwo anders sehen werden. Die Straße schlängelt sich durch Blockfelder, Steine in Hausgröße. Gischtmäntel unzähliger Wasserfälle hängen an steilen Flanken, und auf winzigen Balkonen, weltentrückt, gewahren wir hier und da Gehöfte, Einödhöfe im Sinne des Wortes, nur zu Fuß erreichbar, manchmal mit Lastenaufzügen ausgestattet. Einsam und ernst, über alle menschliche Vorstellungskraft hinweg, ist diese Landschaft hier.

Es ist, als sei man aus der Zeit herausgefallen, aber dann, jetzt im Hordaland, kommt ein See in Sicht, der Røldalsvatnet. Kurze Zeit später stoßen wir auf die (für norwegische Verhältnisse) stark befahrene R11. Das bringt uns in die Gegenwart zurück. Wir biegen nach rechts ab, Richtung Haukeligrend. Noch 9 km, dann (hinter einer Shell-Tankstelle) wieder rechts und geradeaus durch bis zur Stabkirche von **Røldal** (12. 6.–13. 8., tägl. 10–18 Uhr). Sie wurde im 13. Jh. errichtet, ist außen schlicht und schmucklos gehalten, doch im einschiffigen Innern, 1982 restauriert, prächtig anzusehen, Betrachtenswert ist das Kruzifix, so alt wie diese ehemalige Wallfahrtskirche selbst und früher für seine angebliche Heilkraft gepriesen.

Hotels: Hordatun Hotel, Røldal, ✆ 53 64 11 76 (Mittelklasse).

Camping/Hütten: Røldal Turistsenter, Røldal, ✆ 53 64 72 45 (direkt vor der Stabkirche gelegene Anlage mit Zimmervermietung, Hütten und großem Campingplatz, (15. 5.–15. 9.); Røldal Hyttegrend, Røldal, ✆ 53 64 71 33 (ganzjährig); Hagaminne Camping, Røldal, ✆ 53 64 72 51 (1. 6.–31. 8.); Hølen Camping, Røldal, ✆ 53 64 71 88 (1. 6.–15. 9.).

Touristeninformation: Røldal (an der R11 ausgeschildert), ✆ 53 64 72 59; (15. 6.–15. 8.). Hier auch Wanderinformationen; Røldal ist beliebter Ausgangspunkt für kleine und große Touren in die Fjellwelt der Hardangervidda.

An-/Weiterreise: Røldal ist per Bus mit allen Orten dieser Route verbunden, außerdem mit Haukeligrend (Ausgangspunkt Route VI) und Kristiansand (Ausgangspunkt Route III) sowie via R11 mit Oslo und – in die andere Richtung – mit Haugesund (von wo man z. B. wieder per Fähre nach Stavanger zurückkehren kann). Aber auch mit Odda und Kinsarvik bestehen Busverbindungen, ab dort mit Geilo/Hardangervidda, dem Numedal, somit mit allen Orten auch der nachfolgenden Route V.

Rings um und über die Hardangervidda
Die Hochfjellregion

Zum Gletscher Folgefonn entlang dem majestätischen Hardangerfjord nach Bergen, der Kulturmetropole des Landes, eine Fahrt mit der Bergenbahn, vorbei am Wasserfall Vøringfoss auf die archaische Steinwüste der Hardangervidda, durchs traditionsreiche Numedal von Stabkirche zu Stabkirche, zu den ewig rauschenden Wäldern der Telemark.

Ausgangspunkt ist **Røldal**, Ziel des Ryfylkevegen, dem die vorangegangene Route gefolgt ist, das sich – ringsum von hohen Bergen umgeben – als Basis für kleine, große und ganz große Wanderungen in die Fjellwelt anbietet. Während in die Wiesen des Hordadal, dem wir nun gen Westen folgen, schon ein vollständiges Ensemble norwegischer Gebirgsflora eingestickt ist und bereits der Flieder blüht, reichen Schneezungen noch bis an die vereisten Seen des Røldalfjells, auf das uns der spiralförmig ansteigende Hordatunnel bis fast in 900 m Höhe hinaufführt. Es ist eine Fahrt durch die Jahreszeiten, auch weit über die Baumgrenze hinaus, die wir am Ende zweier weiterer Tunnel, zusammen rund 10 km lang und von starkem Gefälle, wieder erreichen. Dieser Streckenabschnitt ist außerordentlich gut ausgebaut, und angesichts des extrem aufwendigen Straßenverlaufs verwundert es nicht, daß der Straßenbau jährlich rund 4 % des norwegischen Staatshaushaltes frißt, also fast so viel wie das Militär.

Sobald wir das Tageslicht wieder erblicken, gähnt der wilde steinige Schlund der Seljestad-Schlucht, die sich tief unten in die klaffende Kerbe des Austdal einschneidet – ein richtiger kleiner ›Grand Canyon‹ –, wohin es nun abschüssig hintergeht. Etwa 29 km hinter Røldal ist die Talsohle fast erreicht. Hier gabelt sich die Straße: während sich die R11 nach links wendet (s. unter ›Abstecher‹) Richtung Haugesund, zweigt die R13, der diese Route folgt, nach rechts ab. Wir biegen ein und stehen schon wenige Kilometer später dem zweiarmigen **Låtefoss** gegenüber, dessen beachtliche Wassermassen sich aus 165 m Höhe in den schmalen Grund des Austdal ergießen. – Ein beliebtes Fotomotiv, entsprechend lange kann hier die Parkplatzsuche dauern, und auch auf den folgenden 15 km bis Odda fällt es mitunter schwer, eine Nische fürs Fahrzeug zu finden, denn herrlich sind in diesem Abschnitt die Ausblicke auf die links aufragenden Bergmassive, über denen die bis zu 170 m mächtigen Eishauben des Folgefonn thronen. Dieser Gletscher, 37 km lang und bis 16 km breit, ist der drittgrößte Norwegens und kann mittels geführter (2-Tages-)Touren an

Steckbrief Route V

Routenverlauf: Røldal – Odda (R11/R13; 48 km) – Kinsarvik (R13; 60 km) – Eidfjord (R13/R7; 28 km) – Geilo (R7; 91 km) – Skurdal (R40; 15 km) – Seterdal (R40; 9 km) – Uvdal (R40; 21 km) – Numedal (R40; 21 km) – Kongsberg (R40; 95 km) – Heddal (R11; 37 km) – Haukeligrend (R11; 139 km)
Länge: ca. 564 km
Öffentliche Verkehrsmittel: Alle o. g. Städte sind untereinander sowie mit Oslo durch Buslinien verbunden.
Anschlußmöglichkeiten: von Route IV, mit Route VI und II.
Variante: 6 km von Kongsberg kann man das Numedal durch das Jondalen über die R37 verlassen, die sodann eine weite Schleife in die Hardangervidda beschreibt und schließlich nach Rjukan – Zentrum der Vidda und Ausgangspunkt für Wanderungen und Wintersport – führt (101 km). Von dort kann man (über mehr als 1200 m hoch gelegene Pässe) die R11 wieder bei Sauland (16 km westlich Notodden) erreichen (50 km) oder aber Åmot, ebenfalls an der R11 gelegen (65 km). Die erstgenannte Strecke ist empfehlenswert, da man so lediglich rund 50 km der hier beschriebenen Route verpaßt.
Abstecher: Bei km 29, wo die R13, der wir folgen, nach rechts abzweigt, lohnt für alle Liebhaber dramatischer Fjordlandschaft à la Ryfylkevegen ein Abstecher entlang der R11 bis zum Langfoss. Die Strecke bis zu diesem monumentalen Wasserfall mit einer Fallhöhe von über 500 m, der sich direkt neben der Fahrbahn in den Åkrafjord ergießt, mißt hin und zurück rund 70 km, für die man aber – dank extremer Straßenführung – rund 2–3 Std. reiner Fahrzeit ansetzen muß.
Von Kinsarvik (km 108; R13) oder Brimnes (km 126; R13) aus bestehen Fährverbindungen über den Eidsfjord, von dessen jenseitigem Ufer man landfest bis zur Hauptstadt des Fjordlandes, nach Bergen, gelangen kann. Der Weg je Strecke beträgt rund 125 km.

Route V: Odda

jedem Wochenende im Juli und August ab Odda erklettert werden; Anmeldung über das dortige Touristenbüro (s. u.).

Wo sich die Kerbe des Austdal in den weit ausladenden und rund 100 m tiefer gelegenen Trog des Sørfjord öffnet, liegt der 10 000 Einwohner große Ort **Odda**, der sich trotz zahlreicher industriebedingter Häßlichkeiten (Zinkhütten, Aluminiumwerke) großer Beliebtheit bei Touristen erfreut. Die Lage ist beeindruckend, in den Bergseen nahebei steht die Forelle, und die Wandermöglichkeiten sind schier unbegrenzt: Sei es auf/über die Hardangervidda oder über die Kvinnherad-Halbinsel, die sich – fast 1700 m hoch – zwischen Sørfjord, Hardangerfjord und Åkrafjord erstreckt und zu gut einem

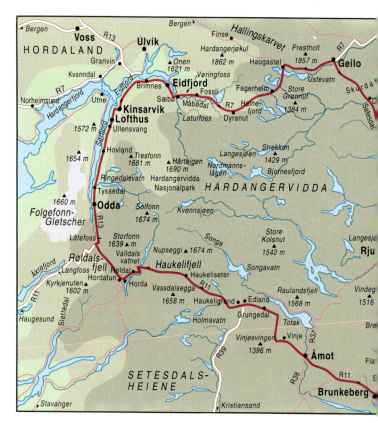

Odda

Fünftel vom Folgefonn-Gletscher bedeckt ist. Es lohnt sich, hier bzw. in der Nähe ein paar Tage zu verweilen. Wer knapp an Zeit ist, sollte sich zumindest einen Besuch des Buarbreen gönnen. Dieser Ausläufer des Folgefonn ist in einer einstündigen leichten Wanderung zu erreichen (kurz vor Odda, oberhalb des Zentrum, links ab Richtung Buar, 6 km, ab dort zu Fuß).

Hotels: Sørfjordheimen Hotel, Bustetungt. 2, ✆ 53 64 14 11 (Mittelklasse), Hardanger Hotel, Eitrheimsvn. 13, ✆ 53 64 21 33 (Mittel-/Komfortklasse).

Camping/Hütten: Odda Camping, ✆ 53 64 34 10 (1. 6.–31. 8); Hildal Camping, ✆ 53 64 50 30 (1. 6.–31. 8.).

Jugendherberge: Odda Vandrerhjem, Sørfjordheimen, Bustetungt. 2, ✆ 53 64 14 11; (1. 6.–31. 8.).

Touristeninformation: ✆ 53 64 42 55 (ausgeschildert).

An-/Weiterreise: Odda ist per Bus mit allen Orten der Route sowie mit Oslo, Stavanger, Haugesund und Bergen verbunden.

Unter Erzgondeln hinweg, an der Zinkhütte vorbei, geht es weiter, bis nach Kinsarvik. Rund 60 km folgen wir nun der Ostseite des Sørfjord, der ein Nebenarm des berühmten Hardangerfjordes ist und wie jener nicht felsumwandet, sondern von grünen Hängen flankiert. Zwar kann man immer wieder durch Quertäler Blicke auf die Eiszungen des Folgefonn erhaschen, sieht hohe Gipfel das Himmelsblau ritzen, aber bei alledem dominiert doch eher das Liebliche, das seinen prächtigsten Ausdruck gegen Ende Mai/Anfang Juni findet, wenn die rund 300 000 Apfel- und Pflau-

Route V

Kinsarvik/Lofthus

men-, Birnen- und Kirschbäume, die den Sørfjord zum Obstgarten Norwegens machen, in voller Blüte stehen. Im August/September wird geerntet, feilgeboten werden die Früchte dann im Straßenverkauf, aber schon im Juni und Juli machen ›Frukt‹-Schilder auf sich aufmerksam: dann nämlich stehen hier die überaus aromatischen Erdbeeren zum Verkauf. Eingeführt wurde dieser Erwerbszweig schon vor rund 900 Jahren, und zwar durch irische Mönche, die außer Gottes Wort auch die Setzlinge brachten.

An der Stelle, wo der Sørfjord über den Utnefjord in den Hardangerfjord übergeht, sich außerdem nach rechts in den Eidfjord öffnet, erstreckt sich an malerischer Bucht, gesäumt von Wald und Wiese, der Ort **Kinsarvik**, der sich ebenso wie das wenige Kilometer zuvor passierte Städtchen **Lofthus** als Feriendomizil anbietet. Beide Siedlungen wurden von Mönchen des Zistersienserordens im 11. Jh. gegründet und erfreuen sich aufgrund der Lage, der Angelmöglichkeiten im Fjord und der zahlreichen Wanderwege (ein Prospekt des Touristenbüros listet mehr als ein Dutzend Touren auf) schon seit über 100 Jahren großer Beliebtheit bei Touristen.

Auch Bootstouren werden organisiert, per Wasserflugzeug kann man die Fjorde und den Folgefonn aus der Vogelperspektive kennenlernen. Im Hardanger-Ferienpark bei Kinsarvik kommen nicht nur Kinder auf ihre Freizeitkosten, und das angrenzende Husedal ist für seine vier Wasserfälle bekannt. Hier war es auch, wo sich Edvard Grieg die Inspiration für seine Peer-Gynt-Suite holte, die er teilweise in Lofthus niederschrieb. Besichtigenswert ist die Kirche von Kinsarvik aus dem 12. Jh., eine der ältesten des Landes, (1. 5.–15. 9. tgl. 9–19 Uhr) sowie das Hardanger-Freilichtmuseum in Skredhaugen bei Lofthus, zu sehen sind insbesondere alte Gehöfte (1. 6.–20. 8., Mo–Sa 11–18 Uhr, So ab 12 Uhr).

Unterkunft Lofthus

 Hotels: Ullensvang Gjesteheim, ✆ 53 66 12 36 (preiswert); Hardanger Sommerhotel, ✆ 53 66 11 80 (preiswert/Mittelklasse; nur 1. 6.–31. 8.); Hotel Ullensvang, ✆ 53 66 11 00 (nobles Haus der Komfortklasse, u. a. auch mit einem voll verglasten Panoramaturm; hier wohnte schon Edvard Grieg).

 Camping/Hütten: Lofthus Camping, ✆ 53 66 13 64 (1. 5.–15. 9.).

Unterkunft Kinsarvik:

 Hotels: Harding Motel, ✆ 53 66 31 82 (preiswert); Kinsarvik Fjordhotel, ✆ 53 66 31 00 (Mittelklasse).

 Camping/Hütten: Bråvoll Camping, ✆ 53 66 35 10 (1. 5.–30. 9.); Kinsarvik Camping, ✆ 53 66 32 90 (15. 5.–15. 9.); Harding Camping og Hyttetun, ✆ 53 66 31 82 (Hütten ganzjährig, Camping 1. 6.–31. 9.).

Odda

Route V: Bergen

Touristeninformation: Kinsarvik, ✆ 53 66 31 12.

An-/Weiterreise: Lofthus und Kinsarvik sind per Bus mit allen Orten der Route verbunden, außerdem mit Oslo, Haugesund und Bergen. Ab hier verkehrt mehrmals tgl. eine Fähre via Utne nach Kvanndal an der E68, die nach Bergen führt.

Bergen, ›Norwegens heimliche Hauptstadt‹

Dramatisch sind alle Wege, die nach Bergen hinein führen, denn Berge sind es, die die als Bjørgvin, das will heißen:»"Weide zwischen Bergen«, schon im Jahre 1070 gegründete Stadt ummauern, und Fjorde, die diesen Teil des Landes eng umschnüren. Bis zum Jahre 1909 gab es keinerlei relevante Landverbindung mit dem Rest von Norwegen. Dann wurde die Bergenbahn (s. S. 181) errichtet, die auf ihrer 470 km langen Strecke von Oslo aus über 200 Tunnel durchquert, mehr als 300 Brücken und Gefällstrecken von bis zu 55 % überwindet. Ihre Eröffnung war ein Fest der Nation, und ein Fest für die Sinne ist es, sich auf dies rund neun Stunden währende ›Abenteuer auf festem Gleis‹ einzulassen. Alle Facetten Südnorwegens rauschen wie im Zeitraffer vorüber, und dominiert bis Gol noch das hügelige Waldland, so folgen bald dunkelgrüne Berghäupter, bis es hinter Geilo (s. S. 181) auf die horizontweit sich erstreckende Tundra der Hardangervidda hinaufgeht. Nach dem etwa 1220 m hoch gelegenen Finse hat der Hardangerjøkul (s. S. 175) die Kältesteppe fest im Gletschergriff, und gleißend breitet sich sein Weiß in der Sonne aus. Auf Voss zu wird die Landschaft sanfter, gewinnt Farbe, zeigt das satte Grün und Blau von Fjordland.

Auch auf Straßen kann man sich heute Bergen nähern, aber ohne Fähren geht es nicht, und ob man nun von Stavanger aus durch die Schluchten des Ryfylkevegen (s. Route IV) anreist oder über die archaische Steinwüste der Hardangervidda: stets ist es der Hardangerfjord, der zu queren ist. Kinsarvik dient uns dazu als Ausgangspunkt, und via Utne kann so zehnmal täglich der Ort Kvanndal am Nordufer des Hardangerfjordes erreicht werden. Schon während der rund 70 Minuten währenden Passage fällt der Fjord ins Auge, und auch während der folgenden 40 km entlang seiner Ufer bis Norheimsund präsentiert er sich voll geballter Wucht, von dichtem Wald bemäntelt und gesäumt von strotzenden Wiesen, mit schwer an ihrer Fruchtlast tragenden Apfelbäumen geschmückt.

Dieser verzehrende große Dreiklang von Wasser, Grün und Stein durchtönt ganz Fjordland, und in ihm hat dieses Land seinen Takt und sein Maß, wie man auch auf den folgenden 42 km bis Bergen, der Hauptstadt dieser Landschaft, gewahr wird. Sie steht im Ruf, die

Bergen

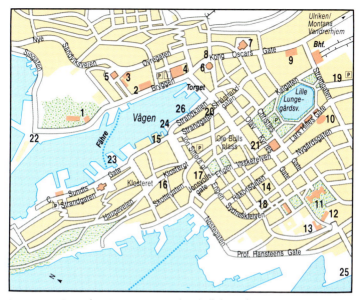

Bergen 1 Bergenhus-Festung mit Håkonshalle/Rosenkrantztårnet 2 Bryggen 3 Bryggens Museum 4 Hanseatisches Museum 5 Marienkirche 6 Kreuzkirche 7 Domkirche 8 Talstation Fløibanen 9 Lepramuseum 10 Grieghallen 11 Naturhistorisches Museum 12 Historisches Museum 13 Schiffahrtsmuseum 14 Bergen Gjestehus 15 Hotel Admiral 16 Kloster Pensjon 17 Kalmar Apartment & Pensjon 18 Rosenberg Gjestehus 19 Busbahnhof/Flughafenbus 20 SAS-Stadtbüro 21 Braathens SAFE 22 Fähren nach Großbritannien, Island und zu den Färöern 23 Fähren/Expressboote nach Stavanger/Sunnhordland 24 Expreßboote zum Sognefjord 25 Anleger der Hurtigroute 26 Ausflugsboote

»heimliche Hauptstadt Norwegens« zu sein, war sie doch lange Zeit die bedeutendste und größte des Landes sowie des gesamten Nordens und hatte bis gegen Mitte des 19. Jh. mehr Einwohner als Oslo. Die 221 000 Bergenser versuchen den Verlust der Vormachtstellung dadurch zu kompensieren, daß sie ihre Stadt als die schönste Stadt bezeichnen – nicht nur Norwegens. Und ihre Lage an der inneren Bucht des Byfjordes umrahmt von sieben Fjellhöhen ist sicherlich beeindruckend, wie auch von keiner anderen Stadt so viele große Gestalten des norwegischen Kunstschaffens ihren Ausgang nahmen, um den Begriff ›norwegische Moderne‹ in die Welt zu tragen.

Route V: Bergen

Nirgendwo sonst noch steht heute das kulturelle Leben in solcher Blüte wie hier, so daß der *civis bergensis* obendrein mit vollem Recht behaupten kann, seine Stadt sei auch die Kulturmetropole des Landes.

Die mit den meisten Sehenswürdigkeiten ist sie ebenso definitiv, und ihre berühmtesten finden sich fast allesamt am Ufer des Vågen, eines überaus günstig gelegenen Naturhafens, dem die Stadt ihre Gründung und auch spätere Machtentfaltung verdankt. Alle Fremdenführungen pflegen heute mit dem Besuch der Festung **Bergenhus** (1) zu beginnen, auf deren Gelände neben dem **Rosenkrantztårnet** (um 1560) auch die 1261 fertiggestellte **Håkonshalle** (tgl. 10–16 Uhr) jenes Königs Håkon IV. liegt, der 1250 einen Handelsvertrag mit Lübeck schloß und so der Deutschen Hanse den Weg zur Macht an den nordischen Küsten öffnete. Die Gilde der Lübecker ›Bergenfahrer‹ brach-

te Getreide, Salz, Malz und Bier als Tauschwerte für die in Europa immer begehrter werdende und von den Lofoten her kommende Fastenspeise Trockenfisch ins Land und schaffte es, ab 1294 auch mit einem Steuerfreibrief ausgestattet, in kurzer Zeit fast den gesamten Handel an sich zu reißen, ja bald einen Staat im Staat zu bilden. Bergen wurde bis zur Schließung des Hansekontors 1754 von Hansekapital regiert, und im Arbeits- und Wohnquartier der deutschen Kaufleute und ihrer Mitarbeiter, der berühmten **Tyske Bryggen** (2, Deutsche Brükke), oder einfach Bryggen am Hafen, herrschte hansisches, nicht norwegisches Recht.

Verschlossen wirkt die ehrwürdige Holzfassade der alten Kontore, die das dahinterliegende Labyrinth von Gäßchen, Stiegen, Galerien, Erkern und steinernen Kellerhäuschen nicht ahnen lassen, geschweige denn das ›süße Geheimnis‹ des obersten Prinzipals der im Zölibat geführten Männergilde: innen in seiner Schlafkoje schimmert die halbentblößte Büste einer Schönen. Pin-up aus dem Mittelalter, zu bestaunen im **Hanseatischen Museum**, (4, tgl. Juni–Aug. 9–17, Mai/Sept. 11–14 Uhr) am charmanten **Torget** (Marktplatz), dessen allmorgendlich stattfindender Gemüse-, Obst- und insbesondere Fischmarkt (Mo–Sa 8–16 Uhr) ein Hauptanziehungspunkt der Stadt ist. Nahebei, am Ende des alten Viertels, ist das für Mittelalterarchäologie zuständige **Bryggens Museum** (3, tgl. 10–17 Uhr) eingerichtet, neben dem die **Marienkirche** (5, Mariakirken; Mo–Fr 11–16 Uhr) ihren Platz hat, ein romanisch-gotisches Gotteshaus aus dem 12. Jh. und damit ältestes Gebäude der Stadt. Nur wenig jünger sind die **Kreuzkirche** (6, Korskirken; Mo–Sa 11–14 Uhr, Orgelkonzert Mi 11.45 Uhr), die

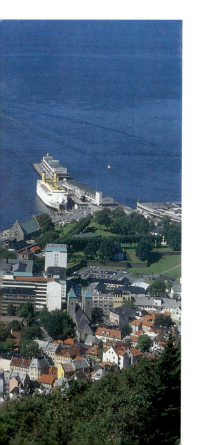

Blick vom Fløyen auf Bergen

später im Stil der Renaissance umgebaut wurde, sowie der **Dom** (7, Domkirken; Mo–Fr 11–14 Uhr), auf der Grundlage eines einschiffigen romanischen Baus errichtet.

Bei diesem kleinen Überblick über die Hauptsehenswürdigkeiten der Stadt wollen wir es bewenden lassen, aber abschließend nicht versäumen einzuladen, mit der Kabelbahn zum **Fløyen**, (8, 399 m; tgl. 8–23 Uhr) oder mit der Seilbahn zum **Ulriken** (642 m; tgl. 9–21 Uhr) hinzufahren. Dann liegt dem Betrachter die ganze Stadt zu Füßen, das Panorama ist von überwältigender Dramatik, und dies selbst dann, wenn über Bergen, dank bis zu 2000 mm Niederschlag pro Jahr auch der ›Hauptstadt des Regens‹, eine der hier bekannten 27 Regenarten niedergeht.

Hotels: Bergen Gjestehus, Vestre Torggate 20a, ✆ 55 31 96 66 (im Zentrum, gute Ausstattung, auch Kochmöglichkeit, Parkplatz; preiswert); Fantoft Sommerhotel, 5036 Fantoft, ✆ 55 27 60 00 (etwas außerhalb Zentrum, aber gute Busverbindungen; annehmbare Studentenwohnheim-Zimmer, kostenlose Parkplätze; angeschlossen Restaurant, Bar, Supermarkt; preiswert/Mittelklasse); Hotel Park Pension, H. Hårfagresgt. 35, ✆ 55 32 09 60 (altes Patrizierhaus, Parkplatz; komfortable Zimmer der Mittelklasse); Admiral Hotel, C. Sundtsgate 9–13, ✆ 55 23 64 00 (beste Adresse in Bergen, schmuckes Jugendstilhaus mit eigenem Anlegesteg; Komfortklasse).

Pensionen (preiswert): Fagerheim Pensjon, Kalvedalsvn. 49a, ✆ 55 31 01 72 (etwas außerhalb des Zentrums, einfache Zimmer, aber ungeheuer preiswert); Kloster Pensjon, Klosteret 12, ✆ 55 90 21 58 (im Zentrum wohl die günstigste Herberge); Kalmar Apartment & Pensjon, Jon Smørsgt. 11, ✆ 55 23 18 60; Rosenbergs Gjestehus, Rosenberggt. 13, ✆ 55 90 16 60 (alle Zimmer mit Dusche, WC, Kabel-TV, Radio und Telefon; Kaffee und Tee sind gratis).

Camping/Hütten: Bergen Campingpark, Haukås i Åsane (R1 nördlich Bergen), ✆ 55 24 88 08, ganzjährig geöffnet (auch Zimmervermietung, Café sowie Kiosk); Bergenshallens Camping, Vilh. Bjerknesvn. 24, Landås, ✆ 55 27 01 80, nur Juni–Aug. (5 km vom Zentrum, Bus Nr. 3); Paradis Sportssenter og Caravan Camping, Paradis/R1 (7 km vom Zentrum; Busverbindungen), ✆ 55 91 26 00, Mai bis August (auch für Zelte; direkt neben Bergens größtem Sportzentrum gelegen).

Jugendherberge: Montana Vandrerhjem, Johan Blydtsvn. 30, 5030 Landås, ✆ 55 29 29 00, geöffnet 1. 5.–30. 9. (ca. 5 km vom Zentrum, Bus Nr. 4; auch Einzel-/Doppelzimmer);

In Bergen brauchen selbst Gummistiefel manchmal Regenschutz

Bergen

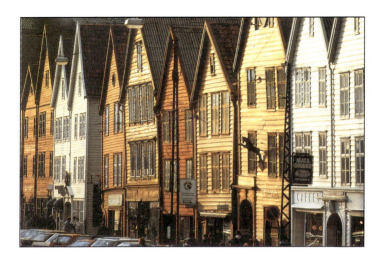

Tyske Bryggen

YMCY Interrail Center, Nedre Korskirkealm. 4, ✆ 55 31 72 52, geöffnet 15. 6.–31. 8. (viele Interrailer; Schlafsaal); Intermission, Kalfarvn. 8, ✆ 55 31 32 75 (Schlafsaal).

Restaurants/Cafés: Café Opera, Engen 24, ✆ 55 23 03 15 (›der‹ Treff in Bergen, gute Gerichte, sehr preisgünstig); Finnegårdstuene, Rosenkrantzgt. 5, ✆ 55 31 36 20 (im Bryggenviertel, traditionsreich, gutbürgerliche Küche, schöner Biergarten); Fiskekrogen, Zachariasbryggen, Fisketorget, ✆ 55 31 75 66 (vielleicht das gemütlichste Fischrestaurant der Stadt; auch zum draußen sitzen); Enhjørningen, Bryggen, ✆ 55 32 79 19 (das älteste Fischrestaurant der Stadt gilt als eines der besten in ganz Norwegen; elegant); Fløien Folkerestaurant, Fløyfjellet, ✆ 55 32 18 75 (hoch über der Stadt gelegenes Panoramarestaurant).

Nachtleben: Hulen Rock Club, Olav Ryesvei 47, ✆ 55 32 32 87 (in einem ehemaligen Luftschutzbunker untergebracht, gute Musik, oft live, billiges Bier; Mi/Do 20–1 Uhr, Fr/Sa 21–3 Uhr); Maxime Club, Ole Bullsplass, ✆ 55 90 22 23 (›die‹ Disko in Bergen; tgl. 21–3 Uhr); Banco Rotto, Vågsalmenning 16, ✆ 55 32 75 20 (elegante Tanz- und Pianobar mit der längsten Theke Norwegens: 36 m; geöffnet Mi–Sa 22–2.30 Uhr).

Informationsamt: Bergen Reiselivslag, Postboks 4055, Dreggen, 5023 Bergen, ✆ 55 31 38 60 (nur für schriftlich/telefonisch angefordertes Informationsmaterial zuständig).
Touristeninformation: an der Brygge, ✆ 55 32 14 80, geöffnet von Anfang Mai bis Ende September Mo–Sa 8.30–21 Uhr, So 10–19 Uhr (sonst Mo–Sa

Route V: Bergen

9–16 Uhr). Hier (oder im Hotel) nach der ›Bergen-Karte‹ fragen, mit der man in den Genuß zahlreicher Ermäßigungen kommt (u. a. bei Automiete, im Parkhaus) sowie auch freien Eintritt in viele Museen, Schwimmbäder hat, auch die Kabelbahn zum Fløyen kostenlos benutzen kann.

Autovermietung: Budget, Lodin Leppsgt. 1 (neben der Touristeninformation), ✆ 55 90 26 15; ein komplettes Verzeichnis aller Verleihstationen kann man bei der Touristeninformation bekommen.

 Zug: Bergen ist per Zug (Bergenbahn) mit Oslo verbunden. Zentralbahnhof, Strømgaten, ✆ 55 96 60 00 (Information) sowie ✆ 55 96 60 60 (Platzreservierung).

Bus: Verbindungen mit allen größeren Städten des Landes. Der

Am Hafen von Bergen

Bergen

Während des Hafenfestes in Bergen

zentrale Busbahnhof befindet sich in der Nähe des Bahnhofs, Strømgaten 8, ✆ 55 32 67 80.

Flugzeug: Tgl. u. a. von/nach Stavanger, Kristiansand, Sandefjord und Oslo nebst London, Paris, Amsterdam, Frankfurt, Hamburg, Kopenhagen und Stockholm. Der Flugplatz liegt rund 20 km außerhalb, Buszubringer ab Bryggen via Busbahnhof, Information und Reservierung über SAS im Zentrum (SAS Royal, Bryggen, ✆ 55 99 76 10) sowie am Flughafen (✆ 81 00 30 00); außerdem über Braathens SAFE (Olav Kyrresgt. 27, ✆ 55 23 55 23 bzw. – am Flughafen – ✆ 55 99 82 50) sowie Lufthansa (Flughafen, ✆ 55 99 82 30) und Norsk Air (Flughafen, ✆ 55 99 82 21).

Schiff: Fährschiffe verkehren auf den Routen nach Hanstholm/Dänemark (Fjord Line), Newcastle/England (Color Line), Aberdeen/Schottland (P & O Ferries), Island und den Färöer Inseln (Smyril Line) sowie nach Stavanger (Fjord Line).

Außerdem Expreßboote (nur Personen sowie auch Fahrräder) mehrmals tgl. auf den Routen von/nach Stavanger (mit HSD), Sunnhordland (mit HSD), Knarvik (mit BNR), Sognefjord/Flåm (mit SFR), Ytre Sogn sowie Selje und Årdalstangen (alle mit SFR).

Informationen sowie Platzreservierung über Color Line (Skuteviksboder 1–2, ✆ 55 54 86 60), Fjord Line (Hafen, ✆ 55 32 37 70, P & Ferries (über Color Line, s. o.), HSD (Strandkaiterminalen, ✆ 55 23 87 80), BNR (Nygårdstangen, ✆ 55 54 87 00), SFR (Strandkaiterminalen, ✆ 55 32 40 15).

Eidfjord und Norwegens berühmtester Wasserfall

Etwa 28 km sind es von Kinsarvik entlang des über 700 m tief abfallenden Eidfjordes zum gleichnamigen Städtchen. Die Landschaft in diesem Abschnitt ist schön –, von langgestreckten Höhenzügen dominiert, nicht mehr vergleichbar mit zuvor schon Gesehenem. Daß sich der Ort allergrößter Besucherzahlen erfreut, und das schon seit über 150 Jahren, ist seiner Lage am Fuße der Hardangervidda bzw. an der Öffnung der Måbødal-Schlucht zu verdanken, in die sich, 18 km viddaeinwärts, der Vøringfoss, der berühmteste Wasserfall des Landes ergießt.

Doch davon später, denn erst einmal sind wir in **Eidfjord**, und hier öffnet sich nach links das Simadal, durch das man mehrere Kilometer und vorbei an den (heute regulierten, dennoch prächtig anzusehenden) Wasserfällen Rembesdalfoss (300 m Fallhöhe) und Skykkjedalsfoss (250 m Fallhöhe) fahren kann.

Am Ende der Straße liegt das durchaus sehenswerte Sima-Kraftwerk (10. 6.–18. 8. tgl. Führungen um 10/12/14 Uhr), und dort auch beginnt ein markierter Wanderweg zum Fuß des 1862 m hohen und von einer mächtigen Eiskuppel bedeckten Hardangerjøkul. Führer für Gletschertouren sind über das Touristenbüro in Eidfjord zu bekommen, wo man sich auch über all die anderen (unzähligen) Wandermöglichkeiten sowie über das sonstige sehr umfassende Urlaubsangebot (z. B. Lachs- und Forellenangeln, Bootsfahrten, Rundflüge) der Stadt informieren kann.

Folgen wir nun der R7 in ihrem weiteren Verlauf, so fahren wir sofort hinter Eidfjord in die tiefe Kerbe des Måbødal ein, die auf den ersten Kilometern vom Eidfjordvatnet, einem felsgesäumten See, ausgefüllt wird. Wo dieser endet, liegt der Ort Sæbø (ab hier lohnende Abstecher nach rechts ins Hjølmodal zum 272 m hohen Valurfoss; nicht für Caravans), und hier finden wir auf einem Rastplatz den ersten von insgesamt sechs Informationspavillons. Die mehrsprachigen Aushänge vermitteln tiefgreifendes Wissen über Flora, Fauna, Geologie, Geographie und Geschichte des Tales sowie der Vidda und informieren auch darüber, wie man, was nur per pedes möglich ist, zum Fuß des Vøringfoss gelangen kann (1,5 Std. je Weg) sowie – über einen 1500 Stufen zählenden Treppenweg – hinauf aufs Plateau an die Schwelle des Wasserfalles. Noch einen anderen Weg gibt es dort hinauf, er ist für Fußgänger und Radfahrer geöffnet (Radverleih in Eidfjord), und er folgt der alten Trasse, die sich als serpentinenreicher Saumpfad in die Höhe zieht.

Die R7 verläßt das Måbødal mittels spiralförmig ansteigender Tun-

Der Vøringfoss

Route V: Vøringfoss

nels, auch dies ist aufregend ebenso wie das Ziel, der **Vøringfoss**. 182 m sind es, die die gewaltigen Wassermassen des Bjøreia auf ihren Weg ins Måbødal in freiem Fall zurücklegen. Hier wurden zahlreiche Aussichtspunkte angelegt, um das Naturschauspiel zu betrachten. Wir sind beeindruckt, und doch muß, was wir sehen, nur ein Bruchteil der ehemals zu Tal stürzenden Wassermassen sein, denn 1980 wurde der Fluß zwecks Stromerzeugung reguliert. Als Zugeständnis an die Touristen genehmigte das Storting in Oslo vom 1.6.–15.9. eine Mindestwasserführung von 12 m³, was während der Schneeschmelze viel weniger, in niederschlagsarmen Sommermonaten aber durchaus mehr ist als vor der Regulierung.

Unterkunft Eidfjord/Sæbø

Hotels: Kvamsdal Pensjonat, Eidfjord, ✆ 53 66 52 43 (preiswert); Bergslien Turistheim, Eidfjord, ✆ 53 66 51 26 (preiswert); Vøringfoss Hotel, Eidfjord, ✆ 53 66 55 00 (Mittelklasse); Eidfjord Gjestgiveri, Sæbø, ✆ 53 66 59 34 (preiswert).

Camping/Hütten: Kvernøya Camping, Eidfjord, ✆ 53 66 52 11; Bruheim Camping, Eidfjord, ✆ 53 66 52 90; Eidfjord Hyttegrend, Eidfjord, ✆ 53 66 53 40 (nur Hütten, 4 km vor Eidfjord); Sæbø Camping, Sæbø, ✆ 53 66 59 27; Myklatun Camping, Sæbø, ✆ 53 66 59 15.

Unterkunft Vøringfoss

Hotels/Pensionen: Liseth Pensjonat, ✆ 53 66 57 14 (preiswert); Fossli Hotel, ✆ 53 66 50 88 (Mittelklasse; direkt oberhalb des Wasserfalls gelegen).

Camping/Hütten: Garen Gård og Hyttesenter (nur Hütten), ✆ 53 66 57 21; Garen Camping, ✆ 53 66 57 25; Garen Hyttegrend (nur Hütten), ✆ 53 66 57 17.

Touristeninformation: Eidfjord, ✆ 53 66 51 77. Hier auch ausführliche Informationen über Wandern auf der Hardangervidda.

An-/Weiterreise: Eidfjord ist per Bus mit allen Orten der Route sowie mit Oslo, Bergen, Stavanger und Haugesund verbunden.

Droben im Ödland

»Droben im Ödland hat jede Jahreszeit ihre Wunder« (Knut Hamsun: »Segen der Erde«), aber immer und unveränderlich ist das Offensein nach allen Seiten sowie ein unablässig wechselnder, von Seewinden bewegter Himmel. Nur ganz selten fegt der Wind alle Wolken fort, insbesondere in den Augenblicken der Morgen- und Abenddämmerung kommt dies vor, und dann stehen rötlich die Berge vor einem Schleier von feinstem atmosphärischen Blau, zartblau schimmern die tausend Seen im hellbraun und -grünen Tundraland, während das Eis und die Schneefelder – bis tief in den Juli hinein zu beobachten – im sanften Weiß des Elfenbeins erscheinen.

Diese Zartheit der Farben vor den harten Konturen der Landschaft wirkt, als würde im Theater zu einem Bühnenbild von klassischer Ruhe eine tosende Symphonie von Beethoven gespielt. Und der Vøringfoss, direkt an der westlichen Abbruchkante der Vidda gelegen, fügt sich wirklich prächtig in dieses Bild ein, das wir nun rund

Land der ›weißen Kohle‹
Wasserkraft

Kein Schornstein ist zu sehen, kein giftig-gelber Kohlerauch; Kühltürme, umhüllt von Fahnen weißen Dampfes, sucht man vergebens, auch bedrohliche Reaktorbauten sind hier nirgends auszumachen. Da ist kein ekliger Geruch, ja nicht mal ein Geräusch – und dennoch gibt es viele, insbesondere Touristen, die noch immer reichlich Grund zum Nörgeln finden in diesem Land, das – einzigartig auf der Welt – fast seinen gesamten Energiebedarf durch ›weiße Kohle‹ deckt (sieht man von den 0,5 % ab, die durch industrieeigene Wärmekraftwerke beigesteuert werden).

Insgesamt 615 Wasserkraftwerke sind es, die Norwegen mit billigem und ›sauberem‹ Strom versorgen, über 300 davon zählen zu den ›Minis‹ mit einer Leistung von weniger als 10 Megawatt; lediglich 25 bringen es auf über 200 Megawatt. Selbst die Turbinen, die ja noch das Auge stören, versteckt man heutzutage tief im Fels, und so bleiben als Steine des Anstoßes ›nur‹ die regulierten Flüsse sowie Wasserfälle. Letztere sind zumeist – wenn zu den größten des Landes gehörig – ›gezähmt‹, werden aber im Sommer teils in ihre alte Wildheit entlassen, damit interessierte Besucher nicht auf den gewünschten Anblick verzichten müssen. Und immer noch hört man das Gemurre, denn die Hochspannungsleitungen verderben ja den sonst so schönen Video.

Beklagenswert kann man da zu Recht schon finden, daß sich die Norweger (die auch Strom exportieren, u. a. nach Rußland) aufgrund des im Übermaß vorhandenen, daher billigen Stromes zu hemmungsloser Verschwendung desselben hinreißen lassen, ja mit einem Verbrauch von 24 000 Kilowattstunden pro Jahr und Kopf den Weltrekord halten. Aber kann man es ihnen verübeln, wo doch Strom (rund 10,5 Pfennige/Kwh) so ziemlich das einzige ist, was hier billig ist, und die künstlich erzeugte Helligkeit zur Winterszeit im größten Teil des Landes die einzige Lichtquelle darstellt? – Wir taten es: aber das war, bevor wir nach Norwegen zogen.

Route V: Hardangervidda

91 km, bis Geilo, ständig vor Augen haben.

Schon das Durchfahren dieses mit nahezu 10 000 km² flächengrößten Hochplateaus von Europa ist unbedingt ein Erlebnis, aber keineswegs ein spektakuläres Vergnügen. Wer letzteres sucht, muß es sich erarbeiten, muß sich dem Himmel aussetzen und zu Fuß durch die (zu einem Drittel zum Nationalpark erklärte) Landschaft wandern, die gewissermaßen unter Wasser geboren wurde: Vor rund 600 000 Jahren nämlich überflutete das Meer das sich hier ursprünglich befindende Gebirge, hobelte es ab und hinterließ dabei eine dicke Sedimentschicht, die später – nach dem Rückzug des Meeres und der Kontinentalhebung – durch Erosion abgetragen wurde. Die Reste dieser Ablagerungen bildeten die Grundlage für eine Weidenwirtschaft in prähistorischen Zeiten (Teile der Vidda sollen früher sogar fest bewohnt gewesen sein), und noch heute sind auf der Vidda mehrere Seter (Almen) in Betrieb, grasen hier sommers etwa 30 000 Schafe nebst 2000 Ziegen, 1000 Rindviechern und geschätzten 12 000 wildlebenden Rentieren, die nur in Notzeiten – etwa im Zweiten Weltkrieg – domestiziert wurden; Eidfjord war damals Zentrum der Renzucht, woran das Stadtwappen, ein Ren, noch heute erinnert.

Radfahrer auf der Hardangervidda

Hardangervidda

Ausgangspunkte für Wanderungen:

Die Hardangervidda ist wie kaum eine andere Region in Norwegen geradezu prädestiniert zum Wandern – auch für Unerfahrene und Untrainierte: Es sind nur unwesentliche Höhenunterschiede zu bewältigen. Über 1200 km markierte Wanderwege durchziehen das Terrain wie ein engmaschiges Netz, und in angenehmen Abständen (rund 5–7 Std.) sind Übernachtungshütten eingerichtet, insgesamt über drei Dutzend, von denen zwölf bewirtschaftet sind.

Ausgangspunkt kann sein Eidfjord, ein anderer ist der Vøringfoss (s. o.), auch Geilo (s. u.) bietet sich an, aber am beliebtesten ist die bei km 20 (hinter dem Wasserfall) auf rund 1250 m Höhe an der R7 gelegene Dyranut Turisthytte (✆ 53 66 57 15) sowie die Halne Fjellstove (km 31, ✆ 53 66 57 12). In beiden Übernachtungsbetrieben (preiswert/Mittelklasse) kann man ausführliche Informationen abrufen, auch Führer mieten, und ab Halne werden auf den Halnefjord (1125 m) auch Bootstouren organisiert.

Bei Haugastøl (km 69) stößt die von Oslo kommende Bergenbahn an die R7 (zwei- bis dreimal tgl.). Es ist ein Erlebnis besonderer Art, im Zug über das Hochgebirge zu fahren. Vor allem die Strecke bis ins 30 Minuten entfernte Finse, zum höchstgelegenen Bahnhof Europas (1222 m). Hier, wo einst die Polarforscher Amundsen, Nansen und Scott ihre Ausrüstungen getestet haben, kann man auch übernachten (Hotel Finse 1222, ✆ 56 52 67 11; Mittelklasse), dann entweder per Bahn zurückfahren oder aber – eine Empfehlung – den Rückweg dorthin erwandern: 5–7 Std. währt die markierte und sehr einfach zu begehende Route zur Kræhkjahytta (bewirtschaftet), der ältesten Wanderhütte des Landes (von 1875). Etwa 3 bis 4 Std. sind es von dort noch bis Haugastøl. Wer einen weiteren Tag Zeit hat, kann von Finse aus in wenigen Stunden den Gletscherrand des Hardangerjøkul erreichen; der Weg ist markiert, auch ohne Führer zu begehen, wohingegen für Gletscherwanderungen Führer vorgeschrieben sind (Buchung über Hotel Finse 1222, s. o.).

Geilo – »Zermatt des Nordens«

Rund 90 km weit sind wir nun über die Hardangervidda dahingefahren, davon fast 60 km oberhalb der Baumgrenze und mit ständigem Rundumpanorama. Obwohl diese Strecke zu keinem Zeitpunkt Langeweile aufkommen ließ, freut man sich am Ende doch, daß nach und nach das Liebliche der tieferen Lagen wieder dominiert, daß sich plötzlich ein weites Wald- und Wiesental öffnet. Darin und 800 m hoch liegt Geilo, Norwegens bekanntester Wintersportort, aber auch im Sommer stets einen Aufenthalt wert. Wieder einmal sind es Wanderungen, die hierher locken – geführt oder selbst organisiert –, auch eine Fahrt mit der Bergenbahn ist unvergeßlich (s. o.), Flüsse bieten sich zum Angeln an, der Geilovatn kennt sogar einen Badestrand, das von hier nach Osten sich erstreckende Hallingdal ist für viele Abstecher gut (nicht missen sollte man den Ausflug zur Stabkirche von Torpo, 30 km je Strecke), und die touristische Infrastruktur schließlich ist ausgezeichnet – der Ort Geilo lebt beinahe ausschließlich vom Tourismus.

Hotels: Geilo Høfjellspensjonat, ✆ 32 09 00 36 (preiswert); Ro Hotell, ✆ 32 09 08 99 (preiswert/Mittelklasse); Solli Hotel og Turistsenter, ✆ 32 09 11 11 (Mittelklasse); Hotel Alpin, ✆ 32 09 05 44 (Mittelklasse); Geilo Hotel ✆ 32 09 05 11 (Mittel-/Komfortklasse); Bardøla Høyfjellshotel, ✆ 32 09 04 00 (Komfortklasse).

Camping/Hütten: Geilo Camping og Hytter, ✆ 32 09 07 33; Breie Camping, ✆ 32 09 04 12; Solli Turistsenter, ✆ 32 09 11 11.

Jugendherberge: Geilo Vandrerhjem, ✆ 32 09 03 00; (1. 6.–15. 9. und 1. 12.–30. 4.).

Touristeninformation: ausgeschildert, ✆ 32 09 13 00; hier – wie auch in der Jugendherberge – Wanderinfos (Wanderführer).

An-/Weiterreise: Geilo ist per Bus mit allen Orten dieser Route verbunden, außerdem mit Oslo (auch Bahn), Bergen (auch Bahn), dem Hallingdal (auch Bahn), Stavanger und Haugesund.

Landschaft und Kultur schön vereint

Vier Bauerntalungen sind es, die wir auf unserem 162 km langen Weg bis hinunter nach Kongsberg passieren, und sie alle – U-förmig im Aufbau – sind auf die Erosion der eiszeitlichen Gletscherströme zurückzuführen. Seit alter Zeit stellen sie die eigentlichen Siedlungs- und Kulturinseln zwischen den fast menschenleeren Wald- und Fjellregionen im Osten der Hardangervidda dar. Noch bis zu Beginn unseres Jahrhunderts waren das Skur- und Seter-, Uv- und Numedal vom Rest des Landes relativ abgeschlossen. Dieser Isolation ist es auch zu verdanken, daß sich hier eine eigene und noch heute faßbare Bauernkultur entwickeln konnte, deren offensichtlichste Ausprägung die unzähligen und teils jahrhundertealten Gehöfte sind, die mit ihren Speichern und Schuppen – aus mächtigen Kieferstämmen gefügte Blockbauten – insbesondere die sonnenexponierten Hanglagen der Täler schmücken. Freilichtmuseen erlauben dem Reisenden, das einstige Leben in diesen Tälern kennenzulernen, auch zwei Stabkirchen liegen am Weg.

Wir verlassen Geilo und damit das Hallingdal, passieren noch mehrere idyllisch gelegene Campingplätze und Hüttenanlagen und

Seterdal

Im Seterdal bei Dagali

kurven auf serpentinenreicher Strecke wieder bis auf 1100 m Höhe hinauf, sodann hinunter ins muldenförmige **Skurdal**, dessen dichter Waldbestand zwei romantisch gelegene Seen verbirgt.

 Camping/Hütten: Skurdalen Camping, ✆ 92 09 47 17; Lia Fjellstue, ✆ 32 09 47 00.

Auch der Weg aus dem Tal hinaus führt über eine Paßhöhe (1063 m), jenseits dieser öffnet sich das **Seterdal**, dessen Waldflanken in sanftem Schwung aus dem Wiesengrund aufsteigen. In der Mitte blaues Wasser, verstreut liegende Gehöfte – ein wohltuendes Bild, das durch einen Besuch im 1 km von der Hauptstraße entfernten Dagali Bygdemuseum (Freilichtmuseum mit alten Bauernhäusern und Speichern: insgesamt zehn Gebäude) abgerundet wird. Wer das Landschaftserlebnis mit einem kleinen Abenteuer koppeln will, sollte Dagli Rafting (✆ 32 09 38 20) kontaktieren, eine Organisation, die zwischen Juni und September Fahrten mit dem Wildwasser-Schlauchboot anbietet.

 Hotel: Dagali Hotel, ✆ 32 09 37 00 (Mittelklasse).

 Camping/Hütten: Zwei kleine Campingplätze mit Hüttenvermietung in schöner Umgebung am Wildbach (Ortsausfahrt). Außerdem die Torsetlia Fjellstue (✆ 32 74 36 81) auf dem Sigridfjell zwischen Seterdal und Uvdal auf 1100 m Höhe gelegen.

Wir ahnen es schon: auch aus dem Seterdal führt nur ein Paß hinaus, und dieser ist mit 1100 m der höchste, aber auch letzte auf der Strecke. Oben spannt sich eine sanft gewellte und von zahlreichen Seen, Teichen, Tümpeln durchglitzerte Tundraebene in einen Rahmen aus modelliert scheinenden Bergen. In solcher Landschaft, die alle Skalen von Grün und Blau und Braun durchläuft, liegt einsam die Torsetlia Fjellstue. Nur ein paar Kilometer weiter und da, wo sich unter uns ein langgestrecktes Trogtal öffnet, ziehen sich die überaus romantischen Blockhütten des Uvdal

Route V: Uvdal/Numedal

Hyttesenter (s. u.) den Hang hinauf.

Steil geht es nun in diesen Trog hinab, der, je tiefer wir fahren, um so intensiver landwirtschaftlich genutzt wird. Ganz unten, auf 460 m Höhe, finden wir uns in überaus idyllischer Wald-, Feld-, Wiesen- und Flußlandschaft wieder. Weidenbäume hängen ihre Haare ins Wasser und vermögen in Verbindung mit den uralten Bauernhöfen rings herum ans Mittelalter zu erinnern. Auch der Zentralort des Tales, **Uvdal**, präsentiert sich, zumindest von der Ferne, wie ein Stück von gestern: Über hohe Bäume hinaus ragt der schindelgedeckte und mit Drachenköpfen geschmückte Turm der Dorfkirche. Beim Näherkommen dann offenbart sich, daß das Gotteshaus nur im stabkirchenähnlichen Stil erbaut, keineswegs aber mittelalterlich ist (1893). Ein Schild – ›Stavkirke‹ – weist gegenüber nach links den Hang hinauf. Folgen wir diesem, so erreichen wir nach 4 km die hoch über dem Tal in wunderschöner Lage aufragende (echte) Stabkirche von Uvdal inmitten eines Dorfes, das ausnahmsweise nicht wie ein Freilichtmuseum anmutet. Erbaut wurde die Kirche im 12. Jh., ihr Inneres ist mit Rosenmalerei verziert; sonst lenkt kein Schmuck den Blick ab. So schlicht und bäuerlich sich das Gotteshaus auch präsentiert, so stimmungsvoll ist es doch gleichzeitig (geöffnet 1. 6.–31. 8. tgl. 10–18 Uhr).

 Camping/Hütten: Uvdal Hyttesenter, ✆ 32 74 37 73 (s. o.; nur Hütten); Bjerkeflåta Hytte og Camping, ✆ 32 74 36 04; Røisland Hyttesenter og Camping, ✆ 32 74 30 57; Uvdal Camping, ✆ 32 74 31 08.

 Jugendherberge: Uvdal Vandrerhjem, ✆ 32 74 30 20; (1. 6.– 1. 9.).

 Touristeninformation: in Rødberg, 10 km südlich, ✆ 32 74 13 90.

Die Region der hohen Berge liegt nun endgültig hinter uns bzw. wird von den das Tal säumenden Waldrücken verdeckt. Wir passieren Rødberg, Zentralort des Uvdal und des nördlichen **Numedals**, wie der Talzug hier genannt wird, aber dieser Ort bietet außer dem 1927 im spätklassizistischen Stil erbauten Kraftwerk Nore 1, das doppelt so lang ist wie das Schloß in Oslo, keine Vorzüge (wegen Bauarbeiten z. Zt. keine Führungen, sonst im Sommer um 10, 12 und 14 Uhr).

Von nun an bis Kongsberg ist der (überaus lachs- und forellenreiche) Numedalslågen, dessen Wasser die Turbinen von Nore 1 in Schwung halten, unser ständiger Begleiter. Mal ist er schmal und wild, dann wieder ein breiter Strom oder ein langgestreckter See. Er setzt der Landschaft das i-Tüpfelchen auf und ist prächtige Kulisse für die

---

Am Eidfjordvatn

schindelgedeckte Stabkirche von Nore, die wir 19 km später erreichen (2 km abseits der R40, ausgeschildert; 10. 6.–20. 8. tgl. 10–18 Uhr). Charakteristikum dieser 1992 restaurierten Kirche aus dem 12. Jh. ist die runenverzierte Mittelsäule, um die der einschiffige Raum angeordnet ist.

Statt sofort zur R40 zurück, folgen wir dem an der Kirche vorbeiführenden Weg, der nach rund 8 km bei Kravik wieder auf die Hauptstraße mündet. Hier findet man einige mittelalterliche, noch bewohnte Häuser, die unter Denkmalschutz stehen. Das Tal wird nun zunehmend landwirtschaftlich genutzt, von so manchem alten Gehöft geschmückt und ist bilderbuchschön – aber eben doch nicht mehr in solchem Maße wie im oberen Abschnitt. So fahren wir zügig dahin, passieren die kleine Industriestadt Flesberg mit einem stabkirchenähnlichen Gotteshaus (dem man leider ein Wellblechdach verpaßt hat) und erreichen nach weiteren 31 km Kongsberg.

Silberstadt Kongsberg

Es war einmal ein Ochse, der stocherte mit seinen Hörnern im Bodem herum und legte dabei eine Silberader frei. – So geschehen 1623, zumindest der Sage nach, und ein Jahr später, dies ist verbürgt, erfolgte an dieser Stelle die offizielle Gründung der Stadt Kongsberg durch den Dänenkönig Christian IV. Grube um Grube wurde nun in die Erde getrieben – insgesamt über 300 Stück, eine gar bis in 1070 m Tiefe –, bald schon wurden über 8 t reines Silber pro Jahr gewonnen. Gegen Mitte des 18. Jh. hatte sich Kongsberg, dem Status nach eine freie Bergstad, mit rund 10 000 Einwohnern zur zweitgrößten Stadt des Landes (nach Bergen) entwickelt und war gleichzeitig die mit dem größten Anteil deutschstämmiger Bewohner. Die Bergleute aus dem sächsischen Raum, vom König wegen ihrer hohen Qualifikation ins Land geholt, stellten über Jahrzehnte hinweg sogar den Bürgermeister. So mancher Grubenname – etwa ›Gottes Hülfe‹, ›Haus Sachsen‹ – erinnert noch an jene Zeit, in der aber bereits der Niedergang begann, da die Ergiebigkeit der Minen abnahm. Insgesamt wurden hier bis zur Stillegung der Gruben im Jahre 1957 rund 1350 t Silber gewonnen.

Heute leben der Ort und seine 22 000 Einwohner von anderen Industrien (insbesondere der Kongsberg-Waffenfabrik) sowie vom Tourismus, denn das **Bergwerksmuseum** in der alten Schmelzhütte ist eine industriegeschichtliche Sehenswürdigkeit ersten Ranges. Es vermittelt umfassende Informationen zur Entwicklung der Bergarbeit durch 335 Jahre, erfreut außerdem mit einer umfangreichen Silber- und Mineraliensammlung.

Auch ein **Skimuseum** ist angeschlossen, womit der Ort an die ›Goldene Ära‹ der Kongsberger

Kongsberg

Gehöft am Lågan-Fluß in Kongsberg

Skispringer erinnert, die zwischen 1930 und 1950 die besten der Welt waren und über 5000 Preise und Medaillen einheimsten (die alle ausgestellt sind). Birger Ruud und Petter Hugsted, die ›Großmeister‹, arbeiten hier als Touristenführer (an den Hauptstraßen ausgeschildert, 18. 5.–31. 8. tgl. 10–18 Uhr, sonst 12–16 Uhr).

Einen Besuch wert ist die weithin sichtbare **Kirche** von Kongsberg am Kirketorget über dem Numedalslågen, die von einem deutschen Oberberghauptmann entworfen und 1761 errichtet wurde. Mit 2400 Sitzplätzen gilt sie als die größte des Landes und ist prächtig ausgeschmückt (18. 5.–31. 8. Mo–Fr 10–16 Uhr, Sa bis 13 Uhr, So 14–17 Uhr). Auch ein **Volksmuseum** befindet sich hier, dessen Freilichtabteilung 22 Häuser aus dem Uv- und Numedal umfaßt und auch über alte Handwerksberufe informiert. Es beherbergt u. a. das einzige **Optikermuseum** des Landes (18. 5.–31. 8. tgl. 11–17 Uhr).

Etwa 7 km außerhalb der Stadt, am Weg nach Notodden, den auch wir im weiteren Verlauf der Route nehmen werden, kann man in die alten **Silbergruben** von Saggrenda (›De gamle gruver‹) mit dem Grubenzug einfahren. Bis zu 2,3 km weit dringt man in die Stollen der Königsgrube vor, und wer die Untertagewelt hautnah erleben möchte, kann an geführten, 5 km langen Touren teilnehmen. Zugabfahrten zwischen dem 18. 5. und 31. 8. um 11/12.30/14 Uhr, 1. 7.–15. 8. zusätzlich um 15.30 Uhr; Dauer

1,5 Std., warme Kleidung ist mitzubringen, die Temperatur beträgt 6 °C. An einer Grubenwanderung inklusive Mahlzeit kann man zwischen dem 1. 7. und 15. 8. an jedem Donnerstag um 17 Uhr teilnehmen; maximal 15 Personen, Anmeldung über das Touristenbüro (s. u.).

Hotels: Inter Nor Grand Hotel, Chr. Augustsgt. 2, ✆ 32 73 20 29 (Mittelklasse); Gyldenløve Hotel, Herm. Fossgt. 1, ✆ 32 73 17 44 (Komfortklasse).

Camping/Hütten: Skavanger Camping, 1 km nördlich vom Zentrum an der R40, ✆ 32 73 20 31.

Jugendherberge: Kongsberg Vandrerhjem, Vinjesgt. 1, ✆ 32 73 20 24; ganzjährig.

Touristeninformation: Storgaten 35 (ausgeschildert), ✆ 32 73 50 00; ganzjährig, Mo–Fr 9–16.30, Sa 10–14 Uhr, vom 20. 6.–31. 8. Mo–Fr 9–19, Sa/So 10–17 Uhr.

Bahn: Kongsberg liegt an der Bahnlinie Oslo – Stavanger, der Bahnhof befindet sich direkt im Zentrum gegenüber der Touristeninformation an der Storgaten.

Bus: Kongsberg ist mit allen Orten der Route verbunden, außerdem u. a. mit Oslo, Drammen, Larvik, Kristiansand.

Typische Telemark-Landschaft zwischen Heddal und Flatdal

»Norwegen in der Nußschale« Durch die Telemark

Mit der Telemark, die sich von der Küste des Skagerrak bis weit hinein ins Gebirgsmassiv der Hardangervidda erstreckt, hat es eine besondere Bewandtnis. Sie bietet gesammelt all die Eigentümlichkeiten des Landes, wird eben drum »Norwegen in der Nußschale« oder auch »Norwegen en miniature« genannt. Auf der hier anstehenden Route wollen wir diese Landschaft von Ost nach West durchqueren. Und in der Tat mutet die insgesamt 176 km lange Strecke wie eine Zusammenfassung dessen an, was wir bisher schon gesehen haben. Es locken fruchtbare Ebenen und dichter Wald, schweigsame Seen und wil-

de Ströme, Täler eng und weit, Hügel und Berge, immer wieder Berge und schließlich, gegen Ende zu, auch Gebirgskämme, kahl, karg und schneebehangen; nur Küstenbilder fehlen.

So wollen wir nachfolgend darauf verzichten, ausführlich zu beschreiben was die Landschaft ausmacht, denn es müßte ja zwangsläufig Wiederholung sein. Die Fahrt selber freilich wird nicht als Wiederholung empfunden, denn auch, wenn alles, was sie bietet, schon mal da war, stürmt es hier in so schnellem und ständigem Wechsel auf den Betrachter ein, daß der Gedanke an Langeweile nicht aufkommt.

Wir verlassen Kongsberg in Richtung Notodden, passieren bald die Abzweigung zu den Silbergruben (s. o.) und finden uns sodann in waldreicher Mittelgebirgslandschaft wieder, die wir bis Notodden durchfahren. Hier riecht es übel, denn der Ort ist Zentrum der holzverarbeitenden Industrie. Beliebte Fotomotive findet man hier trotzdem. Am Seeufer, das wir passieren, ist oft vor lauter Holz in Floßform das Wasser nicht mehr zu sehen. – Millionen Stämme sind es, die ihren Weg in die Fabriken nehmen, um zu Papier aller Sorten verarbeitet zu werden.

Nach 10 km erreichen wir **Heddal**, wo sich die größte Stabkirche des Landes befindet. Dank zweier Dachreiter ist sie unverwechselbar, auch unverwechselbar schön. Der ungemein anmutige Bau aus alter

»Himmelsschiffe vor Anker«

Stabkirchen

Durch winzige Plankenlöcher fallen gelbe Lichtbündel schräg in den hohen Raum. Tanzende Muster auf hölzernen Säulen, fahles Licht auf Drachenformen. – Seltsam berührt es, in einer Stabkirche zu weilen, zumal allein und bei Regen und Sturm, der dem lauschenden Besucher dann nie gehörte Götternamen ins Ohr raunt. Wie sehr muß das ›lebende‹ Innere dieser Stätte jene frühen Christen beeindruckt haben, als der Glaube an Thor (= Donnergott) und Odin (der höchste unter den Göttern), Geister und Dämonen noch tief in den Menschen verwurzelt war.

Dies zeigt sich an den heidnischen Stilelementen, die in der Sakralkunst der Stabkirchen ihren Ausdruck gefunden haben. Da gibt es Portale, die das Mythenleben germanischer Helden feiern, kopfverzierte Ständer, die an archaische Pfahlgötter erinnern, Bildsäulen, die wir als Odinsmale erkennen. Die ganze Edda – das aus Heldengesängen und Götterliedern bestehende Hauptwerk der altnordischen Literatur – ist hier im Schnitzbild lebendig geblieben, und auch die Kunst der Schmiede, die die Türen mit so gar nicht christlich anmutenden Rankenmotiven (z. B. Drachen und Blumenornamente) beschlugen, kommt hier zur Geltung. Eigenartig auch das Bild der äußeren Architektur, erinnern die Bauten doch – kurz und konzentriert im Grundriß, dann steil gestaffelt über Schindeldächer und von Drachenköpfen gekrönt – eher an exotische Pagoden oder auch an stolze Wikingerschiffe, die dahingleiten. Letztere Assoziation führte dazu, daß Stabkirchen als an »Land gestiegene Wikingerschiffe« bezeichnet wurden, als »Himmelsschiffe vor Anker«, sichtbarer Ausdruck eines Volkes, das seinem Fernweh und Tatendrang nachgab, um die Welt zu erkunden.

Die Konstruktion der Stabkirchen offenbart sich erst im Innern. Senkrechte Masten (stav = Masten, Stock oder Pfosten) erheben sich von starken Bodenschwellen, umrahmen den rechteckigen Kern der Kirche, an den sich Chor und Apsis anschließen, und tragen das Satteldach des überhöhten Mittelbaus. Klug durchdachte Anordnungen von Klemmbalken, Rahmenhölzern und Andreaskreuzen stabilisieren das bauliche Gefüge, dessen Konstruktionselemente im traditionellen Schiffsbau der Wikinger ähnlich verwendet wurden.

Genial müssen sie gewesen sein, die Zimmerleute des Mittelalters, die zwischen dem 11. und 14. Jh. über 700 solcher Gotteshäuser meist

Stabkirchen

Die Stabkirche von Heddal

im Süden ihres Landes errichteten. Dann warf der schwarze Tod das Leinentuch über Norwegen; erst 200 Jahre später wurden wieder Kirchen gebaut. Seinerzeit, nach der Reformation, freilich in anderer Art. Um 1800, man zählte nur noch etwa hundert Stabkirchen, weitere fielen der Axt zum Opfer, erfuhr diese mittelalterliche Architektur eine neue Wertschätzung und man ging daran, zu retten, was zu retten war. – Nur 31 Kirchen sind der Nachwelt erhalten, und lediglich 21 stehen noch dort, wo sie einmal errichtet wurden. Heute gelten die Stabkirchen, die in der sakralen Holzbaukunst die höchste Entwicklungsstufe markieren, als der originale Beitrag Norwegens zur Architekturgeschichte der Welt, und sie sind allemal einen Besuch wert.

Route V: Heddal

Zeit, »Kathedrale aus Holz« wird sie genannt (wahrscheinlich Mitte des 17. Jh.), scheint uns vielmehr nach dem Maße des Göttlichen als viele andere monströse Kathedralen. Der geschnitzte Portalrahmen ist eine Huldigung an die Schönheit, im Dämmer des Schiffs leuchten strahlend der Chor und ein mächtiger Holzsessel.

Die folgenden 40 km stehen im Zeichen einer reizvollen Waldlandschaft, Täler – weit und schmal oder eng wie Schluchten – führen hindurch, auch weite Panoramen mit tiefblauen Wassern gibt es vereinzelt. Dann, nach nunmehr 76 km hinter Kongsberg, blicken wir aus großer Höhe auf den malerischen Feld- und Wiesentrog des

Flatdal

Flatdal hinab. Der Ort Seljord schließt sich an. Wild und immer wilder wird die Landschaft, und daß die Tokke-Kommune, die wir nun durchfahren, den Bären im Wappen trägt, kommt nicht von ungefähr. Notorische Schnellfahrer sollten auch wissen, daß die statistische Wahrscheinlichkeit, in Norwegen einen Elch vor die Stoßstange zu bekommen, im Abschnitt zwischen Seljord und Åmot am größten ist.

Wechselvoll und geradezu zauberhaft sind auch hier die Perspektiven der Telemark, in der wir 14 km hinter Åmot das Örtchen Vinje passieren, das mit seinem See, seinen kleinen Holzhäusern im Saum von Mooren, Wiesen und Waldflanken in einem Märchen von Astrid Lindgren beschrieben sein könnte. Mehr nach Rübezahls rauhem Gelände ist dann das letzte Wegstück bis **Haukeligrend** geartet, denn überall kommt jetzt der nackte Fels ins Bild, wild verdrehte Kiefern, während der Ort selbst (s. auch nachfolgende Route), im malerischen Grungedal gelegen, sozusagen die letzte liebliche Stätte ist.

Ob wir nun weiterfahren nach Røldal, zum 20 km entfernten Ausgangspunkt unserer Route, oder ob wir hier abbiegen Richtung Setesdal, wie nachfolgend beschrieben: stets sind es kahl ausgreifende Höhen bis und über tausend Meter hoch, die uns erwarten. Der Kreis rings um die Hardangervidda hat sich geschlossen.

Hotels (preiswert bis Mittelklasse) – die Nennung folgt (wie die nachfolgenden Infos) dem Streckenverlauf: Hotell Telemark, Notodden, ✆ 35 01 20 88; Nutheim Gjestgiveri, Flatdal, ✆ 35 05 21 43; Vinje Turisthotell, Vinje, ✆ 35 07 13 00. In Edland: Botn Skysstasjon, ✆ 35 07 05 35; Hukeliseter Fjellstue, ✆ 35 07 05 15; Vågslid Høgfjellshotel, ✆ 35 07 05 85; Haukeli Motell, Haukeligrend, ✆ 35 07 02 14.

Camping (zumeist auch Hüttenvermietung): In Notodden: Notodden Camping, Resjemvn. 46, ✆ 35 01 33 10; Ørvella Camping, ✆ 35 02 27 03. In Hjartdal: Kåsa Hyttepark, ✆ 2 48 74; Mælandsmo Hytteutleie, ✆ 35 02 48 23 (15. 5.–1. 10.). In Seljord: Gravikstrondi Camping, ✆ 5 29 12; Seljord Camping, ✆ 35 05 04 71. Groven Camping/Hyttegrend, Vinje, ✆ 35 07 14 21 (ganzj.); Grungedal Camping, Grungedal, ✆ 35 07 27 16 (ganzj.). In Edland: Edland Camping, ✆ 35 07 02 08; Haugland Camping, ✆ 35 07 02 79 (1. 5.–1. 10.); Haukeli Hyttecamping, ✆ 35 07 02 28.

Jugendherberge: Grungebu Vandrerhjem, Vinjesvingen/Vinje (km 154), ✆ 35 07 27 65.

Touristeninformation: Notodden (Towel 3, ✆ 35 01 35 20, ganzj.); Seljord (✆ 35 05 06 18; 15. 6.–13. 8.); Brunkeberg (✆ 35 05 42 50, ganzj.); Vinje (Vinje Krog og Veigrill, ✆ 35 07 13 00, 15.6.–15.8.); Haukeli/Edland (✆ 35 07 03 67, 15.6.–1.9.).

An-/Weiterreise: Alle Orte am Routenabschnitt sind per Bus miteinander sowie mit Kongsberg und Oslo verbunden, ab Haukeligrend bestehen Anschlußmöglichkeiten nach Kristiansand, Haugesund, Stavanger.

Eine urnorwegische Landschaft
Das Setesdal

Entlang der Otra durch das ›Märchental des Südens‹, zu den Freilichtmuseen Huldreheimen und Rygnestad, baden am Byglandsfjord, einem der lieblichsten Seen der Region.

Im Setesdal, so sagen die Prospekte, sind die bäuerlichen Traditionen in ihrer ursprünglichen Form bewahrt, und so ist das ›Märchental des Südens‹ für die meisten Fremden ein norwegisches Zauberquintett aus grasgedeckten Bauernhöfen, Trachten, Volkstanz und -musik, verbunden mit der Vorstellung von großen Naturschönheiten. Wirklichkeit und Klischees über diesen mehr als 200 km langen Talzug der Otra haben einen Mythos geschaffen, der jedes Jahr viele Hunderttausend Besucher anlockt. Aber auch ohne Tourismus hätten die Jahre seit 1938, als das bis dato isolierte Tal mittels einer Straße erschlossen wurde, genügt, um die alten Bräuche untergehen zu lassen, die schönsten der alten Häuser und die trefflichsten Zeugnisse der Rosenmalerei ins Volkskundemuseum von Bygdøy oder Kristiansand zu verpflanzen. Empfehlungen im Vierfarbdruck führen auf den Weg zu folkloristischen Veranstaltungen. Die Trachten sind als Dienstkleidung den angestellten Berufstänzern vorbehalten.

Das muß man wissen, um nicht enttäuscht zu werden; schraubt man seine Erwartungen zu hoch, wird dies unweigerlich der Fall sein. Tatsache ist, daß man noch häufig, aber längst nicht mehr überall außerhalb der zahlreichen Heimatmuseen die jahrhundertealten Bauernhöfe mit Grasdach finden kann, die Landschaft alle Abstufungen von furchteinflößend wild bis märchenhaft lieblich kennt, noch keine Industrie ins Tal gezogen ist, und jeder Urlauber – ob er nun baden oder Boot fahren, angeln, wandern oder schlicht entspannen will – auf seine Kosten kommen kann.

Von den Heiene ins »Märchental«

Ausgangspunkt unserer Fahrt durch das Setesdal ist Edland/Haukeligrend. Ein Schild, ›Evje/R39‹, markiert die Richtung. Etwa 100 m nach dem Abzweig weist rechts eine Infotafel auf den ›Gamlevei‹ hin, einen an steilen Felswänden

Route VI

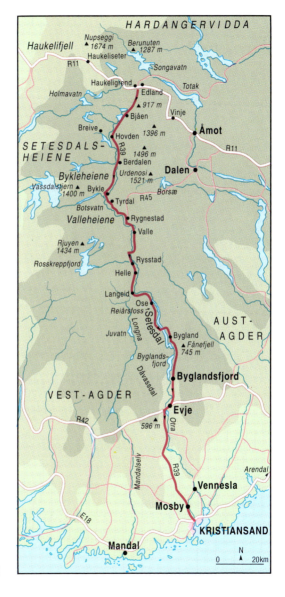

Route VI

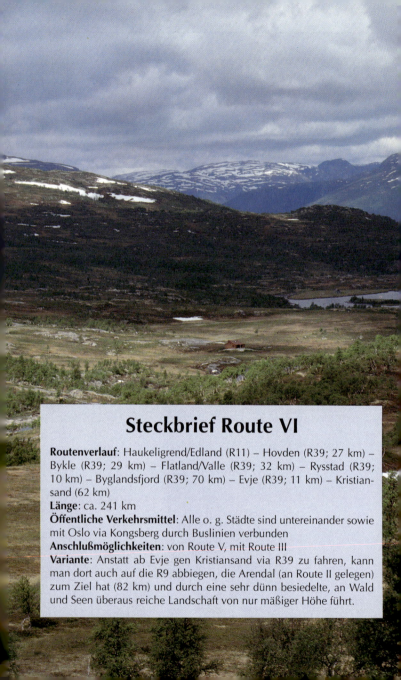

Steckbrief Route VI

Routenverlauf: Haukeligrend/Edland (R11) – Hovden (R39; 27 km) – Bykle (R39; 29 km) – Flatland/Valle (R39; 32 km) – Rysstad (R39; 10 km) – Byglandsfjord (R39; 70 km) – Evje (R39; 11 km) – Kristiansand (62 km)
Länge: ca. 241 km
Öffentliche Verkehrsmittel: Alle o. g. Städte sind untereinander sowie mit Oslo via Kongsberg durch Buslinien verbunden
Anschlußmöglichkeiten: von Route V, mit Route III
Variante: Anstatt ab Evje gen Kristiansand via R39 zu fahren, kann man dort auch auf die R9 abbiegen, die Arendal (an Route II gelegen) zum Ziel hat (82 km) und durch eine sehr dünn besiedelte, an Wald und Seen überaus reiche Landschaft von nur mäßiger Höhe führt.

Route VI: Hovden

vorbeiführenden Stigenweg von 4 km Länge, der bis 1939, d. h. bis zur Fertigstellung der heutigen Straße, die einzige Verbindung aus dem Setesdal heraus nach Norden darstellte. Rund 4 km mißt der Pfad von hier bis auf die Höhen der Setesdalsheiene. Wer die Zeit hat, sollte es sich nicht nehmen lassen, auf diesem uralten Handels- und Viehtriftweg zu wandern, der oben auf die Straße stößt, über die es dann wieder 5 km bis zum Ausgangspunkt zurück sind.

Auch die R39 hat ihre Reize, denn sie ist in die Steilflanke des Grungedal gesprengt. Waren wir gerade noch vom engen Tal umschnürt, genossen Ausblicke wie aus einem Flugzeug in die dramatisch schöne Kluft hinunter, so ist es bald schon grenzenlose Weite, die uns umgibt: In alle vier Himmelsrichtungen spannt sich eine transparente Leinwand aus Sommerblau, auf der die Bergbuckel der Hardangervidda im Norden, der Setesdalsheiene im Süden, der Frolandsheiene im Osten und des Haukelifjell im Westen in den Farben Schwarz, Braun, Grün, Violett und Schneeweiß wie gemalt wirken. Hirtenlose Schafherden bimmeln vorüber, ein immer wehender Wind rauscht durch die Kronen uralter, aber klein gebliebener Kiefern, riffelt die Oberfläche von Seen und Tümpeln, die sich in Mulden rings umher auftun. – Würdiges Debüt für ein Märchental, und wer kann, der sollte zumindest eine Nacht hier oben auf rund 900 m Höhe verbringen, wo sommers erst gegen 23 Uhr die Abenddämmerung beginnt, die schon vier Stunden später wieder ins Morgengrauen übergeht.

Sanft und kaum merklich flachen sich die Heiene ab, und nach rund 20 km können wir im Süden die in den Fels gemeißelte Kerbe des Setesdal ausmachen, über der bis zu 1400 m hohe Bergbuckel im blauen Äther zu schwimmen scheinen. Noch ein bißchen tiefer geht es hinab. Bei km 27 erreichen wir **Hovden**, ein bekanntes Wintersportzentrum, aber auch beliebter Ausgangspunkt für Gebirgswanderungen und Angeltouren in die überaus seereiche Umgebung. Ein Sessellift führt bis auf 1250 m hinauf, das Gebiet ist überaus gut erschlossen, und die Grenzen des ökologisch Vertretbaren sind – wie manche meinen – bereits erreicht. Doch es wird weitergebaut, jährlich kommen neue Übernachtungsmöglichkeiten hinzu.

Hotels: Hovdehytta, ✆ 37 93 95 22 (preiswert/Mittelklasse); Hovden Appartmentshotel, ✆ 37 93 96 06 (Mittelklasse); Hovden Høyfjellshotel, ✆ 37 93 96 00 (Luxusklasse); Hovdestølen Hotel, ✆ 37 93 95 52 (Luxusklasse).

Camping/Hütten: o. g. Hotels vermieten auch Hütten; Camping/Hütten auf dem Hovden Fjellstoge og Familiecamping, ✆ 37 93 95 43.

Jugendherberge: Hovden Vandrerhjem, ✆ 37 93 95 22; (1. 6.–10. 10.).

Bykle

Touristeninformation: Hovden Ferie, ✆ 37 93 96 30; ganzjährig geöffnet; Wanderinformationen über die Jugendherberge.

An-/Weiterreise: Busverbindungen mit Edland/Haukeligrend sowie in Richtung Kristiansand.

Bei dem Wasserlauf – erst Bach, dann Wildbach, schließlich Fluß –, der von nun an unser ständiger Begleiter ist, handelt es sich um die Otra. Etwa bei km 43, in der Nähe von Berdalsbru, kann man nach links zum Damm des Vatnedalvatn abbiegen (4 km), der mit 125 m Höhe einer der größten seiner Art in Norwegen ist und die Otra zwecks Energiegewinnung staut. Hier oben wird die Flußregulierung noch nicht als störend empfunden, aber 12 km weiter, bei **Bykle**, wo das Tal schon deutlich ausgeprägt ist und sich zur schmalen Schlucht verengt, würde ein Wasserkraftprojekt nicht nur die traditionsreiche Siedlung, sondern auch eine der eindrucksvollsten Regionen zerstören. – Geplant ist es, aber bis heute trug der Landschaftsschutzgedanke den Sieg davon, liegt das Projekt auf Eis. Solange das so bleibt, sollte man hier den Schildern zum ›Huldreheimen‹ (Freilichtmuseum) folgen, das etwa 1,2 km entfernt am Hang über der Talsohle liegt. Ein halbes Dutzend Blockbauten aus dem Spätmittelalter sind zu betrachten (24.6.–18.8 Mo–Fr 10–18, Sa/So 12–18 Uhr), und ebenso imposant wie der Blick auf und in die grasgedeckten ›Katen‹ ist der hinab in die klaffende Kerbe des oberen Setesdal, die kühne Ingenieure mit Wasser füllen wollen.

Camping/Hütten/Zimmer: (1.6.–31. 8.) Byklestøylane Camping, ✆ 37 93 91 24 , 7 km nördlich Bykle an der Hauptstraße ausgeschildert.

Jetzt geht es hinunter in eine Landschaft aus Fluß, (natürlich entstandenem) See und steilem Fels, wir fahren ein in die schattenreiche Schlucht und passieren bald, zwischen zwei Tunneln ausgeschildert, den Abzweig zum ›Byklestigen‹, der bis Ende der 70er Jahre des 19. Jh., als die heutige Straße fertiggestellt wurde, die einzige Verbindung zum oberen Setesdal darstellte. Steil ist er, nicht mehr als ein Saumpfad über schaurigem Abgrund, und er wurde als verkehrshistorisches Denkmal restauriert, kann also begangen werden.

Auf der anderen Seite des Engpasses, durch den sich die Otra schäumend ergießt, wird breit der Fluß und weit das Tal, von kahlen Bergen umrahmt. Die geschwungenen Flanken sind teils tannendunkel, teils wiesengrün, weil als ›Almen‹ der Kultur unterworfen. Solcherart ist auch die Landschaft bei den bald erreichten Örtchen **Flateland** sowie **Valle**, dem alten und heutigen Zentrum des Setesdal. Kurz bevor wir aber das Ortsschild Flateland erreichen, biegen wir nach links zum ›Setesdalmuseet Rygnestad‹ ab, dem in einem Seitental gelegenen, wichtigsten

Repräsentanten ihrer Landschaft

Bauernhäuser

Ursprünglich – und im Setes-, Nume- und Hallingdal sowie in den zahlreichen Freilichtmuseen des Landes noch häufig zu betrachten – bestanden alle Häuser in Norwegen aus waagerecht übereinander angeordneten, nur geschälten, nicht gehobelten (Kiefern-)Stämmen, die weder außen noch innen verkleidet waren. Lediglich im Hallingdal wurden auch geglättete Stämme verwendet. Als der älteste, ins 13. Jh. datierte Blockbau solcher Art gilt das aus Uvdal (Numedal) stammende und auf Bygdøy (Oslo, s. S. 78ff.) wieder aufgebaute Bauernhaus. Es steht jetzt für sich allein, obwohl das norwegische Gehöft in historischen Zeiten nie ein Einzelhaus gewesen ist. Stets bestand es aus einer Gruppe von Häusern, von denen jedes eine eigene Funktion innehatte.

Die Wohnstätte des Bauern, *stuegard*, pflegte die Mitte einzunehmen. Es schlossen sich die Ställe *(nautgard)* an, dazwischen lagen die *uthus* geheißenen Scheunen und Schuppen sowie der in seinen Formen fast schweizerisch anmutende *stabbur* (Speicher). Am wuchtigsten ist er in der Telemark, wo er ab 1700 etwa auf Pfosten gestelzt wurde.

Der Kern ist ein rustikaler Blockbau, unterteilt in Unter- wie Obergeschoß *(loft)*. Eine Treppe führt hinauf und dort zuerst in den verschalten *svalgang*, den Laufgang, hinein. Im Setesdal wird dieser durch eine ›romanisch‹ schlichte Arkadenfolge erhellt, während er im Halling- sowie im Numedal mit oft ›barock‹ gewulstetem Schnitzwerk versehen ist. Die Dächer aller Bauten sind traditionell mit Grassoden belegt, worunter Erde ist, die wiederum eine Birkenrindenschicht bedeckt.

In den Stuben war man bis zu Beginn des 18. Jh. nicht weit über das Mittelalter hinausgekommen. Im lange isolierten Setesdal brannte noch vor wenig mehr als hundert Jahren das offene Herdfeuer, dessen Rauch durch ein Loch im Dach abziehen konnte, inmitten der (bis um 1700 meist fensterlosen) Stube. Vielerorts, vor allem aber entlang der Fjorde zum Westen, war zusätzlich ein in der Ecke stehender Rauchofen üblich, der, seinem Namen verpflichtet, zwar das ganze Zimmer verräucherte (da ohne Schornstein), aber dafür eine ganze Nacht lang

Im Setesdalmuseum in Rygnestad

die Wärme hielt, weshalb ringsum Steinbänke angebracht waren, auf denen man nicht nur sitzen, sondern auch liegen konnte.

Die Möbel zu Beginn des 19. Jh. im Halling- und Numedal waren einfach und im Setesdal gar noch urtümlicher: ein hölzerner Tisch stand quer im Raum, von Bänken umgeben, meist lehnenlos, und wenn doch mit Lehne, dann mit grober Tierornamentik geschmückt. Ebenso schlicht waren die Kubbe-Stühle in Telemark, die aus einem Baumstamm gehöhlt wurden. Aber hier (wie auch im Hallingdal) wurden Truhen, Wände und Decken, Schränke und Betten vom 17. bis zum ausgehenden 19. Jh. mit Rosen und Ranken, Figuren und Früchten bemalt – eine Stilmischung, die als Rosemaling (Rosenmalerei) bekannt und bis heute noch nicht ausgestorben ist. Es ist die Farbenfreudigkeit des Barock, die hier zum Ausdruck kommt und sich insbesondere in Südnorwegen großer Beliebtheit erfreute.

Freilichtmuseum der ganzen Region. Elf Gebäude sind hier zu betrachten, eines aus dem 14., alle anderen aus dem 16. Jh. Letztere wurden von Åsmund dem Schlimmen errichtet, einem Banditen, der sich hier vor dem Arm des Gesetzes verborgen hielt. Die Lage ist ungeheuer berückend, sogar ein dreigeschossiger Speicher ist zu bestaunen, dort hängen all die Trachten und bunten Wamse, die einst typisch für das Setesdal waren. Geöffnet ist die Anlage vom 15. 6.–15.8. Mo–Fr 10–18 Uhr, Sa/So 11–18 Uhr, sonst Mo–Fr 12–15 Uhr, aber zwischen den Gebäuden herumlaufen kann man stets.

Hotels: Bergtun Hotel, Valle, ✆ 37 93 72 70 (Mittelklasse, nur 20.6.–20.8.); Valle Motel og Camping, Valle, ✆ 37 93 71 27 (preiswert).

Camping/Hütten: Flateland Camping, Flateland, ✆ 37 93 68 17; Valle Motel og Camping, Valle, ✆ 37 93 71 27; Tveiten Familiecamping, Valle, ✆ 37 93 71 24; Steinsland Camping, Valle, ✆ 37 93 71 26.

Touristeninformation: Valle, ✆ 37 93 73 12; ganzjährig geöffnet.

An-/Weiterreise: Busverbindungen mit Edland/Haukeligrend sowie in Richtung Kristiansand, im Sommer Expressbus nach Stavanger (Skuleskarveien)

Im Setesdal bei Bykle

Idyll aus See, Sand und ›Almen‹

Mehr und mehr Gehöfte nach alter (und auch neuer) Art hängen nun, ähnlich wie im Berner Oberland, über den Feld- und Wiesenfluren des Tales. Dann passieren wir zum letzten Mal eine schmale Schlucht und genießen sodann den Blick aufs zarte Türkis eines langgestreckten Sees, in den die Otra bei Rysstad mündet. Dieser Ort bildet den Mittelpunkt des Kunstgewerbes im Setesdal. Mehrere Werkstätten laden hier (aber auch in Valle und im weiter südlich gelegenen Helle) zum Besuch ein, insbesondere die von Gold- und Silberschmieden, Holzschnitzern und Rosenmalern. Was angeboten

Byglandsfjord

wird, ist ganz und gar nicht günstig, aber typisch für die Region und teils wunderschön.

Camping/Hütten: Rysstad Feriesenter Kroog Hyttepark, ✆ 37 93 41 30; Rysstad Feriesenter, ✆ 37 93 61 30; Johans Nomeland Hytteformidling (nur Hütten), ✆ 37 93 61 45.

Breit liegt nun der See im Tal, kleine Wiesen- und Birkeninseln setzen liebliche Akzente, und sogar Sandstrände kommen jetzt vor und verlocken zu einem Bad, was hier nicht gar so kalt ist. Wir passieren Helle und Ose, sodann den netten Wasserfall Reiårfoss und auch zwei Campingplätze mit Hüttenvermietung, die malerisch auf sandgerahmten Halbinseln liegen.

Camping/Hütten: Reiårfossen Camping, Ose, ✆ 37 93 58 94; Støyleholmen Camping, Ose, ✆ 37 93 58 74.

Dann wird der See noch einmal kurz zum Fluß, durchströmt eine Schleusenanlage aus dem Jahre 1869 und ergießt sich ins 35 km lange und 40 km² umfassende Wasser des Byglandsees, der aufgrund seiner Form auch Byglandsfjord genannt wird. Er ist künstlichen Ursprungs und dient auch hier der Stromerzeugung. Aber ausnahmsweise ist den Ingenieuren zu danken, denn was sie schufen, hier, wo nichts Schroffes mehr den Liebreiz stört, könnte, auch wenn natürlich entstanden, nicht schöner sein. Hunderte von Halb-

Route VI: Byglandsfjord

inseln liegen verstreut im See, alle bieten Wiesen- und/oder Sandufer zum Baden, Bootsfahren, Angeln und Wandern, und entsprechend groß ist die Zahl der Übernachtungsbetriebe am Seeufer entlang bis hinunter zum Ort **Byglandsfjord**, dem touristischen Zentrum im unteren Setesdal. Im Ort Bygland, den wir unterwegs passieren, lohnt ein Besuch des Bygland bygdetun (Freilichtmuseum, Mitte Juni–Mitte Aug. 11–18 Uhr), das eine Reihe alter Holzgebäude – teilweise noch aus dem Spätmittelalter – zur Schau stellt

Unterkunft entlang des Byglandfjordes

Hotels: Ose Turistheim, Bygland, ✆ 37 93 58 85 (preiswert); Storstoga Kro, Bygland, ✆ 37 93 58 69 (preiswert); Revsnes Hotel, Byglandsfjord, ✆ 37 93 43 00 (Mittelklasse).

Camping/Hütten: Bygland Hyttesenter, Bygland, ✆ 37 93 52 83; Neset Camping, Byglandsfjord, ✆ 37 93 42 55 (zusammen mit dem Longerak Camping einer der schönstgelegenen im Tal), Longerak Hyttene, Byglandsfjord, ✆ 37 93 49 50; Sæbø Camping, Byglandsfjord, ✆ 37 93 49 30.

Etwa 11 km südlich von Byglandsfjord liegt **Evje**. Einst eine bedeutende Grubenstadt, ist es heute das Dienstleistungs- und Versorgungszentrum im Setesdal und genießt international bei Mineralogen und Geologen hohes Ansehen: in den Pegmatittschichten unter der Erde kommen Mineralien zum Vorschein, die in bezug auf Größe und Artenreichtum ihresgleichen suchen. Madame Curie etwa bezog die Mineralien für ihre Experimente mit radioaktiver Strahlung aus Evje, und im Fennefoss-Museum (ausgeschildert) kann man zwischen Anfang Juni und Ende August die Berylle, Amazonite, Bergkristalle und viele Mineralien mehr betrachten. Besuchenswert auch der (ausgeschilderte) ›Mineralsti‹, ein Mineralienpfad, der mehrere stillgelegte Gruben miteinander verbindet, sowie der ›Setesdal Mineralpark‹, der in einer unterirdischen und 1500 m^2 großen Halle untergebracht ist, die 1991 eröffnet wurde.

Hotels: Dølen Hotel, ✆ 37 93 02 00; Grenaderen Motel, ✆ 37 93 04 00.

Camping/Hütten: Evjetun Camping, ✆ 37 93 01 63; Evje Camping og Hyttenleie, ✆ 37 93 05 20.

Touristenbüro: ✆ 37 93 10 56; nur 1. 6.–15. 8. geöffnet.

An-/Weiterreise: Evje ist per Bus mit Haukeligrend, Kristiansand, Arendal, Grimstad, Oslo und Stavanger verbunden.

62 km sind es nun noch bis hinunter nach Kristiansand (s. S. 124), die schöne Landschaft wird von Seen und Wäldern, Wiesen und Feldern geprägt, bietet aber nach Durchfahren des ›eigentlichen‹ Setesdal, das bei Byglandsfjord endet, keine Höhepunkte mehr.

Praktische Reiseinformationen

Reisevorbereitungen
Informationsstellen 206
Diplomatische Vertretungen 206
Einreisebestimmungen. ... 206
Zollbestimmungen. 206
Geld 207
Budget 208
Reisezeit 208
Kleidung 209
Gesundheitsvorsorge 209
Ausgewählte Literatur 210
Karten 210

Anreise
Mit dem eigenen Fahrzeug . 211
Eisenbahn 214
Bus/Linienflüge 215
Mitfahren.......... 215
Pauschalarrangements. ... 216

Reisen in Südnorwegen
Mit dem eigenen Fahrzeug . 216
Mit dem Mietwagen..... 218
Mit öffentlichen
 Verkehrsmitteln 219

Unterkunft
Hotels 221
Ferienhäuser......... 222
Jugendherbergen....... 223
Gasthäuser/Pensionen etc. . 224
Camping/Campinghütten . . 224

Essen und Trinken
Die nordische Küche 225
Getränke 227
Kulinarisches Lexikon 228

Urlaubsaktivitäten
Angeln 230
Bergwandern......... 231
Bergsteigen.......... 234
Kanu/Kajak.......... 234
Fahrradfahren 234
Golf/Luftsport 236
Rafting/Wildwasserfahren . . 236
Reiten/Tauchen 236
Wildnis-Ferien........ 237

Kurzinformationen von A bis Z
Ärztliche Versorgung 237
Auskunft 237
Behinderte 237
Diebstahl.......... 238
Diplomatische Vertretungen 238
Feiertage und Feste 238
Fernsehen 239
Feuer im Freien 239
FKK............. 239
Fotografie 239
Jedermannsrecht....... 239
Kinder 241
Lebensmittel 241
Öffnungszeiten........ 242
Post/Radio 242
Rauchen/Spirituosen..... 242
Tax-free-System 243
Telefon 243
Trinkgeld 244
Zeit............. 244
Zeitungen 244

Kleiner Sprachführer 245
Abbildungsnachweis 251
Register 252

Reisevorbereitungen

Informationsstellen

Allgemeine Informationen für eine Reise erhält man beim Norwegischen Fremdenverkehrsamt in Hamburg (für den deutschen Sprachraum), bei der Zentrale der Norwegischen Reisevereinigung in Oslo sowie in den regionalen und lokalen Fremdenverkehrsbüros.

Norwegisches
Fremdenverkehrsamt
Mundsburger Damm 45
D-22087 Hamburg
✆ 40/22 71 08 10
Fax 22 71 08 15
Über die Btx-Seite *2 39 99 # kann man das Norwegische Fremdenverkehrsamt anwählen und erhält somit Zugang zu mehr als 500 Seiten mit Norwegen-Informationen, die ständig aktualisiert werden.

Norges Informasjonssenter
Vestbaneplassen 1
N-0250 Oslo
✆ 22 83 00 50, Fax 22 83 81 50

Diplomatische Vertretungen

... in der Bundesrepublik Deutschland
Königlich Norwegische Botschaft
Mittelstr. 43
D-53175 Bonn
✆ 02 28/81 99 70, Fax 37 34 98

... in der Schweiz
Königlich Norwegische Botschaft
Dufourstr. 29
CH-3005 Bern
✆ 0 31/44 46 76, Fax 43 53 81

... in Österreich
Königlich Norwegische Botschaft
Bayerngasse 3
A-1037 Wien, ✆ 01/7 15 66 92
Fax 7 12 65 52

Einreisebestimmungen

Personalpapiere: Für die Einreise nach Norwegen benötigen Bürger der Bundesrepublik Deutschland, der Schweiz und Österreichs einen gültigen Personalausweis bzw. eine Identitätskarte oder einen Reisepaß.

Fahrzeugpapiere: Kraftfahrzeuge müssen beim Grenzübertritt das Nationalitätskennzeichen tragen. Die Internationale Versicherungskarte (Grüne Karte) ist nicht erforderlich, wird aber empfohlen. Der nationale Führerschein ist ausreichend, auch um ein Auto vor Ort zu mieten.

Zollbestimmungen

Norwegen ist bekanntlich kein Mitglied der EG, entsprechend sind mehrere Sondervorschriften zu beachten. Unter den beim Zoll üblichen Vorbehalten (›zum Eigengebrauch‹) darf man als Reisender (die Altersgrenze liegt bei 20 Jahren) mit festem Wohnsitz in Europa einführen:

Alkohol: 1 l Spirituosen (bis 60 %) und 1 l andere Getränke (bis 23 %), alternativ 2 alkoholische Getränke (bis 23 %) und 2 l Bier. Zusätzlich zu den zollfreien Waren dürfen noch 4 l Spirituosen und 10 l Bier gegen Verzollung eingeführt werden.

Rauchwaren darf man ab 16 Jahren einführen, und zwar 200 Zigaretten oder 250 g Tabak und 200 Stck. Zigarettenpapier.

Außer dem persönlichen Reisegepäck dürfen Waren bis zu 1200 NOK eingeführt werden, darunter Fleischwaren aber nur bis zu 5 kg und nur als Konserven; die Altersfreigrenze für Lebensmittel liegt bei 12 Jahren.

Verboten ist die Einfuhr von Eiern, offenen Milchprodukten, Kartoffeln, Pflanzen, Wurst sowie Waffen, Munition, Narkotika, Gifte und Medikamente. Tiere dürfen seit 1994 unter bestimmten Voraussetzungen mitgenommen werden, Informationen beim Fremdenverkehrsamt.

Geld

In Norwegen zahlt man mit Norwegischen Kronen (generell mit NOK abgekürzt) und Øre. Das kleinste Geldstück ist 50 Øre, das größte 20 NOK; es gibt 50-, 100-, 200-, 500- und 1000 NOK-Scheine, 1 NOK entspricht etwa 0,24 DM.

Es ist günstiger, erst in Norwegen zu tauschen, und nur wer voraussichtlich spät nachts, samstags oder sonntags einreist, sollte sich für die Ankunft mit NOK eindecken. Möglichst große Beträge zu tauschen kann sich lohnen, weil – unabhängig von der Summe – sehr hohe Wechselgebühren berechnet werden. Banken finden sich in jeder Stadt. Sie sind Mo–Fr 8.15–15.30, Do bis 17 Uhr geöffnet.

Bargeld (Deutsche Mark sowie Schweizer Franken und Österreichische Schillinge) können bei allen Banken getauscht werden.

Reiseschecks sind sicherer als Bargeld, da verlorene Schecks von der Bank zurückerstattet werden. Das ist allerdings mit einigen Umtrieben verbunden (Polizeirapport, Wartezeiten). Die Bank stellt beim Verkauf generell 1 % des Scheckbetrags als Gebühr in Rechnung, aber dafür erzielen die Schecks auch zumeist einen etwas höheren Wechselkurs. Nicht vergessen: Schecknummern notieren und – wie die Kaufbescheinigung – separat aufbewahren.

Eurocheques werden ebenfalls anstandslos akzeptiert, aber in Geschäften haben sie sich als Zahlungsmittel noch längst nicht überall durchgesetzt.

Mit **Kreditkarten** hingegen kann man in den meisten Geschäften zahlen, auch an Tankstellen, aber Bargeld erhält man darauf nur bei ganz bestimmten Banken.

Vom **Postsparbuch** kann man Geld in der Landeswährung abheben, jedoch nicht bei allen Postämtern: Man sollte sich bereits zu Hause entsprechende Infohefte besorgen (an jedem Postamt).

Budget

Das billigste Bett schlägt mit mindestens 80 NOK zu Buche, im Durchschnitt aber eher mit 100 NOK, Hütten bekommt man (in der spartanischen Version) nicht unter 200 NOK (für 2 Personen), und soll es was Besseres sein, legt man auch 600 NOK pro Nacht (aber für 4 Personen) auf den Tisch. Dienstleistungen müssen teuer bezahlt werden.

Die meisten Grundnahrungsmittel sind 25–50 % teurer als in heimischen Regionen. Und wer partout seine Leber schädigen will, sollte ein spezielles Spirituosenbudget aufstellen: Die Flasche Wein gibt es ab 60 NOK, ›harte Sachen‹ verschlingen ab 250 NOK die Flasche.

Was ist billig? Billiger als in Deutschland ist z. B. Fisch. Süßigkeiten kosten nur unwesentlich mehr als in Deutschland, und Campingplätze sind mit ca. 80–100 NOK je Wohnmobil (4 Personen) sogar außerordentlich günstig.

Kostenlos ist das Wildcampen, das in Norwegen erlaubt ist, mittlerweile aber nicht mehr gern gesehen wird. (s. u. ›Jedermannsrecht‹). Höchst unsensibel machen viele Urlauber mit Zelt, Caravan oder Wohnmobil weiterhin von ihrem ›Recht‹ Gebrauch. Die motorisierten sind obendrein mit Bergen an Billig-Lebensmitteln aus heimischen Supermärkten eingedeckt.

Reisezeit

Zwischen Mitte und Ende Mai werden auch auf den höher gelegenen Straßen die Schlagbäume zurückgenommen, und die Museen, die größtenteils erst jetzt öffnen, melden den Wiederbeginn der Saison. Im Fjordgebiet und in den Tälern erblühen Blumen und Bäume, insbesondere die Kirschen in der Telemark; doch die Berge tragen noch weitgehend ein Schneekleid, und die Wasserfälle springen und poltern wie toll. Die Tage sind lang, es regnet wenig, statistisch betrachtet viel weniger als etwa im Juli und August, und die Wahrscheinlichkeit, Sonne genießen zu können, ist am größten. So wird es schon warm genug, daß man ohne zu frieren den Anblick des Bergwinters bewundern kann, aber wenn's unbedingt ein Bad im Meer ist, was reizt, so sollte man, wie der Bergwanderer auch, lieber dem Juli und August den Vorzug geben.

Dann allerdings können die schönen Wildcamp-Plätze zur Mangelware werden, wie es auch auf den Straßen und Zeltplätzen teilweise etwas eng zugehen kann; die Ferienhütten in den Urlaubszentren, vor allem entlang der Südküste sind jetzt meist bis aufs letzte Bett ausgebucht. Es herrscht Hochsaison, denn nicht nur Mitteleuropa, sondern auch ganz Skandinavien hat Schulferien. Und ›Urlaub im eigenen Land‹ erfreut sich großer Beliebtheit bei den Norwegern.

Ab Mitte August ist der ›Rummel‹ vorbei, auch wenn dem Sommer in klimatischer Hinsicht noch mindestens vier Wochen verbleiben. Anfang September dann, die Touristen sind größtenteils wieder zu Hause, streift das Land sein farbenfrohes Herbstkleid über. In den Bergen fällt bald Schnee, über den ersten Paßstraßen gehen wieder die Schlagbäume nieder, doch in den geschützten Landesteilen, etwa am Oslofjord, kann man mittags durchaus noch ein warmes Sonnenbad genießen, vielleicht sogar noch einmal einen Sprung ins Salz- oder Süßwasser riskieren.

Im Laufe des Monats aber wird der Himmel von Tag zu Tag wetterwendischer. Sturm und Regen wechseln sich mit mehr oder weniger kurzen Sonnenperioden ab. Im Oktober gerät das Land dann zunehmend in den Einflußbereich Atlantischer Tiefausläufer, die bald mit solcher Häufigkeit kommen, daß oft den ganzen Monat lang keine Sonne zu sehen ist. Der Wind frischt auf, bläst aus meist westlicher und südwestlicher Richtung; mit Sturm bis über Orkanstärke und sintflutartigen Regenfällen dämmert das Land in den schneereichen Winter hinüber, der in den Bergen bis in den Mai währt, in den Tälern bis Anfang April. Von Mitte Februar bis Ende März (wenn die Tage schon wieder rund 12 Stunden lang sind) herrscht Wintersport-Saison, doch die »Schneeferien« (Ende Februar bis Anfang März) sowie die Ostertage sollte man meiden: die Preise für alles sind bis zu 50 % höher als üblich, auch kann es mitunter ein Problem sein, überhaupt freie Unterkünfte zu finden.

Kleidung

Golfstrom hin, maritimes Klima her: Südnorwegen liegt auf der gleichen geographischen Breite wie Südgrönland oder Südalaska, und einen warmen Pulli sollte man auch sommers stets im Gepäck haben. Regenzeug sowieso, aber ruhig auch Badesachen. Gesellschaftskleidung hingegen ist nie und nirgends erforderlich, man würde damit nur aus dem Rahmen fallen.

Gesundheitsvorsorge

Seit 1994 gilt das E 111-Formular der deutschen Krankenkassen. Dennoch: Es empfiehlt sich der Abschluß einer privaten Auslands-Krankenversicherung.

Die Mitnahme einer umfangreichen Reiseapotheke ist unnötig, da die Apotheken gut bestückt sind. Aber nur mit Pharmapräparaten (für die meisten Medikamente besteht

Reisevorbereitung

Rezeptpflicht); homöopathische Medikamente sowie Gesundheitstees sind weitgehend unbekannt.

Ausgewählte Literatur

Folgende Bücher norwegischer Autoren bieten sich zur Einstimmung an. Sie sind u. a. zu beziehen über:
NORDIS Buchhandel
Frohnkamp 18, D-40767 Monheim
✆ 0 21 73/9 53 70 (auch ISDN)
Fax: 5 42 78

Asbjørnsen/Moe: Norwegische Märchen, Eichborn Verlag, 5, ²1986. Jakob Grimm urteilte über diese Sammlung: »Die besten Märchen die es gibt.« Vorgestellt werden 52 Märchen, das Buch ist reich illustriert.

Bjørnstad, Kjetil: Ballade in G-Moll, Katz Verlag, 1988. Dieser Roman handelt vom Leben und Wirken Edvard Griegs.

Christensen, Lars Saaby: Yesterday, Goldmann Verlag, Allg. Reihe, 1991. Roman über die Aufbruchstimmung der Jugend in Oslo zwischen 1965 und 1972.

Ferguson, Robert: Knut Hamsun, Leben gegen den Strom, d t v, Allg. Reihe, 1992. Die ausführlichste bislang erschienene Biographie über Knut Hamsun.

Fløgstad, Kjartan: Dalen Portland, Butt Verlag, 1988. Ein Klassiker der neueren norwegischen Literatur, ein Kaleidoskop der norwegischen Gesellschaft.

Haugen, Paal-Helge/Groth, Jan: Das überwinterte Licht, Kleinheinrich Verlag, 1988. Dieser Gedichtband erschließt die Welt der modernen norwegischen Lyrik.

Heggland, Johannes: Das Fischermädchen Anna Gyria, Rosenheimer Verlag, 1989. Ein gefühlvoller Heimatroman, der reiche Einblicke in die Lebensverhältnisse der Menschen an Norwegens Küste gibt.

Hoel, Sigurd: Ein Oktobertag in Oslo, Hinstorff Verlag, 1990. Ein psychologischer Roman über das Schicksal einer Frau im Oslo der Dreißiger Jahre.

Undset, Sigrid: Kristin Lavranstochter, Kerle Verlag, ³1990. Für diesen Roman, der im Norwegen des 14. Jh. spielt und im Stil der nordischen Sagas die Lebensgeschichte der Heldin Kristin Lavranstochter erzählt, erhielt Sigrid Undset 1928 den Nobelpreis für Literatur.

Karten

Als außerordentlich zuverlässig haben sich die Straßenkarten von Kümmerley + Frey erwiesen, die den Norden Europas in mehreren Blättern vorbildlich darstellen: Blatt 6 umfaßt ganz Norwegen (1 : 1 000 000), Blatt 1 (1 : 325 000) bildet den Süden ab.

Alle Karten und Wanderkarten sind im Buchhandel zu beziehen oder ebenfalls direkt über NORDIS Buch- und Landkartenhandel (s.o.).

Anreise

Mit dem eigenen Fahrzeug

Ohne Fähren geht es nicht, und wer zwischen dem 15. Juni und dem 15. August anreist, ist gut beraten, rechtzeitig eine Reservierung vorzunehmen, da sonst mit Wartezeiten zu rechnen ist. Welche der rund ein Dutzend Verbindungen bevorzugt wird (die wichtigsten sind auf der umseitigen Karte eingezeichnet), hängt vom Wohnort, der Routenwahl und auch vom Geldbeutel ab. Ein Preisvergleich lohnt stets, man sollte sich in einem Reisebüro beraten lassen oder die Angebote der verschiedenen Gesellschaften einholen (es gibt zahlreiche Spartarife) und das Tikket bereits vor der Abreise erstehen: das kommt in vielen Fällen bis zu 30 % billiger, als wenn man die Passage erst am Fährhafen bezahlt.

Ab Berlin und dem Osten Deutschlands bietet es sich an, mit der TS-Line (s. u.) von Sassnitz/Rügen (280 km) bis nach Trelleborg/Schweden überzusetzen. Hamburg hingegen liegt sowohl für Puttgarden (165 km), Travemünde (75 km), Kiel (97 km), Hirtshals (495 km), Hanstholm (400 km) und Frederikshavn (500 km) gleich günstig.

Die Distanz von Trelleborg nach Oslo (via E 6) beträgt rund 650 km, ab Helsingborg sind es 550 km, ab Halmstad 450 km, ab Varberg 380 km, ab Göteborg schließlich rund 300 km. Folgende Gesellschaften/Routen kommen in Frage. Preisangaben beziehen sich auf auf einfache Fahrt in der Sommersaison; die Wochenendpreise liegen etwas höher, der Retour-Rabatt beträgt 10%. Fast alle Fährlinien bieten günstige Retour-Sparpakete für PKW inkl. 5 Personen an.

Color Line
Oslokai 1
24103 Kiel
✆ 04 31/9 74 09-0
Fax 9 74 09 20
Hirtshals (DK) – Kristiansand (N), drei- bis viermal täglich, ca. $5^1/_2$ Std. PKW inkl. 5 Pers. ab 299 DM (Retour), Erw. ab 88 DM, PKW ab 118 DM, größere Wohnmobile ab 362 DM.
Kiel – Oslo (N), einmal täglich, ca. 19 Std. PKW inkl. 4 Personen ab 528 DM, Erw. ab 184 DM, PKW ab 140 DM.
Hirtshals (DK) – Oslo (N), einmal täglich, ca. $8^1/_2$ Std. PKW inkl. 4 Personen ab 440 DM, Erw. ab 116

DM, PKW ab 140 DM, größere Wohnmobile ab 320 DM.

Fjord Line
Karl Geuther GmbH & Co.
Martinistr. 58
28195 Bremen
✆ 04 21/1 76 03 62, Fax 1 85 75
Hanstholm (DK) – Egersund, Stavanger, Bergen (N), drei- bis siebenmal wöchentlich, ca. 8 Std. (Egersund) bzw. 17 Std. (Bergen). PKW inkl. 5 Personen ab 398 DM (Retour), Erw. ab 79 DM, PKW ab 98 DM, größere Wohnmobile inkl. 5 Personen ab 316 DM (Egersund). Hanstholm – Bergen: PKW inkl. 5 Personen ab 411 DM, Erw. ab 140 DM, PKW ab 116 DM.

Larvik Line
NSA Norwegische Schiffahrts-Agentur GmbH
Kl. Johannisstr. 10
20457 Hamburg
✆ 0 40/37 69 30, Fax 36 41 77
Frederikshavn (DK) – Larvik (N), ein- bis zweimal täglich, ca. 6 Std. PKW inkl. 5 Personen ab 380 DM (Retour).

Stena Line
Schwedenkai 1–3
24103 Kiel
✆ 04 31/90 99, Fax 90 92 00
Kiel – Göteborg (S), einmal täglich, ca. 14 Std. PKW inkl. 9 Personen ab 398 DM, größeres Wohnmobil inkl. 9 Personen ab 558 DM.
Frederikshavn(DK) – Göteborg (S), achtmal täglich, ca. 3 Std. PKW inkl. 9 Personen ab 210 DM, größeres Wohnmobil inkl. 9 Personen ab 310 DM.
Frederikshavn (DK) – Oslo (N), einmal täglich, ca. 9 Std. PKW inkl. 9 Personen ab 270 DM, größeres Wohnmobil inkl. 9 Personen ab 390 DM.
Frederikshavn (DK) – Moss (N), einmal täglich, ca. 8–9 Std. PKW inkl. 9 Personen ab 236 DM, größeres Wohnmobil inkl. 9 Personen ab 240 DM.
Grenå (DK) – Varberg (S) und Grenå (DK) – Halmstad (S), beide zwei- bis dreimal täglich, beide ca. 4 Std. PKW inkl. 9 Pers. ab 148 DM, Wohnmobil ab 9 Personen ab 240 DM.

DFO: Buchung über Reisebüros oder Bahnhöfe
Puttgarden – Rødby (DK) alle 30 Min., PKW inkl. 5 Personen ab 100 DM, Wohnwagen inkl. 1–5 Personen 160 DM.
Rostock – Gedser (DK), zwei- bis dreimal täglich, ca. 2 Std, Preise wie Puttgarden – Rødby.
Rostock – Trelleborg (S), zwei- bis dreimal täglich 6–7 Std., PKW inkl. 5 Personen ab 160 DM, Wohnwagen inkl. 1-5 Pers. ab 270 DM.
Sassnitz – Trelleborg (S), acht- bis zehnmal täglich, ca. 4 Std., PKW inkl. 5 Personen ab 140 DM, Wohnwagen inkl. 1–5 Pers. ab 245 DM.
Günstig sind die sogenannten ›Durchtickets‹ der DFO: Die Fährkombinationen Puttgarden – Rødby und Helsingør – Helsingborg oder Rostock – Gedser und Hel-

Anreise

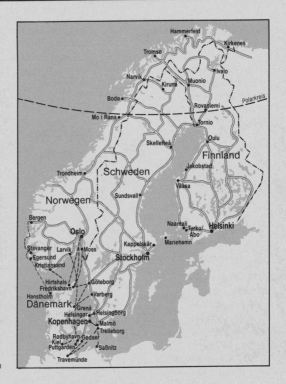

Fährverbindungen

singør – Helsingborg kosten für PKW inkl. 5 Personen ab 130 DM, für Wohnmobil inkl. 1-5 Personen 255 DM. Das ›Norwegen-Ticket‹ Puttgarden – Rødby und Kopenhagen – Oslo (Scandinavian Seaways, ca. 16 Std. einmal täglich) oder Rostock – Gedser und Kopenhagen – Oslo, PKW ab 105 DM, Wohnmobil bis 12 m Länge und 1,85 m Höhe 360 DM).

TT-Line
Mattentwiete 8

20457 Hamburg
☎ 0 40/3 60 14 42–46
Fax 3 60 14 07

Travemünde – Trelleborg (S), zwei- bis dreimal täglich, ca. 7 Std., PKW inkl. 5 Personen ab 180 DM/220 DM (der billigere Tarif gilt ab Mai 1996 für die neu eingeführten Combicarrier = Frachtfähren mit Passagierbeförderung).
Rostock – Trellborg (S), ein- bis fünfmal täglich, 5-8 Std., PKW inkl. 5 Personen ab 240 DM.

Eisenbahn

Um mit der Eisenbahn nach Norwegen zu gelangen, gibt es verschiedene Möglichkeiten: Entweder man nimmt einen der internationalen Züge, die Mitteleuropa mit Oslo verbinden, oder man wählt einen kombinierten Schienen-Wasser-(Schienen-)Weg.

Die internationalen Züge fahren entweder via Hamburg, Puttgarden (Eisenbahnfähre nach Rødby/Dänemark), Kopenhagen, Helsingør (Eisenbahnfähre nach Helsingborg/Schweden) und Göteborg nach Oslo oder verkehren via Berlin, Saßnitz/Rügen (Eisenbahnfähre nach Trelleborg/Schweden), Malmö und Göteborg dorthin. Mit der schnellsten Verbindung benötigt man von Hamburg aus rund 16 Std. bis ans Ziel, von Zürich ca. 30 Std., von Wien etwa 37 Std.

Die andere Möglichkeit ist, per Eisenbahn von Hamburg aus nach Hirtshals, Hanstholm oder Frederikshavn (Norddänemark) zu fahren und von dort aus mit einer Fähre (s. o.) nach Oslo, Kristiansand, Moss, Larvik, Egersund, Stavanger oder Bergen überzusetzen; weiter dann per Bus oder ebenfalls Zug (s. ›Reisen in Südnorwegen‹) ans Ziel.

Wer vorhat, nur wenige Orte in Südnorwegen zu besuchen, fährt vielleicht am günstigsten, wenn er eine gewöhnliche Fahrkarte bis Oslo (ab Hamburg ca. 200 DM) bzw. zum norwegischen Fährhafen löst und ab dort von den norwegischen Sonderfahrkarten Gebrauch macht (die nur in Norwegen zu bekommen sind; s. S. 219).

Der ›ScanRail Pass‹ ist in Norwegen, Schweden, Finnland sowie Dänemark gültig und in drei Varianten für die 1. und 2. Klasse erhältlich. Für 606 DM fährt man einen Monat in der 2. Klasse, für 314 DM an 5 beliebigen Tagen innerhalb von 2 Wochen und für 426 DM an 10 beliebigen Tagen innerhalb eines Monats. Im Binnenverkehr der Norwegischen Eisenbahnen kann man mit dem ›ScanRail Pass‹ auch einen Platz im Doppel- oder Einzelabteil des Schlafwagens buchen. Zudem bietet der Paß Ermäßigungen bei einigen anderen Verkehrsbetrieben, Fährpassagen und ausgewählten Hotels.

Folgende Fähren sind zu 100% im ›ScanRail Ticket‹ enthalten: Helsingborg – Helsingør, Inlandsfähren der DSB (Danske Statsbaner), Rødby – Puttgarden; Trelleborg – Sassnitz. 50% Ermäßigung gilt für die Fähren: Frederikshavn – Larvik, Frederikshavn – Moss, Frederikshavn – Oslo, Kopenhagen – Oslo, Hirtshals – Kristiansand, Travemünde – Trelleborg. Den ›ScanRail Pass‹ gibt es in Reisebüros sowie bei der Deutschen Bahn.

Fahrradfahrer: Die Beförderung eines Fahrrads im Zug ist sowohl in Norwegen als auch in Schweden problemlos. In Norwegen kostet der Transport ungeachtet der Entfernung allerdings zusätzliche 60 NOK; Expreßzüge nehmen hier keine Räder mit.

Anreise

Bus

Das erste Ziel in Norwegen wird Oslo sein, und Oslo kann von den meisten Großstädten Deutschlands, der Schweiz und Österreichs aus problemlos erreicht werden. Ab Norddeutschland kostet das Ticket etwa 160 DM für die einfache Fahrt, 280 DM für die Hin- und Rückfahrt; ab Kassel muß man mit etwa 210 DM rechnen, ab München kostet die Fahrt ca. 250 bzw. 430 DM. Informationen über:

Deutsche Touring
Adenauer Allee 87
20097 Hamburg
✆ 0 40/24 98 18
Fax 23 94 95
Hamburg – Kristiansand

Continent-/Globus-Reisen
Hohenzollernring 86
50672 Köln
✆ 02 21/91 28 27-0
Fax 91 28 27–39
Deutschland – Oslo

Blaguß Travel
Wiedner Hauptstr. 15
A-1040 Wien
✆ 01/50 18 10
Fax 50 18 01 25
Österreich – Oslo

Haman Reisen
Burgunderstr. 27
CH-4003 Basel
✆ 0 61/22 10 70
Schweiz – Oslo

NOR-WAY Bussekspress A/S
Karl Johansgt. 2
N-0154 Oslo
✆ 22 17 52 90
Fax 22 17 59 22
Innernorwegen

Linienflüge

SAS (Scandinavian Airlines) fliegt täglich von acht deutschen Städten sowie von Wien, Zürich und Amsterdam aus nach Oslo. Die Preise der Linienflüge (Charter- oder Billigflüge gibt es keine) stellen eine attraktive Alternative zum Auto- oder Bahnfahren dar: Der ›Super Flieg & Spar‹-Tarif beispielsweise liegt bei rund 665 DM ab und bis Hamburg, den regulären Preis von 1674 DM für die Strecke werden freilich nur Reisende mit dicken Spesenkonten bezahlen wollen. Informationen und Reservierungen über Reisebüros oder:

SAS Hauptbüro
Am Flughafen
Terminal Mitte
60549 Frankfurt/M.
✆ 0 69/69 45 31

Mitfahren

Die mittlerweile in fast allen größeren Städten etablierten Mitfahrzentralen (s. örtliches Telefonbuch) vermitteln Mitreisegelegenheiten und verlangen von Mitfahrern von Hamburg bis Oslo etwa 75 DM.

Pauschalarrangements

Bei den großen Gesellschaften der Reisebranche sucht man Norwegen oftmals vergeblich im Prospekt, aber viele kleine Spezialreisebüros gibt es, die das Land im Programm haben – und zwar für einen Sommer- wie für einen Winterurlaub. Sie alle zu nennen hieße, jeglichen Rahmen zu sprengen; wir verweisen auf das alljährlich neu erscheinende ›Offizielle Reisehandbuch‹, zu beziehen beim Norwegischen Fremdenverkehrsamt (s. ›Reisevorbereitungen‹), in dem über 100 in Frage kommende Reiseveranstalter aufgelistet sind.

Reisen in Südnorwegen

Mit dem eigenen Fahrzeug

Straßenzustand: Über den Zustand der Straßen in Norwegen kursieren phantastische Gerüchte. Tatsache ist, daß alle Hauptstraßen und auch die meisten Nebenstraßen asphaltiert und in durchweg gutem Zustand sind. Die Zeiten, als man sich mit zusätzlichen Stoßdämpfern ausrüsten mußte, gehören wirklich der Vergangenheit an, und selbst die wenigen nicht asphaltierten Pisten sind – weil mit einem asphaltähnlichen Ölkiesbelag bedeckt – gut zu befahren.

Hochgebirgsstraßen: Verschiedene Hochgebirgsstraßen sind im Winter (teils schon ab September) und Frühling (teils bis in den Juni hinein) gesperrt. Auskünfte darüber kann man beim Norwegischen Fremdenverkehrsamt erhalten sowie – in der Saison – bei der NAF-Alarmzentrale in Oslo (✆ 22 65 40 40).

Winter: Zwischen dem 1. 11. und 30. 4. darf man in Norwegen mit Spikes fahren (im Norden ab September), und wer keine hat, muß zumindest auf Winterprofil umrüsten und unbedingt zusätzlich mit Schneeketten ausgerüstet sein, denn die Straßen werden zwar geräumt, aber Splitt wird nicht immer gestreut und Salz schon gar nicht. – Mitunter könnte man Schlittschuhfahren auf Norwegens Straßen. Spikes-Verleihstellen gibt es an verschiedenen Fährhäfen in Dänemark sowie in Norwegen, Informationen darüber geben die Geschäftsstellen der deutschen Automobilclubs sowie auch das Norwegische Fremdenverkehrsamt.

Probleme: Wer z. B. einen Elch anrempelt, hat zumeist ein völlig verformtes Fahrzeug und ist verpflichtet, den **Wildschaden** sofort der nächsten Polizeidienststelle zu melden. Es empfiehlt sich der Abschluß einer Teilkasko-Versicherung, die Wildschäden mit umfaßt; am besten auch Glasbruch, denn die von den Wintertemperaturen und den Spikes-Reifen oft aufgerauhten Straßen können eine harte Probe für Windschutzscheiben sein.

Autopannen, die nicht selbst behoben werden können, belasten die Reisekasse sehr, denn unter umgerechnet rund 100 DM/Std. ist kein Mechaniker bereit, den Finger zu krümmen.

Nottelefone der Automobilclubs finden sich lediglich auf den Europastraßen sowie auf einigen stark frequentierten Reichsstraßen. Zusätzlich befahren aber die Straßenwachtfahrzeuge des norwegischen Automobilclubs (NAF) zwischen dem 20. 6. und 30. 8. die wichtigsten Straßen – insbesondere die Paßstraßen. Die reine Pannenhilfe ist, wie international üblich, für Mitglieder der deutschen Automobilclubs kostenlos. **Autodiebstahl** übrigens ist kaum ein Thema in Norwegen.

Verkehrsbestimmungen: In Norwegen setzt die Topographie der Geschwindigkeit eine Grenze, die oft unterhalb der gesetzlich erlaubten liegt: 50 km/h innerhalb geschlossener Ortschaften, 80 km/h außerhalb bzw. 70 km/h für (gebremste) Gespanne. Norweger halten sich meist peinlich genau an diese Regeln, denn es ist mitunter wirklich lebensgefährlich (für sich und andere), sie zu mißachten, und andererseits sind mehr polizeiliche Radarwagen unterwegs, als man glauben möchte. Eine Überschreitung der erlaubten Höchstgeschwindigkeit kann teuer zu stehen kommen: 400 NOK beträgt die Strafe, fährt man 1–5 km/h zu schnell, 700 NOK sind fällig bei einer Überschreitung von 6–10 km/h, 1000 NOK bei 11–15 km/h, 1500 NOK bei 16–20 km/h und 2000 NOK bei einer Überschreitung von 21–25 km/h.

Natürlich besteht Anschnallpflicht, und wer ›gurtlos‹ erwischt wird, muß mit drastischen Geldstrafen rechnen.

Alkohol am Steuer sollte man sich verkneifen, denn obschon die Strafgrenze bei 0,5 Promille liegt, kann man auch schon bei weniger seinen Führerschein (auf mindestens ein Jahr) verlieren

217

und obendrein sogar ins Gefängnis wandern (auch als Tourist!).

Mit einer Buße von 400 NOK Strafe wird bestraft, wer mißachtet, daß grundsätzlich, also auch tagsüber, mit Abblendlicht gefahren werden muß.

Falschparken wird mit rund 300 NOK geahndet. Wer im Halteverbot parkt, darf auch mit dem Doppelten oder mehr rechnen.

Tanken: Bleifreies Benzin sowie bleifreies Super gibt es mittlerweile so gut wie an jeder Tankstelle. Das Tankstellennetz aber kann – je nach Landschaft – dünn bis äußerst dünn sein, und nach 22 Uhr sind oft nur noch Geld- oder Kreditkarten-Automaten in Betrieb (meist nicht für Diesel).

Die Mitnahme eines Reservekanisters ist somit stets und überall zu empfehlen. Ebenso das Horten von (nicht geknickten) Geldnoten (am besten 100er) für die Automaten. Mit Kreditkarten ist das Bezahlen problemlos.

Die Treibstoffpreise sind völlig instabil, und nur so viel sei gesagt: Benzin, Super und Diesel sind teurer als in Deutschland.

Fahrzeugmaße: Die auf norwegischen Straßen genehmigte Wagenbreite beträgt 2,50 m, und – wichtig! – die Höchstbreite von Campingwagen darf 2,30 m nicht überschreiten. Die erlaubte Gesamtlänge von Wagen und Campingwagen beträgt 18,50 m, und auf zahlreichen norwegischen Gebirgsstraßen ist das Fahren mit Wohnwagengespannen und Bussen verboten! Welche Straßen davon betroffen sind, kann man einer Karte entnehmen, die vom Norwegischen Fremdenverkehrsamt herausgegeben wird.

Mit dem Mietwagen

Auch Wohnwagen und Wohnmobile stehen in Norwegen zum Verleih (Adressen über die Fremdenverkehrsämter), aber die Preise belaufen sich auf rund 1500–2000 DM pro Woche.

Normale Pkws (ab ca. 100 DM/Tag) sind in fast jeder größeren Stadt und auf allen Flughäfen erhältlich und können bereits von der Bundesrepublik, der Schweiz und Österreich aus gebucht werden (z. B. über Avis, Inter-Rent etc.); es ist üblich, eine Kaution zu hinterlegen (oder Kreditkarte vorzeigen). Viele Vermieter geben ihre Fahrzeuge nur an Personen über 25 Jahre ab. Der nationale Führerschein ist ausreichend.

Mit öffentlichen Verkehrsmitteln

Wer öffentliche Verkehrsmittel nutzen will, sollte das Norwegische Fremdenverkehrsamt kontaktieren und die Broschüre ›Verkehrsverbindungen für Touristen‹ abrufen, in der alle wesentlichen Informationen über Bus- und Bahnfahren sowie Fliegen gegeben werden.

Reisen in Südnorwegen

Eisenbahn: Die Norwegischen Staatsbahnen (Norges Statsbaner, NSB) verfügen insgesamt nur über ein 4250 km langes Schienennetz. In Südnorwegen sind für den Touristen lediglich zwei Strecken (rund 1000 km Länge) von Bedeutung: die Sørlandbahn, die Oslo mit Stavanger verbindet (insgesamt 585 km, 8 Std.) und entlang der Südküste (via Kristiansand) verläuft, und die Bergenbahn, die von Oslo nach Bergen führt (etwa 470 km, 7 Std.) und mit über 200 Tunneln und 300 Brücken als Meisterleistung der Ingenieurskunst gilt.

Die Bahn hat Abteile der 1. und 2. Klasse, außerdem Schlaf- und Liegewagen-, spezielle Abteile für Körperbehinderte und für Familien sowie Restaurant- und Panoramawagen: in Sachen Komfort und Bequemlichkeit ist die NSB führend in Europa. Die Bahnpreise sind moderat; obendrein werden zahlreiche Spartarife angeboten.

Wer voraussichtlich viel Bahn fahren wird, auch mit der Bahn anreisen will, reist mit der ›Nordtourist-Karte‹ oder dem ›ScanRail Pass‹ (s. S. 214) am günstigsten. Interessant ist die nur in Norwegen erhältliche und 1 Jahr gültige ›NSB Grønt Kort‹ (Grüne Karte). Für 260 NOK erhält man 50% Ermäßigung auf alle ›grünen Abfahrten‹ (gemeint ist der Reiseantritt außerhalb der Hauptverkehrszeiten wie z.B. Freitagnachmittag, Wochenende), für alle nicht grünen Abfahrten zahlt man allerdings den vollen Preis. Mit der ›NSB Kundekort‹ (440 NOK) erhält man 50% Rabatt auf die grünen Abfahrten und 30% Ermäßigung auf alle anderen. Senioren ab 67 Jahren erhalten 50 % Ermäßigung, ebenso Studenten (ab 150 Bahnkilometer; internationaler Studentenausweis erforderlich); ansonsten gibt es noch spezielle Gruppentarife (2–9 Personen erhalten dann 25 % Rabatt).

Flugverkehr: In Relation zur Einwohnerzahl ist das norwegische Flugnetz außerordentlich dicht. Insgesamt werden über 50 Destinationen täglich angeflogen. Die größten Fluggesellschaften sind SAS (Scandinavian Airlines; auch internationale Flüge) sowie Braathens Safe, die Preise liegen für europäische Verhältnisse außerordentlich niedrig; obendrein gibt es zahlreiche Spezialtarife (bis über 50 % Rabatt), die besonders für Familien große Vorteile bieten. Wer flexibel ist, hat gute Chancen, als Stand-by-Passagier (Last-Minute-Ticketkauf am Airport) zu äußerst günstigen Preisen transportiert zu werden.

Die Hauptlinien im Süden: Oslo – Bergen, Oslo – Stavanger, Oslo – Haugesund, Oslo – Kristiansand, Haugesund – Stavanger, Sandefjord – Stavanger.

Bus: Mit dem weitverzweigten norwegischen Expreß-Busnetz (NORWAY Bussekspress) kann man alle Städte im Süden erreichen, und die kleineren Ortschaften, die von diesen überaus komfortablen Luxus-

Reisen in Südnorwegen

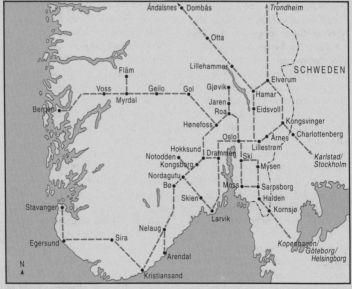

Eisenbahnverbindungen

bussen nicht angefahren werden, sind durch lokale Buslinien miteinander verbunden. Im Sommer werden darüber hinaus zahlreiche zusätzliche Linien eingerichtet, und in der Broschüre ›Verkehrsverbindungen für Touristen‹ (über das Fremdenverkehrsamt zu beziehen) sind sie ebenso aufgelistet wie die Spezialtarife, die eine Ersparnis von bis zu 50 % ermöglichen. Kinder unter 4 Jahren übrigens fahren kostenlos Bus in Norwegen, und wer unter 16 Jahren ist, braucht nur die Hälfte des offiziellen Tarifes zu zahlen.

In Städten und deren Umgebung ist es verboten, Fahrräder im Bus zu transportieren, aber in ländlichen Gebieten haben die Busse meist eine spezielle Vorrichtung.

Fähren: Laut Statistik gibt es landesweit 156 verschiedene ›Wasserstraßen‹, auf denen rund 240 Schiffe Dienst tun, die pro Jahr über 50 Mio. Passagiere und rund 20 Mio. Fahrzeuge befördern und Norwegen zum Fährenland Nummer eins auf der Welt machen. Ohne Fähren würde rein gar nichts laufen im ›Land der tausend Fjorde‹ und wären unzählige Orte gar vom Aussterben bedroht, eben weil sie nur per Wasserweg zu erreichen sind.

So sind die Fähren ein äußerst wichtiges Element in der Lokalpolitik, deren Zielsetzung es ist, die in Norwegen z. T. extrem weit gestreute Besiedlung zu erhalten. Aber das kostet fast eine halbe Mrd. Kronen an Subventionen jährlich, denn allein über die Fahrpreise (die zudem außerordentlich günstig sind) könnten die meisten Linien nicht aufrechterhalten werden.

Unterkunft

Das Spektrum der Übernachtungsmöglichkeiten reicht vom kostenlosen Zelten in der freien Natur (s. ›Jedermannsrecht‹, S. 239) über das erstaunlich günstige Nächtigen auf unzähligen Campingplätzen, das Logieren in Jugendherbergen und Wanderheimen, in Privatzimmern, Gasthöfen und Pensionen, Ferienhäusern und -hütten bis hin zum Übernachten in einem der zahlreichen Hotels. Ein jeder findet hier sein individuelles Plätzchen, ganz nach Bedürfnis und Geldbeutel, und es ist ein hartnäckiges Vorurteil, daß ein Norwegenurlaub unbedingt eine sündhaft teure Sache sein muß.

Wer sich über alle Unterkunftsmöglichkeiten und die zahlreichen Spezialtarife ausführlich informieren will, sollte das Norwegische Fremdenverkehrsamt kontaktieren und die Infopakete ›Hotelangebote‹, ›Camping und sonstige Übernachtungsmöglichkeiten‹ sowie ›Ferienhäuser‹ abrufen.

Hotels

Die Bezeichnung ›Hoteller‹ ist in Norwegen ein gesetzlich geschütztes Gütezeichen, das an die Betriebsführung und auch Ausstattung hohe Anforderungen stellt. So ist gewährleistet, daß ein Unternehmen zahlreiche Mindestansprüche befriedigen kann, und der Standard der norwegischen Hotels ist entsprechend hoch. Aber auch die Preise außerhalb der Saison können so hoch sein, daß einem die Haare zu Berge stehen. 300 DM oder auch 400 DM für ein Doppelzimmer sind dann durchaus normal, und gäbe es keine Rabattsysteme während der Sommermonate, so würden die Hotels in dieser Zeit wohl vollkommen verwaist dastehen.

Eines dieser Rabattsysteme heißt **Scandinavian Bonuspass.** Er gilt vom 3. 5. bis 29. 9., kostet 41 DM, kann schon vor Abreise erworben werden (Fremdenverkehrsamt) und berechtigt zu verbilligten Übernachtungen in 45 norwegischen bzw. in insgesamt 180 erstklassigen skandinavischen Hotels. Das kostet dann zwischen ca. 75 und 120 DM im Doppelzimmer inkl. Frühstück, Kinder bis 16 Jahre zahlen nichts (so sie im Zimmer der Eltern schlafen), und für Jugendliche über 16 Jahren wird nur ein geringfügiger Zuschlag berechnet.

Inhaber des **Best Western Hotelcheque,** der in 71 norwegischen Luxushotels Gültigkeit hat, zahlen pro Person und Tag im Doppelzimmer mit Bad inkl. Frühstück ca. 70 DM (gültig 15. 5.–15. 9.).

Am flexibelsten aber reist man mit dem Rabattsystem **Fjordpass** (18 DM für 2 Erwachsene und deren Kinder unter 15 Jahren; gültig vom 1. 5. bis 30. 9.), der in über 250 Hotels, Pensionen und Gasthöfen akzeptiert wird und der den Übernachtungspreis auf 50 bis 100 DM pro Person – je nach Kategorie der Unterkunft – reduziert.

Die in diesem Buch in den Service-Abschnitten benutzten Klassifizierungen lauten ›preiswert‹ (bis 500 NOK/Doppelzimmer), ›Mittelklasse‹ (500–1000 NOK/Doppelzimmer) und ›Komfortklasse‹ (1000 bis durchschnittlich 1800 NOK/Doppelzimmer), die o. g. Rabattsysteme können zusätzliche Ermäßigung bringen.

Ferienhäuser

Fast jeder zweite Norweger nennt ein Ferienhaus – auf Norwegisch *feriehytte* geheißen – sein eigen, und wer keines hat, der mietet sich eins: *Hytteferie* ist die traditionelle Art des Urlaubmachens in Norwegen. Wer als ausländischer Tourist von dieser gleichermaßen romantischen und praktischen, recht komfortablen und billigen Alternative Gebrauch machen will, sollte sich rechtzeitig an ein Vermittlungsbüro wenden. Feriehytter gibt es überall im Land, sie bestehen üblicherweise aus Küche, mehreren Schlafzimmern, WC und Wohnzimmer (meist mit Kamin). Die Preise liegen zwischen etwa 450 und 4000 DM pro Woche – je nach Ausstattung, Lage, Mietdauer und -Zeitpunkt; eine durchschnittliche Hütte für 4–6 Personen ist in der Hochsaison durchaus schon für etwa 700 DM pro Woche zu haben.

Buchen kann man Ferienhäuser entweder durch ein Reisebüro in Deutschland oder – meist wesentlich günstiger – direkt bei einem Vermittlungsbüro in Norwegen (Katalog anfordern):

Unterkunft

Jugendherbergen

Norsk Hytteferie,
Boks 3404 Bjølsen
N-0406 Oslo
✆ 22 35 67 10
Fax 22 71 94 13
Über 1000 Ferienhäuser werden angeboten.

Fjordhytter
Lille Markev. 13
N-5005 Bergen
✆ 55 23 20 80
Fax 55 23 24 04
Auf fjordnah gelegene Hütten (über 1000) spezialisiert.

Sørlandets Hytteutleie,
Kongsgård Allé 59
N-4632 Kristiansand S
✆ 38 09 25 50
Über 300 Ferienhäuser im Bereich der norwegischen Südküste.

Jugendherbergen

Die Familien- und Jugendherbergen von Norwegen, heute ›Wanderheime‹ *(vandrerhjem)* genannt und jedem offenstehend (unabhängig von Mitgliedschaft oder Alter), stellen mit Preisen zwischen 60 NOK (6-Bett Zimmer) und 130 NOK (Doppelzimmer mit Bad/WC) günstige Unterkünfte dar. Landesweit gibt es rund 100 dieser modernen, stets in schöner Lage eingerichteten Häuser (oft mit einem großen Aktivitätsangebot), und ihre größte Zahl findet sich in Südnorwegen (dort auch in nahezu allen größeren Städten). In den meisten bekommt man auch günstige warme Mahlzeiten serviert (Frühstück 35–60 NOK, Hauptmahlzeit 60–120 NOK), mitunter entspricht das

Komfortangebot dem eines Mittelklassehotels, und die Atmosphäre ist international, aber niemals steif.

Norske Vandrerhjem
Dronningensgate 26
N-0154 Oslo
✆ 22 42 14 10, Fax 22 42 44 76

Gasthäuser/Pensionen etc.

Unterkünfte, die sich nicht als Hotel bezeichnen dürfen, können in Norwegen verschiedene Namen tragen. Etwa *Pensjon, Gjestgiveri* (Gasthaus), *Hospits, Turistheim, Gjestgård* oder *Gård* (Gasthof) sowie – meist im Gebirge – *Fjellstue* (Bergstube), *Seter* (etwa: Almhütte). Allen gemeinsam ist, daß sie weniger Komfort bieten als Hotels (aber durchaus einen hohen Standard haben können) und natürlich preislich auch günstiger sind (durchschnittlich 300–400 NOK/Doppelzimmer). Die Zimmer sind üblicherweise mit Dusche und Bad ausgestattet, Mahlzeiten (Frühstück ist oft inkl.) können, müssen aber nicht unbedingt angeboten werden.

Die günstigsten Unterkünfte verbergen sich hinter Aufschriften wie *Rom, Overnatting* oder *Værelser* – allesamt Umschreibungen für private Übernachtungsmöglichkeiten. Während der Saison ist es nie ein Problem, an den Hauptstraßen des Tourismus solche Schilder auszumachen. Aber auch in den lokalen Touristenbüros kann man in aller Regel Adreßlisten abrufen, in denen die Privatquartiere (durchschnittlich ca. 200 NOK/Doppelzimmer) aufgeführt sind.

Camping/Campinghütten

Über 1500 klassifizierte Zeltplätze laden landesweit zu Camping und Caravaning ein; die meisten Anlagen haben auch mehrere Holzhütten mit zwei bis vier Betten, die zwar einfach eingerichtet sind (Bettzeug ist meist selbst mitzubringen), aber eben auch Reisenden ohne spezielle Ausrüstung die Benutzung der Campingplätze ermöglichen. Und zwar für relativ wenig Geld, nämlich durchschnittlich 200–400 NOK pro Hütte. Auch die Gebühren halten sich in Grenzen, denn rund 80–100 NOK für ein Wohnmobil inkl. 4 Personen auf einem Mittelklasse-Platz sind wesentlich weniger, als z. B. in vermeintlichen Billigländern Südeuropas pro Nacht verlangt wird.

Je nach Ausstattung des Campingplatzes trägt er ein bis fünf Sternchen: Ein Stern steht für Basiskomfort (WCs und Waschgelegenheiten), zwei Sterne garantieren das Vorhandensein von Wasch- und Duschräumen sowie solchen zum Wäschewaschen und Bügeln, und drei Sterne bedingen zusätzlich auch warmes Wasser in Duschen und Waschbecken, Aufenthaltsraum, Kochgelegenheit, Telefon, Lebensmittelverkauf, ständige Aufsicht. Weitere Sternchen stehen für zusätzliche Einrichtungen.

Essen und Trinken

Die nordische Küche

Die norwegische Küche ist weder berühmt noch berauschend. Kulinarische Feinheiten sind nicht gefragt, man will satt werden, und entsprechend wird – wo und worüber man sich auch immer zu Tisch setzt – die Portion stets eine große sein. Wer auf ›Spezialitäten‹ wie Wienerschnitzel oder Spaghetti ausweicht, bekommt etwas unverkennbar Norwegisches, oft genug mit einem Beigeschmack von Fisch.

Und doch gibt es etwas, das den Namen ›norwegisches Essen‹ verdient. Aber das findet man nur in wenigen Restaurants. Meist in denen, die einem (guten) Hotel angeschlossen sind. Die Rede ist vom kalten Büfett *(koldtbord)*. Da geht es plötzlich gar nicht mehr norwegisch-fade zu, sondern vielmehr skandinavisch-kulinarisch. Nicht nur der Gaumen, auch die Augen sollen jetzt genießen. Die Leckereien sind wie Stilleben garniert. Zum Frühstück (das man zwischen 8 und 10 Uhr einnimmt) gibt es zumeist eine Auswahl an Brötchen und verschiedenen Brotsorten, Butter, Margarine, Marmeladen, Haferbrei, Cornflakes, Müsli, Salate, Käse, Wurst und Eier, Fischkonserven, kalte Fleischgerichte, dazu Milch und Kaffee, Tee und Saft. Es ist unmöglich, auch nur von allem ein Häppchen zu kosten, das weiß man in den Hotels, und deshalb ist das *frokost*-Büfett für norwegische Verhältnisse gar nicht mal teuer.

Auch an das Mittagessen (13–16 Uhr), ebenfalls in Büfettform serviert, muß man sich behutsam und wählerisch herantasten, denn das bunte Mosaik der Tafelfreuden ist noch wesentlich größer als morgens. Nur Amateure lassen sich beim Anblick der aufgetischten Delikatessen von spontaner Panik ergreifen und betreiben Vorratswirtschaft. Das Büfett wird nicht leer, denn alles wird so lange ersetzt, bis niemand mehr zugreifen mag. Etwa nach Lachshäppchen und geräucherten Forellen, Hering in allen erdenklichen Zubereitungsformen, Krabben, Brathähnchen und Roastbeef, Frikadellen, Soßen, Salaten, Gemüsen und auch ein paar wenigen warmen Gerichten.

Zum abendlichen Büfett muß der ohnehin schon große Tisch noch einmal ausgezogen werden. Nach den ungeschriebenen Gesetzen der Büfett-Etikette genießt man vor allem anderen erst einmal die Augenweide. Dann nimmt man einen Teller und steuert zielbewußt auf die vielen Heringsvariationen zu, von denen man aber nur bescheiden kosten sollte. Es folgt der zweiten Gang, bei dem es hauptsächlich um geräucherten oder gepökelten Lachs geht. Hier und da ein Häppchen der übrigen Meeresfrüchte, ein paar Garnelen vielleicht, ein mit Kaviar gefülltes Ei, ein paar Muscheln, ein Stück Hummer. Nach dem Fisch wechselt man erneut den Teller und widmet sich dem dritten Akt, in dem kalter Braten und Aufschnitt, Pasteten, Sülze und Salate die Hauptrolle spielen. Jetzt ist Selbstdisziplin erforderlich, denn offen ist noch der vierte Akt, bei dem viele kleine warme Gerichte um die Gunst der Feinschmecker buhlen. Wer noch Kraft für den Epilog hat, mag sich nun am Pudding laben, der in allen erdenklichen Farben bereitsteht.

Spezialitäten: Ein paar Besonderheiten bietet das Land natürlich auch. Als das älteste (aus der Steinzeit stammende) Gericht gilt heiße, in Scheiben geschnittene Blutwurst, mit Zucker und Butter serviert. Sehr gewöhnungsbedürftig! Auch die braune, knotig aussehende Käsemasse des *gammelost* ist nicht nach jedermanns Geschmack. Bei dieser Delikatesse von nationaler Bedeutung handelt es sich schlicht um ›alten Käse‹, und wer die Glokke lüftet, unter der er stets serviert wird, läuft Gefahr, seine Geruchsnerven abzustumpfen. Für *blodpudding* (Blutpudding) und *lungemos* (Lungenhaschee) muß man wohl als Norweger geboren sein, und um *rømmegrøt*, eine Art norwegische Nationalspeise, genießen zu können, bedarf es zuerst einmal einer Umstellung auf eine neue Geschmacksrichtung. *Rømmegrøt* ist eine Art Grütze, von gelber Farbe, stets sehr fettig, die aus saurer Sahne plus Grieß zubereitet und mit Zucker, Zimt und Butter gewürzt wird. Sie zählt als vollständige Mahlzeit, schmeckt delikater als man glauben möchte, und ist ein wahrhafter Energiespender.

Außerordentlich lecker sind *fløytemost* und *geitost,* zwei Käsesorten (eine aus Kuh-, die andere aus Ziegenmilch), die eigentlich gar keine sind, sondern bloß so heißen. Diese Delikatessen überraschen mit einem Geschmack nach Erdnußbutter und Karamel, können an eingetrocknete Kondensmilch erinnern und werden aus jener Molke hergestellt, die bei der Produktion von normalem Käse übrigbleibt. Am Stück präsentiert sich solcher ›Käse‹ als dicker brauner und ziemlich harter Klotz, als Brotbelag ist er wellig dünn wie Crêpes, leicht zähflüssig und neigt dazu, am Gaumen zu kleben. Aber er schmeckt, wird in Norwegen in gigantischen Mengen verzehrt und ist so beliebt, daß er bei ins Ausland reisenden Norwegern einen Teil des Handgepäcks ausmacht.

Wer zur Abwechslung für ein Essen mal weniger ausgeben will als zu Hause, wer Risiken scheut und etwas ganz Ausgezeichnetes sucht, wählt Fisch, der in Norwegen, dem Land der Lachse und Forellen, Dorsche und Steinbeißer, Heringe, Makrelen, Schollen und Flundern, Schellfische, Steinbutts etc. natürlich stets frisch auf den Tisch kommt. Die bekannteste und teuerste Fischspezialität aus Norwegen ist Räucherlachs, die vielleicht populärste und billigste heißt *fiskeboller* (aus Fischmehl oder durchgedrehter Fischmasse bestehende Klößchen), und die beiden gewöhnungsbedürftigsten *rakørret* und *lutefisk*. Bei *rakørret* handelt es sich um gesalzene und angegorene Forelle, die mehrere Monate in einer Salzlake liegen muß. Das hört sich übel an, schmeckt aber durchaus erträglich. Anders *lutefisk* (gewässerter und aufgequollener Stockfisch), der den meisten Touristen buchstäblich den Magen umdreht, doch die Norweger mögen ihn so, daß er als Weihnachtsessen auf die Festtafel kommt.

Eine Brot-Tradition auf Hefebasis gibt es nicht im Norden, wo traditionell Hafer und Gerste angebaut wurden – Getreidesorten, die sich nicht für Hefebrote eignen. Brot ist entweder *loff* (Weißbrot), *kneippbrød* (Grauweißbrot) – mit Backpulver aufgetrieben – oder *flatbrød* (papierdünnes und trockenes Fladenbrot) oder *lefser*. Letzteres ist eine süße Fladenspezialität aus Kartoffeln und Mehl, mit Butter und/oder Sahne genossen. Wird der Teig nur aus gekochten und gemahlenen Kartoffeln hergestellt, handelt es sich um *potetlompe*, die man mit Wurst als Schnellimbiß zu sich nimmt oder als Beilage zum Kaffee.

Getränke

Trinken tun die Norweger vor allen Dingen Kaffee – morgen, mittags, abends, nachts –, und nur Magenkranken sieht man es nach, wenn sie auf Tee umsteigen, der im hohen Norden keinerlei Tradition besitzt. Milch löscht hier auch ›Männerdurst‹, was wohl vorrangig der Qualität norwegischer Milch zu verdanken ist, gegen die sich der EG-›Kuhsaft‹ als geschmacklose Plempe erweist. Das ›H‹ vor *melk* steht übrigens für Vollmilch und nicht für die in Deutschland bekannte denaturierte Flüssigkeit; *lett* ist leicht, hinter *kulturmelk* verbirgt sich Buttermilch, hinter *skummet kulturmelk* Leicht-Buttermilch.

Kaffee und Milch sind billig. Mineralwasser hingegen ist teuer, weil meist importiert, denn in Norwegen sprudelt nur eine Quelle; die heißt Farris und trägt den Übernamen ›The King of Table-Waters‹, was weniger auf den Geschmack zurückzuführen ist als vielmehr darauf, daß die Quelle dereinst König Håkon gehörte. Über Säfte kann man nicht viel sagen, außer daß die meisten viel Zucker und Wasser, doch wenig Frucht enthalten und ebenfalls meist aus mitteleuropäischen Landen importiert werden.

Bier fließt reichlich durch Norwegens Kehlen, und es wird nach dem Reinheitsgebot gebraut. Es gibt solches mit 7 % Alkohol *(gulløl, bokkøl)*, anderes mit 4 % *(pils, bayerøl)*, solches mit 2,5 % *(lettøl)* und gänzlich alkoholfreies *(zero, vørterøl)*, das an Malzbier erinnern kann.

Wein trinken die Norweger auch, aber von einer entsprechenden Kultur möchte man nicht reden. Daß Weißwein ruhig mal etwas kühler sein darf, hat sich mittlerweile rumgesprochen, drum wird er meist eiskalt serviert. Rotwein darf nicht kalt sein, und so kommt er nicht selten mit 25° C auf den Tisch.

Mit den nationalen Schnapsprodukten hat es eine besondere Bewandtnis, denn ob der Stoff als Whisky, Gin oder Rum, Weinbrand oder Cognac ausgezeichnet ist: stets wird er aus norwegischen Kartoffeln destilliert. Das schmeckt man ebeso durch wie die Pflaumen im norwegischen Champagner, und alles in allem gibt es eigentlich nur eine nordische Spirituose, die auch im Ausland einen guten Namen trägt: Aquavit, insbesondere, wenn von Linje oder – unvergleichlich viel besser, auch doppelt so teuer – von Gilde gebrannt.

Kulinarisches Lexikon

Allgemeines
Herr Ober!	Kelner!
Fräulein!	Frøken!
Was wünschen Sie?	Hva ønsker De?
Ich möchte gerne...	Jeg ville gjerne ha...
Guten Appetit!	Velbekomme!
Prost!	Skål!
Noch etwas?	Litt mer?
Ja danke, gern	Ja takk, gjerne
Nein, danke, nicht mehr	Nei takk, ikke mehr
Kann ich die Rechnung bekommen?	Kann jeg få regningen?
Das ist für Sie.	Det er til Dem.
Behalten Sie den Rest.	Behold resten.
Frühstück	frokost
Mittagessen	middag
Abendessen	kveldsmat, aftenmat

Café	kaffe
Imbißstube	snackbar
Pommesbude	gatekjøkken
Gasthaus	gjestgiveri
Restaurant	restaurant

Fisch (fisk)
abbor	Barsch
blekksprut	Tintenfisch
blåskjell	Miesmuschel
flyndre	Scholle
hellefisk	Heilbutt
hjerteskjell	Herzmuschel
hvitting	Weißling
hyse	Schellfisch
hummer	Hummer
høvrig	Krabbe
krabbe	Krabbe
kolje	Schellfisch
kveite	Heilbutt
laks	Lachs
makrell	Makrele
pale	Seelachs

Essen und Trinken

paletorsk	Krabbe	
piggvar	Steinbutt	
reker	Garnelen	
rødsprette	Scholle	
sei	Seelachs	
sild	Hering	
sjøtunge	Seezunge	
skjell	Muschel	
skrei	Kabeljau	
snegler	Schnecke	
ørret	Forelle	
østers	Austern	
steinbitt	Steinbeißer	
torsk	Dorsch	
ål	Aal	

Gemüse (grønnsaker)

agurk	Gurke
brekkbønner	Brechbohnen
blomkål	Blumenkohl
bønner	Bohnen
ert	Erbse
gulrot	Mohrrüben
kål	Kohl
løk	Zwiebel
rødkål	Rotkohl
sopp	Pilz
surkål	Sauerkraut

Fleisch (kjøtt)

fåre	Hammel
kalve	Kalb
lamme	Lamm
okse	Rind
svine	Schwein
bryst	Brust
guljas	Gulasch
lår	Keule
postei	Pastete
pølse	Wurst
stek	Braten

Geflügel/Wild (fjærfe/vilt)

and	Ente
dyrestek	Renbraten
elg	Elch
grillet kyling	Grillhähnchen
gås	Gans
hare	Hase
kalkun	Pute
kylling	Hähnchen
rapphøne	Rebhuhn
rein	Ren
rådyr	Reh

Zubereitung

bakt	gebacken
kokt	gekocht
krydret	gewürzt
ristet	geröstet
saltet	gesalzen
stekt	gebraten

Obst (frukt)

bjørnebær	Brombeere
blåbær	Blaubeere
bringebær	Himbeere
eple	Apfel
jordbær	Erdbeere
kirsebær	Kirsche
moltebær	Multebeere
pære	Birne
tyttebær	Preiselbeere

Getränke

flaske	Flasche
glass	Glas
kanne	Kanne
kopp	Tasse
krus	Krug
kaffe	Kaffee
melk	Milch
saft	Saft

te	Tee	musserende vin	Sekt
vann, vatn	Wasser	pils	Pils
med/uten	mit/ohne		(helles Bier)
sukker	Zucker	rom	Rum
bayer	dunkles Bier	rødvin	Rotwein
bitter	Magenbitter	toddy	Grog
brennevin	Branntwein	vin	Wein
fatøl	Faßbier	øl	Bier
hvitvin	Weißwein	sterk	stark
konjakk	Cognac, Weinbrand	svak	schwach
		søt	süß
likør	Likör	tørr	herb
moltebærvin	Multebeerwein		

Urlaubsaktivitäten

Angeln

Nachfolgend nur die wichtigsten Hinweise; ausführliche Informationen und Gebietsbeschreibungen findet man in dem Buch ›Angeln in Norwegen‹, herausgegeben von E. W. Strand, zu beziehen über NORTRA-Marketing (Christophstr. 18, D-45130 Essen, ✆ 02 01/87 22 90).

Fürs **Süßwasserangeln** benötigt man eine Angellizenz (die 90 NOK pro Jahr kostet und bei jedem Postamt erhältlich ist) sowie zusätzlich einen Angelschein *(fiskekort)*, der über die lokalen Fremdenverkehrsämter zu beziehen ist und für das Angeln in einem bestimmten Gebiet Gültigkeit besitzt.

Als die besten Forellen-Reviere in Südnorwegen gelten das Gebiet rings um Kristiansand, das Østerdal sowie die Gebirgsseen der Hardangervidda. Hecht, Brasse, Felche und Aal kommen insbesondere in den niederen Flußläufen des Sørland vor, während Mandalselv und Audneelv für Aale bekannt sind; als die besten Lachsflüsse des Südens gelten Numedalslågen (Vestfold), Drammenselv (Buskerud) sowie die Ogna, Håelva, der Figgjoelva und Suldalslågen (alle im Rogaland).

Urlaubsaktivitäten

Die beste Fangzeit für Forellen und Saiblinge ist nach der Schneeschmelze (April bis Juni), die offizielle Lachssaison beginnt am 1. Juni und endet am 1. September.

Meerangeln darf man, wo man will, Lizenz und Angelschein sind nicht erforderlich. Angeln kann man mit Rute oder Handschnur vom Boot oder mit Wurfangeln von Land aus. Will man Dorsch angeln, empfehlen sich möglichst schwere Blinker; sie sind auf den Grund herabzusenken, dann zieht man rückartig an, läßt wieder ab usw. und hat Glück oder auch nicht. Für alle anderen Fische können Regenwürmer, Muscheln, Krabben oder Heringsstücke als Köder verwendet werden. Vom Boot aus benutzt man am besten Schleppangeln oder Blinker; Ruderboote kosten rund 50 NOK/Stunde bzw. 1200 NOK/Woche, wohingegen Boote mit Außenborder rund 50 % teurer sind.

Bergwandern

Wandermöglichkeiten gibt es in der südnorwegischen Bergwelt auf jedem Niveau: Von den idyllischen Waldgründen an der schwedischen Grenze bis zu den wilden Gebirgszügen im Westen, von den kleinen Gipfeln der Setesdalsheiene bis zu den weiten Ebenen der Hardangervidda. Aber der Urlauber findet hier nicht nur unzählige Wandermöglichkeiten vor, sondern auch eine Infrastruktur, die in Europa ihresgleichen sucht: Ein dichtes Netz von Hütten (insgesamt über 300) und Wanderwegen (allein im Oslo-Gebiet wurden über 1200 km Wanderwege angelegt) erschließt alle wichtigen Regionen des Landes, man kann wählen zwischen mehrstündigen Ausflügen in die Bergwildnis und bis zu mehreren Wochen dauernden Touren; wer will, kann auf diese Weise sogar ganz Norwegen durchwandern.

Ausrüstung: Natürlich trägt zum Gelingen einer Wanderung u. a. auch die Ausrüstung bei. Aber früher, als sich ›Outdoor‹-Bekleidung noch nicht zum Selbstzweck entwickelt hatte und kein Statussymbol war, gelangen die Wanderungen genausogut wie heute. – Dies vorweg und nicht nur für jene, die ihre Barschaft betrachten und vor der Frage stehen: »Soll ich mir eine Ausrüstung kaufen oder wandern gehen ...?«

Ein gewisses Maß an Ausrüstung ist natürlich unabdingbar. Dazu ein paar knappe Hinweise.

Tageswanderungen: Stellt man die modischen Aspekte zurück, so bleibt die Forderung, daß alles, was man an Kleidung trägt, möglichst weit und bequem sein soll. Ganz unabhängig vom vielleicht herrlich warmen Wetter sollte man stets auch etwas Warmes dabeihaben, unbedingt auch einen Regenschutz. Ohne adäquates Schuhwerk geht es nicht, und wer in Norwegen wandern will, ist nur mit (eingelaufenen) Berg- oder Trekkingschuhen gut beraten. An Kleinutensilien seien Karten und Kompaß genannt, evtl. ein Signalgerät (Leuchtpistole), Höhenmesser und Feldstecher, Sonnenbrille, Plastiktüten für den Picknickmüll, nicht zu vergessen eine Erste-Hilfe-Ausrüstung sowie Anti-Mückenmittel, von dem oft das Gelingen der Wanderung abhängig sein kann. Wasser-Entkeimungsmittel sind in Norwegen völlig überflüssig, und damit das Wasser in Seen und Flüssen möglichst wenig belastet wird, sollte – wer Seife etc. mitnimmt – alkalifreie Produkte bevorzugen.

Das Sommerwandern mit Skistöcken ist in Norwegen zwar nicht in Mode, aber die (in ihrer Länge möglichst verstellbaren) Skistöcke entlasten die Knie beim Abstieg ungemein, helfen beim Aufstieg Kraft sparen und bieten auch bei Flußquerungen eine wichtige Hilfe.

Um all dies sowie den Wanderproviant zu tragen, benötigt man einen Rucksack, der natürlich möglichst bequem sein und eine ausreichende Größe haben sollte. Ein sogenannter Day-Pack, ein Tagesrucksack, reicht hier völlig aus.

Mehrtageswanderungen: Zu den Punkten Kleidung, Schuhe, Kleinutensilien und Skistöcke gilt das gleiche wie oben beschrieben, Kleidung zum Wechseln ist sinnvoll, aber will man das Gewicht niedrig halten, reicht es aus, nur eine Hose oder Shorts und ein T-Shirt plus Pullover zusätzlich mitzunehmen.

Die Frage nach dem Schlafsack ist in erster Linie davon abhängig, ob die Tour als Zelt- oder Hüttenwanderung gedacht ist. Die Mitnahme eines Kochers ist nur bei Zeltwanderungen zu erwägen. Gaskartuschen- und Esbit-Kocher hängen im Vergleich mit Spiritus-, Petroleum- oder Benzingetriebenen Sturmkochern hintenan. Wir würden stets den Spiritus-Kocher bevorzugen, und zwar nicht, weil er effektiver arbeitet, sondern weil der (nicht explosive) Brennstoff nahezu überall (auch in Fjellstationen) zu beziehen ist.

Planung: Wer in Südnorwegen zu wandern beabsichtigt, sollte sich schon vor Beginn der eigentlichen Planung überlegen, ob er lediglich Halbtages- und Tages-Wanderungen unternehmen will oder auch Mehrtagestouren. Kommt letzteres in Betracht, muß man sich entscheiden, ob es Zelt- oder Hüttenwanderungen werden sollen oder ob eine Kombination aus beidem angestrebt wird. Die Entscheidung ist letztlich eine des persönlichen Geschmacks, des Komfortbedarfs, des Ausrüstungs- und Trainingsstandes sowie auch des Portemonnaies.

Wichtig für die Planung ist gutes Kartenmaterial. Der norwegische Gebirgsverein (Adresse s. unten) hat ausführliche Übersichtskarten über die Gebirgsregionen herausgegeben (kostenlos erhältlich). Auf diesen sind die entsprechenden Detailkarten, die Wanderhütten und die gekennzeichneten Wege mit ihrer durchschnittlichen Wanderzeit angegeben.

Zusätzlich empfehlen sich topographische Karten im Maßstab 1:50 000, die man entweder vor Ort in Norwegen (Buchhandel) oder beim NORDIS Buchhandel (s. S. 210), bestellen kann, der auch mehrere ausgezeichnete Wanderbücher vertreibt, in denen zahlreiche Routen ausführlich beschrieben sind und praktische Tips gegeben werden.

Als die beste Wanderzeit gelten die Monate zwischen Anfang Juni und Mitte September, Hochsaison herrscht von 15. Juli bis 15. August (dann sind die Hütten oft überbelegt), aber auch ab Mitte Mai und bis Anfang Oktober kann man durchaus wandern gehen (die Hütten sind in der Regel vom 15. Februar bis 1. Oktober geöffnet). Im Juni sind im Hochgebirge viele Wanderwege noch verschneit. Eine Tour von Hütte zu Hütte sollte man erst ab Anfang Juli planen.

Hütten: Das Hüttenangebot reicht von einfachen und rustikalen nicht bewirtschafteten Hütten (NB), in die man Verpflegung und Schlafsack (aber nicht das Kochgeschirr) selber mitbringen muß, über bewirtschaftete Hütten mit Selbstbedienung (SB), wo auch Proviant verkauft wird, bis hin zu bewirtschafteten Herbergen (B), in denen sogar Vollpension erhältlich ist. Verwaltet werden diese Hütten vom DNT (Adresse s. unten), bei dem man auch den passenden Universalschlüssel zu den Hütten (alle SB und NB) erhält.

Wer im DNT Mitglied ist, bekommt den Schlüssel kostenlos (sonst 50 NOK Pfand) und zahlt für eine Nacht in einer NB- oder SB-Hütte 90 NOK (sonst 140 NOK), für das Bett im Schlafraum einer B-Hütte 70 NOK (sonst 120 NOK), für ein Bett im 4–6-Bettzimmer einer B-Hütte 100 NOK (anstatt 150 NOK) und für ein Bett im 1–3-Bettzimmer einer B-Hütte 140 NOK (sonst 190 NOK); auch auf die Mahlzeiten gibt es rund 25 % Rabatt.

Die Mitgliedschaft kann also sehr lohnend sein, zumal man dann ›Erstrecht‹ bei der Übernachtung in allen Hütten genießt, über den aktuellen Stand der Wanderdinge im Land ständig unterrichtet wird und auch bei den geführten Wanderungen des DNT (über 200 Routen allein im Sommer) sowie bei Gletscher- und Bergsteigerkursen und Hundeschlittentouren Preisnachlaß erhält. Diese Mitgliedschaft kostet 290 NOK pro Jahr (jedes weitere Familienmitglied 95 NOK) bzw. 155 NOK für Jugendliche unter 25 Jahren sowie Senioren über 67 Jahren. Weitere Informationen sowie Anmeldeformulare bei:

Den Norske Turistforening (DNT)
Stortingsgt. 28
Postboks 1693
0161 Oslo
☎ 22 83 25 50
Fax 22 83 24 78

Urlaubsaktivitäten

Bergsteigen

Die südnorwegischen Gipfel und Wände können sich zwar mit denen in Mittelnorwegen nicht messen, dennoch findet man Herausforderungen in allen Schwierigkeitsgraden. Als der größte Anbieter von Berg- und Klettertouren sowie -Kursen gilt der DNT (Den Norske turistforening, s. o.).

Kanu/Kajak

Mit dem Kanu ruhig auf einem See dahinzugleiten, ist für viele eines der beeindruckendsten Naturerlebnisse überhaupt. Anderen wiederum ist das Befahren von Wildwassern das höchste der Gefühle, und nicht wenige gibt es, denen das Kajakfahren im Schatten monumentaler Fjordwände größtmögliche Urlaubslust verschafft. – Südnorwegen kann all diese Wünsche befriedigen. Østfold etwa (insbesondere Halden, siehe Route I, wo der Halden-Kanal beginnt) ist für idyllische Kanutouren geradezu prädestiniert, denn dort ermöglichen Flüsse, Seen und Kanäle lange, zusammenhängende Fahrten. Ansonsten findet man auch auf den Seen und Kanälen Telemarks optimale Möglichkeiten, und den 110 km langen Telemark-Kanal, der bei Porsgrunn/Skien beginnt (Route II) und in beide Richtungen befahrbar ist, kann man getrost als eines der großen Kanu-Eldorados von Europa bezeichnen. Kanuverleih gibt es in zahlreichen Landesteilen, so auch am Halden- und Telemark-Kanal, sogar organisierte Touren werden durchgeführt.

Passionierte Wildwasserfahrer sollten sich an Norges Kajakkforbund (Hauger Skolevei 1, 1351 Rud, ✆ 67 56 88 00) wenden, der das auf norwegisch und englisch erhältliche Buch ›Elvepadling‹ (Wildwasserfahren) herausgibt, in dem Tourenbeschreibungen für die meisten Flüsse Südnorwegens gegeben werden. Dort erhält man auch Informationen über Verleihstationen im Land.

Um das Meer zu befahren, benötigt man einen Seekajak, doch Seekajak-Verleih gibt es bislang so gut wie gar nicht an Norwegens Küsten, so daß man schon sein eigenes Gefährt mitbringen muß. Die in Mode gekommenen aufblasbaren Kanus (etwa XR-Trekking, Grabner etc.) sind für norwegische Gewässer vollkommen ungeeignet bis lebensgefährlich, da sie sich über jeder kleinen Welle durchbiegen und dem Wind eine enorm große Angriffsfläche bieten. Ideal ist ein den Eskimobooten nachgebauter Seekajak, und in bezug auf die Fahreigenschaften, Verarbeitung und Sicherheit gilt die Firma Arno Gatz in Köln als vorbildlich.

Fahrradfahren

Radfahren ist vielleicht die faszinierendste Art, Südnorwegens grandiose Natur und seine Menschen kennenzulernen. Zwar muß bei so mancher Steigung das Rad geschoben werden, aber anschließend geht es im rasanten Tempo bergab. Außerdem bietet die abwechslungsreiche Landschaft nicht nur anstrengende Berg- und Tal-, sondern auch relativ leicht zu bewältigende Küstenstrecken. Ein wenig Kondition braucht man natürlich schon, aber die stellt sich schon nach wenigen Radeltagen von alleine ein. Ersatzteile kann man in Norwegen (auch für MTBs) nahezu überall erstehen, die Anreise nach Norwegen ist problemlos im Flugzeug (kein Mehrpreis, so die Gepäck-Freigrenze nicht überschritten wird) und Zug möglich, und im Land selbst kann man das Rad außerhalb der Städte auch im Bus mitnehmen, aber auch von der Eisenbahn (außer Expreßzüge) wird es befördert (30 Min. vor Zugabfahrt am Bahnhof aufgeben).

Für die gut ausgebauten und stets asphaltierten Hauptstraßen reicht in der Regel ein Tourenrad – auch mit nur drei Gängen kann man durchaus klarkommen –, aber auf diesen Straßen verdirbt einem während der Saison der Autoverkehr den Spaß. Besser ist, man nennt ein Mountain Bike sein eigen, mit dem man auch auf die Nebenstraßen und Pisten ausweichen kann. Wir selbst haben einen Teil von Südnorwegen per MTB recherchiert (Sohn Aaron auf dem Tandem, Tochter Alea im Anhänger oder im Körbchen) und haben ausschließlich gute Erfahrungen gemacht!

MTBs gibt's von zahllosen Firmen, da kann man kaum eine besondere Empfehlung aussprechen, aber wer mit Familie auf Radtour gehen will, der braucht – sind die Kinder noch nicht alt genug – ein MTB-Tandem von Burley, denn nur an diesen Rädern kann man spezielle Kinder-Tretlager anbringen, mit dem Erfolg, daß schon Kinder ab etwa 3 bis 4 Jahren als Stoker Platz nehmen können.

Und fürs Gepäck sowie für die ganz Kleinen, die nicht selbst radeln können, empfiehlt sich ein Anhänger (ebenfalls von Burley auf dem Markt), der nur 7 kg wiegt und auf kleinstes Maß zusammengeklappt werden kann. Ausgestattet ist das Teil mit Leichtlaufrädern, Sonnen-, Regen- und Moskitoverdeck. Und lieber 40 kg im Hänger (Maximallast 50 kg) als 20 kg in den Packtaschen, die natürlich unbedingt wasserdicht, einzeln aufhängbar und möglichst so konzipiert sein sollten, daß sie auch als Rucksäcke und/oder Reise-/Schultertaschen eingesetzt werden können. Die einzigen auf dem Markt, die diese hohen Anforderungen erfüllen, sind die der Firma Karrimor.

Tourenvorschläge: Der Landesverband der norwegischen Radfahrer (Den Rustne Eike, Vestbaneplassen 2, 0250 Oslo, ✆ 22 83 72 31) hat eine Broschüre herausgegeben, in der über 20 Touren im ganzen Land beschrieben und wichtige praktische Hinweise (z. B. sind manche Tunnel für Radfahrer gesperrt!) gegeben werden. Diese Broschüre kann man in Deutschland unter dem Titel ›Radwandern in Norwegen‹ (von Sissel Jenseth) über den Buchhandel beziehen.

Golf

In Südnorwegen gibt es mittlerweile 38 Golfplätze (11 mit 18, 16 mit 9 und 11 mit 6 Löchern), die Saison währt von Mitte Mai bis September und die Gastgebühr liegt zwischen 100 und 200 NOK/Tag, aber nicht auf allen Plätzen können Golfausrüstungen gemietet werden. Ausführliche Informationen sind zu beziehen über Norges Golfforbund, Hauger Skolevei 1, 1351 Rud, ✆ 67 56 88 00.

Luftsport

Informationen über Drachenfliegen, Fallschirmspringen, Segelfliegen, Paragliding etc. kann man beim Dachverband Norsk Aeroclub (Møllesvingen 2, 0854 Oslo 8, ✆ 22 69 03 11) abrufen.

Rafting/Wildwasserfahren

Die wilden südnorwegischen Gebirgsflüsse sind geradezu prädestiniert für diese relativ junge Sportart, die wesentlich ungefährlicher ist, als es den Anschein hat – zumindest, wenn man mit erfahrenem Führer und entsprechender Ausrüstung startet. Vorkenntnisse sind dann nicht erforderlich, höchstens eine Portion Mut. Durchgeführt werden solche Raftings mit großen Gummischlauchbooten (die bis zu 8 Personen Platz bieten). Für weitere Informationen und Anmeldung wende man sich an das Gol Campingsenter (3550 Gol/Buskerud, ✆ 32 07 41 44), das Haukeli Højfjellshotell (3892 Vinje/Telemark, ✆ 35 57 05 32) oder an Dagali Rafting (3580 Geilo/Dagali, ✆ 32 09 38 20).

Reiten

In Südnorwegen gibt es zahllose Reitzentren, wo man die Vierbeiner stunden- oder tageweise ausleihen oder an Kursen sowie an organisierten Tages- oder Wochentouren teilnehmen kann. Weitere Informationen und eine Auflistung aller Reitschulen kann man abrufen beim Norsk Rytterforbund (Hauger Skolevei 1, 1351 Rud, ✆ 67 56 88 00).

Tauchen

Die norwegische Küste mit ihren äußerst klaren, sauberen und fischreichen Gewässern gilt als eines der großen Tauch-Eldorados von Europa, und im gesamten Küsten- und Schärengebiet finden sich entsprechend zahlreiche Taucherzentren (*Dykkersenter*), die Kurse anbieten, Ausrüstung verleihen und Flaschen auffüllen; wer eigene Flaschen mitbringt, muß ein Tauchzertifikat vorweisen. Informationen und ein Verzeichnis aller Tauchzentren über Norges Dykkerforband, Hauger Skolevei 1, 1251 Rud, ✆ 67 56 88 00).

Wildnis-Ferien

Wem Paddeln, Klettern, Trekken oder Reiten allein zu wenig ist und wer die verschiedenen Aktivitäten miteinander kombinieren will, kann von den ›Wildnis-Angeboten‹ folgender Unternehmen Gebrauch machen:
Unique Wilderness Adventures
Odd Kvinen, Ousdal
4440 Tonstad
✆ 38 37 18 62

Norefjell Aktiv Fene
3516 Noresund/Buskerud
✆ 32 14 91 11

Norw. Wildlife Experience
Stangeskovene
1933 Lierfosss/Akershus
✆ 63 86 58 88

Kurzinformationen von A bis Z

Ärztliche Versorgung

Wer ärztliche Hilfe benötigt, wende sich an eine Ärztestation *(legevakt)* oder an das örtliche Krankenhaus (*sjukehus* oder *sjukestue*) bzw. an einen Zahnarzt *(tannleger)*. Die Telefonisten spechen (wie die Ärzte) oft Deutsch, auf jeden Fall Englisch. Hausbesuche kommen nur bei Unfällen und schweren Krankheiten in Frage.

In Notfällen kann man einen Krankenwagen über den Notruf ✆ 113 bestellen. Seit 1994 gilt auch in Norwegen das E 111-Formular der deutschen Krankenkassen. Der Abschluß einer privaten Auslands-Krankenversicherung wird dennoch empfohlen.

Auskunft

Mit allen Fragen wende man sich vertrauensvoll an die Fremdenverkehrsbüros; es wird Deutsch und/oder Englisch gesprochen.

Behinderte

Auch für Behinderte ist Norwegen ein Traumland, weil eines der wenigen auf der Welt, wohin sie getrost reisen können. Nahezu alle öffentlichen Einrichtungen und Hotels, aber auch Eingänge, Gehsteige, Lifts etc. sind auf die Belange von Rollstuhlfahrern zugeschnitten. Um auch die Anreise problemlos zu ermöglichen, lief 1981 ein vollkommen mit Rücksicht auf Behinderte gestaltetes Fährschiff vom Stapel (›Prinsesse Ragnhild‹; bedient die Strecke Kiel – Oslo). Aber auch Seh- und Hörgeschädigte haben es leicht in diesem Land, so zeigen die Ampeln an den Fußgängerüberwegen nicht nur Farbe, sondern geben auch akustische Signale ab; und im Theater beispielsweise ist es selbstverständlicher Service, daß Hörapparate gratis verliehen werden. Obendrein gibt es in Norwegen über 100 Hotels, die speziell auf die Belange von Behinderten eingerichtet sind.

In einem über das Fremdenverkehrsamt zu beziehenden Buch sind sie alle aufgelistet und besonders beschrieben. Evtl. weitere Informationen – auch in deutscher Sprache über:
Norges Handikapforbund
Postbox 9217 Vaterland
0134 Oslo
✆ 22 17 02 55, Fax 22 17 61 77

Diebstahl

Ist fast kein Thema in Norwegen, wo nahezu niemand Haus und Auto abzuschließen pflegt. Lediglich der Fahrrad-Klau geht manchmal um, und Mountain Bikes sind besonders gefährdet. Dennoch tut man natürlich gut daran, die üblichen Sicherheitsmaßnahmen zu ergreifen, denn außer den Norwegern, von denen der eine oder andere vielleicht doch mal dem Grundsatz, daß Gelegenheit Diebe macht, folgt, gibt es da ja auch noch ausländische Touristen. – Und nicht alle sind ehrbar!

Diplomatische Vertretungen

Deutschland
Botschaft der
Bundesrepublik Deutschland
(Forbundsrepublikken Tysklands Ambassade)
Oscarsgate 45
0258 Oslo
✆ 22 55 20 10, Fax 22 44 76 72

Schweiz
Botschaft der Schweiz
(Sveitsisk Ambassade)
Bygdøy Allé 78
0268 Oslo
✆ 22 43 05 90, Fax 22 44 63 50

Österreich
Botschaft von Österreich
(Østerriksk Ambassade)
Thomas Heftyesgt. 19–21
0244 Oslo
✆ 22 55 23 48, Fax 22 55 43 61

Feiertage und Feste

Feiertage sind der 1. Januar, der Gründonnerstag sowie Karfreitag und Ostermontag, der 1. Mai, der 17. Mai (Nationalfeiertag), Christi Himmelfahrt, der Pfingstmontag sowie der Mittsommertag (23. Juni), schließlich der 25. und 26. Dezember neben dem Sylvestertag.

Fernsehen

Wer glaubt, daß das nahezu täglich zur Aufführung kommende Naturschauspiel ›Sonnenuntergang‹ nicht hinreichend ist, die abendlich aufsteigende Langeweile zu vertreiben, mag sein Fernsehgerät mitnehmen: Im norwegischen TV laufen sehr viele Filme und Serien aus Westeuropa (sehr viele deutsche Filme) und Nordamerika mit Untertiteln in der Landessprache.

Feuer im Freien

Zwischen dem 15. April und dem 15. September ist es in ganz Norwegen per Gesetz verboten, offenes Feuer im Freien zu machen.

FKK

Oben ohne vielleicht, ganz ohne nie – es sei denn dort, wo man von Fremden nicht gesehen wird. Laut Gesetz ist das Nacktbaden in Norwegen zwar nicht verboten, aber die Norweger sind ein wenig prüde. Gern wird FKK nicht gesehen.

Informationen über reine FKK-Strände erhält man beim NNF-Norsk Naturistforbund, Postboks 189 Sentrum, 0102 Oslo.

Fotografie

Alles, was benötigt wird, sollte man von zu Hause mitbringen. Wer vor Ort nachkaufen muß, hat tief in die Tasche zu greifen: Papierfilme sind etwa 50 % teurer als bei uns (Kodak auch dopppelt so teuer), Diafilme der Marke Ektachrome kosten umgerechnet rund 20 DM, Kodachrome (falls überhaupt erhältlich) liegt bei 30 DM.

Papierfilme gibt's auch in den Supermärkten zu kaufen, Diafilme meist nur in Fotoläden.

Jedermannsrecht

›Freiheit in der Verantwortung‹ – so könnte man das Motto des über Jahrhunderte gewachsenen ›Jedermannsrecht‹ umschreiben, das in Norwegen (wie auch in Schweden und Finnland) den Aufenthalt und die Fortbewegung in der freien Natur regelt. Dieses Recht, von dem sich großzügige Einzelrechte ableiten lassen, konnte wohl nur in den äußerst dünn besidelten Gebieten des Nordens entstehen, ist aber auch mit Pflichten verbunden, denn natürlich bedeutet es im Zeitalter des Tourismus auch für die nordische Natur eine Belastung. Für einen Teil dieser Belastung sind freilich die Norweger selbst verantwortlich, denn sie bilden die Majorität unter den Touristen. Andererseits aber sind es die ausländischen Besucher einfach nicht gewohnt, sich so frei in der Natur bewegen zu können, und schlagen mitunter über die Stränge – was nicht nur Probleme und Konflikte entstehen läßt, sondern auch dazu führen kann, daß Restriktionen unvermeidlich werden.

Was ist nun erlaubt, was ist verboten? Die folgenden Regeln sollen Anhaltspunkte geben:

Betreten und Befahren von fremdem Grund und Boden:
Grund und Boden anderer darf – wenn auch umzäunt – zu Fuß, auf Skiern oder mit dem Fahrzeug durchquert werden, sofern dabei kein Schaden entsteht. Zauntore und Gatter sind zu schließen bzw. offenzulassen – je nach dem, wie man sie vorgefunden hat; natürlich darf man Einzäunungen von Privatgrundstücken nicht übersteigen.

Man darf sich nicht ohne Erlaubnis auf einem Hausgrundstück aufhalten oder es durchqueren, wobei unter Hausgrundstück – das nicht eingezäunt sein muß – der engere Bereich um ein Wohnhaus zu verstehen ist: die sogenannte Hausfriedenszone.

Aufenthalt auf fremdem Grund und Boden:
Es ist erlaubt, überall einige Nächte zu zelten, sofern sich der Standort nicht auf landwirtschaftlicher Nutzfläche oder in der Nähe eines Wohnhauses befindet. Dies gilt nicht für Gruppen. Sie müssen in jedem Fall die Erlaubnis des Eigentümers einholen, aber auch für Personen mit einem kleinen Zelt gehört es sich, um Erlaubnis zu bitten – insbesondere dann, wenn man mehr als eine Nacht zu bleiben gedenkt.

Noch größere Sorgfalt muß man beim Plazieren von Wohnwagen und Wohnmobilen walten lassen. Es ist verboten, sie auf öffentlichen Parkplätzen abzustellen; im Gelände und auf Privatwegen herrscht Fahrverbot, so dürfen sie nur im Anschluß an Fahrstraßen stehen.

Baden und Bootfahren:
Man darf alle Gewässer mit einem Boot befahren und überall baden, einige Nächte mit einem Boot anlegen und an Land gehen, sofern das Ufer nicht zu einem Hausgrundstück gehört oder behördliches Zutrittsverbot besteht.

Pflanzen in Wald und Fjell:
Wildwachsende Beeren, Pilze und Kräuter sowie Trockenreisig und totes Holz dürfen gesammelt werden, wie auch Blumen, die nicht unter Naturschutz stehen, gepflückt werden dürfen.

Das Mitnehmen von ›lebenden‹ Bäumen und Sträuchern, Reisig, Zweigen und Ästen, Baumrinde, Laub, Eicheln oder Harz ist verboten, wie auch das Fällen von Bäumen oder das Abbrechen von Zweigen unter Strafe steht.

Lagerfeuer:
Feuerstellen sind so anzulegen, daß hinterher keine Spuren davon zurückbleiben, was man z. B. durch das Ausstechen von Grassoden erreicht, die man später wieder einsetzt. Auf Felsplatten darf niemals Feuer entfacht werden, weil die Hitze den Stein platzen läßt.

Jegliches Feuer ist sorgfältig zu löschen. Wenn sich ein Feuer ausbreitet, wird derjenige dafür haftbar gemacht, der es entzündet hat.

Angeln und Fischen:
Das Recht zum Gemeingebrauch berechtigt nicht zur Jagd und zum Angeln an Binnengewässern, wohl aber an den Meeresküsten.

Das Plündern von Vogelnestern und das Mitnehmen von Vogeleiern ist ebenso verboten wie das Zerstören von Bauen, Nisthöhlen und Nestern.

Abfallbeseitigung:
In Wald und Flur dürfen keinerlei Abfälle (auch keine Essensreste) zurückgelassen oder vergraben werden. Auch das Abstellen von Abfalltüten neben (vollen) Abfallbehältern ist verboten.

Exkremente sind zu vergraben; Chemie-WCs dürfen nur in die dafür vorgesehenen Tanks entleert werden (zu finden auf den Campingplätzen). – Zuwiderhandlungen sind strafbar.

Kinder

Schon im Alter von $1^{1}/_{2}$ Jahren genossen es unsere Kinder sichtlich, Wasser aus jedem Bach trinken zu können, mit zum Fischfang rauszurudern, ins Hochgebirge (in der Trage sitzend) zu wandern, auf fahrzeugfreien Straßen Fahrrad zu fahren oder auch mal im Schwimmring hängend baden zu gehen. Andere Kinder fanden sie reichlich, die Norweger sind äußerst kinderfreundlich, in jedem Restaurant gibt's Wickelräume und Kinderstühle, und Spielplätze lassen sich häufiger finden als in heimischen Breiten.

Lebensmittel

An Supermärkten herrscht kein Mangel, und auch die meisten Tankstellen verstehen sich als kleine Shoppingzentren. Wer freilich zum ersten Mal einen norwegischen Lebensmittelladen betritt, muß auf einen Schock vorbereitet sein: Die Preise sind hoch! Etwa 6 DM für einen Blumenkohl, 2 DM für 1 kg Kartoffeln, 5 DM für ein Brot und 50 DM für 1 kg Rindfleisch sind keine Ausnahmen. Gäbe es nicht überall und immer irgend etwas im Sonderangebot, man könnte schier verzweifeln. Aber die Qualität stimmt, und wer z. B. einmal nordische Milchprodukte gekostet hat, würde auch zu Hause gerne mehr bezahlen, um noch einmal in den Genuß solch geschmacklich unverfälschter Lebensmittel zu kommen. Aber das passiert nur den wenigsten Touristen, denn das Gros der Besucher schert sich keinen Deut um die (in dieser Hinsicht nicht allzu restriktiv ausgelegten) Einreisebestimmungen und reist in Fahrzeugen an, die bis zur Grenze der Belastbarkeit mit Eßwaren beladen sind.

Öffnungszeiten

Geschäfte haben eine einheitlichen Zeiten, als Richtlinie gilt: 9–16/17 Uhr (Supermärkte meist bis 18/19 Uhr), Do bis 19/20, Sa bis 13 Uhr, So geschlossen
Banken: Mo–Mi und Fr 8.15–15.30 Uhr, Do bis 17 Uhr
Post: Mo–Fr 8/8.30–16/16.30 Uhr, Sa 8–13 Uhr
Alkoholläden: Mo–Mi 10–16 Uhr, Do bis 17, Fr 10–16, Sa 9–13 Uhr

Post

Für Briefe (bis 20 g) sowie Postkarten bezahlt man 4,5 NOK Portokosten. Befördert wird die Post in aller Regel mit dem Flugzeug, und die Beförderungszeit beträgt 2–4 Tage nach Mitteleuropa.

Sämtliche Postsendungen kann man sich problemlos zuschicken lassen. Ohne feste Adresse empfiehlt sich postlagernd. Der Standardbriefkopf sieht dann so aus:

Name...
Poste Restante...
Stadt...
Norwegen

Radio

Deutsche UKW-Sendungen kann man nicht empfangen, um auf Langwelle etwas hören zu können, benötigt man eine lange Antenne (ca. 2 m). Was bleibt, ist die Kurzwelle, auf der folgende Sender ausstrahlen:
Deutsche Welle: 6074 kHz, 49,0 m und 31,0 m; wer wissen will, was wann läuft, kann ein kostenloses Programmheft abrufen: Deutsche Welle, Raderberggürtel 50, 50968 Köln, ✆ 02 21/38 90
Deutschlandfunk: 6090 kHz, 49,0 m
Radio Bremen: 6190 kHz, 48,5 m
Südwestfunk: 6030 kHz, 49,8 m

Rauchen

Nach den Vereinigten Staaten hat jetzt auch Norwegen drastische Maßnahmen ergriffen, um die Rechte der Nichtraucher in der Öffentlichkeit zu sichern. In Cafés, Restaurants etc. wurden separate Räume für Nichtraucher eingerichtet, in öffentlichen Transportmitteln sowie öffentlichen Gebäuden (Rathaus, Post etc.) ist Rauchen verboten.

Außerdem dürfen Autofahrer im Stadtbereich am Steuer nicht rauchen.

Spirituosen

Ohne Zweifel gibt es einen innigen Zusammenhang zwischen Klima und Trinkgewohnheiten. In Norwegen ist das Klima hart; je nördlicher man kommt, desto härter wird es – sprich: desto mehr wird getrunken. Oder besser: wurde getrunken, denn gegen Ende des letzten Jahrhunderts entstanden Absolutistenbewegungen, die mit Erfolg gegen den ›Teufel Alkohol‹ zu Felde zogen. Heute wird der Stoff, der das Walhalla der Wikinger erst zum Paradies machte, nur noch zu hohen Preisen und über ein sehr weitmaschiges Ladennetz verkauft.

Dieser Balanceakt zur Drosselung des Verbrauchs funktioniert insgesamt ganz gut (zum Vergleich: in Frankreich werden 13,3 l reinen Alkohols pro Kopf verbraucht, 10,9 sind es in der BRD, 6,6 in England, 5,5 in Schweden und 3,8 in Norwegen), obwohl es auffällt, daß Norwegen mit den höchsten Hefekonsum der Welt hält. Der Gärstoff wird in solchen Mengen abgesetzt, daß nach der Statistik jeder Norweger täglich mindestens 1 selbstgebackenes Hefebrot vertilgen müßte – und sein Brot selbst zu backen ist eher unüblich.

Wer als Urlauber seine Leber nicht in Ruhe lassen möchte, der wird seine Reisekasse belasten (Wein gibt es nicht unter 50 NOK für 0,7 l, ›harte Sachen‹ kommen auf durchschnittlich 300 NOK die Flasche zu stehen, 1 Dose Pils muß mit 15–20 NOK bezahlt werden), aber auch seine Nerven strapazieren auf der Suche nach den sehr rar gesäten (staatlichen) Alkoholläden, die den Namen *Vinmonopolet A/S* tragen und im Volksmund *Polet* genannt werden.

Nur Leichtbier (2,5 %) und natürlich alkoholfreies Bier kann man überall erstehen (Tankstellen, Kioske, Supermärkte etc.). Es ist etwa doppelt so teuer wie bei uns und von ausgezeichneter Qualität.

Tax-free-System

Ob Sie nun Kunstgewerbe erstehen oder Keramiken, Schmuck oder Textildrucke, Webstoffe, Strickwaren oder Strickgarn, Holzarbeiten, Silber-, Bronze-, Emaille-, Glas- oder Zinnwaren, Glas, Porzellan… – kaufen Sie möglichst nur in denjenigen Geschäften, an denen der Tax-free-Aufkleber angebracht ist. Bei Waren im Wert ab 300 NOK kann man sich dort nämlich einen ›Tax-free-Scheck‹ ausstellen lassen, mit denen an Flughäfen, Fähren und an größeren Grenzübergängen die bezahlte Mehrwertsteuer von 16,67 % des Endpreises abzüglich einer Gebühr in bar zurückvergütet wird. Dabei muß man seinen Wohnsitz außerhalb Skandinaviens haben, einen Paß oder Personalausweis vorlegen; die Ware darf vor der Ausreise nicht in Gebrauch genommen werden bzw. muß spätestens vier Wochen nach Kauftermin außer Landes sein. Genauere Auskünfte über das System erteilt:
Norway-Tax-free-Shopping A/S
Postboks 48
N-1345 Østerås
✆ 67 14 99 01, Fax 67 14 97 84

Telefon

Auslandsgespräche im Selbstwählverkehr können entweder von den Telegrafenämtern aus geführt werden oder von den Telefonhäuschen aus, die in schönstem Rot erstrahlen. Die Münzfernsprecher akzeptieren 1- und 5 NOK-Stücke, – die neuesten auch 10 NOK-Stücke. Die Gebühren halten sich mit denen in Deutschland in etwa die Waage (1 Min. zur BRD ca. 8 NOK), und die Verbindung ist meist außerordentlich gut.

Eine mehrsprachige Bedienungsanleitung (auch auf Deutsch) findet sich üblicherweise in jeder Telefonkabine. Für Auslandsgespräche wählt man erst einmal die 00, gefolgt von der Vorwahlnummer des Landes, gibt dann die Ortskennzahl ohne die 0 ein, schließt die Teilnehmerzahl an. Das heißt:

Bundesrepublik Deutschland 00–49
Schweiz 00–41
Österreich 00–43

Will man nach Norwegen anrufen, muß die Landeskennziffer 47 vorgewählt werden, davor kommt die Nummer, die mit dem Ausland verbindet (in Deutschland ist das die 00), danach die achtstellige Telefonnummer.

Trinkgeld

Trinkgelder sind in Norwegen zwar nicht üblich, weil neben der Mehrwertsteuer auch die Bedienung bereits im Endbetrag enthalten ist, aber kleine Aufrundungen werden überall gerne entgegengenommen. Insbesondere im Restaurant hat es sich eingebürgert, die Summe aufzurunden, und Taxifahrer erwarten etwa 10 %, da ein Extraeinkommen in dieser Höhe vom Finanzamt automatisch angesetzt wird.

Zeit

Norwegen hat – wie Mitteleuropa – die MEZ und auch die Sommerzeit (28. 3.–26. 9.).

Zeitungen

Deutschsprachige Zeitungen und Zeitschriften (meist Welt, Süddeutsche, Zeit, Bild, Spiegel, Stern, diverse Frauenzeitschriften) kann man während der Saison (Mitte Juni bis Mitte August) in den größeren Kiosken des Landes finden.

Kleiner Sprachführer

Wie bereits an anderer Stelle gesagt, ist Norwegen ein Land mit zwei Sprachen, nämlich Bokmål und Nynorsk, wobei sich letztere durch mehr Diphtonge, differenziertere Endungen und volleren, vokalreicheren Klang auszeichnet. Die Südnorweger sprechen hauptsächlich Bokmål (siehe Sprachführer) oder – wenn sie unter sich sind – ihre eigenen Dialekte. Englisch versteht fast jeder, auch mit Deutsch kommt man gut durch, und wer ›Platt‹ spricht, besser noch den ›Waterkant-Dialekt‹, wird meist verstanden und versteht selbst recht viel. Man kommt immer irgendwie zurecht, aber, wer sich Mühe gibt, seine Wünsche in der Landessprache zu artikulieren, wird auf offenere Ohren stoßen.

Aussprache/Betonung

Die Vokabeln zu kennen ist eine Sache, sie richtig auszusprechen und zu betonen eine andere.

In der Orthographie weist die norwegische Sprache mehrere Besonderheiten auf. Es sind dies die Buchstaben:
å und Å = o (O), wie in ›Nord‹
æ und Æ = ä (Ä)
ø und Ø = ö (Ö)
Die übrigen Vokale werden wie im Deutschen ausgesprochen, o aber oft auch wie ›u‹, und u wie ›ü‹.
Mit den Konsonanten ist es etwas schwieriger:
d ist stumm vor s, nach n, l und als Endkonsonant nach r und l
g wird vor i und y wie ›j‹ ausgesprochen
gj wird wie ›ja‹ ausgesprochen
h vor j und v ist stumm
k vor i und y wird wie ›ch‹ ausgesprochen
kj ebenfalls wie ›ch‹, nach Vokalen hingegen wie ›i‹ sonst wie ›j‹
s ist stimmlos
sk wird vor i und j wie ›sch‹ ausgesprochen
sj sowie skj wird stets wie ›sch‹ ausgesprochen
tj ist gleich ›tsch‹
v wie ›w‹

Lexikon

(siehe auch ›Kulinarisches Lexikon‹ auf Seite 218)

Zahlen

1	en
2	to
3	tre
4	fire
5	fem
6	seks
7	sju
8	åtte

9	ni
10	ti
11	elleve
12	tolv
13	tretten
14	fjorten
15	femten
16	seksten
17	sytten
18	atten
19	nitten
20	tjue
25	tjuefem
30	tretti
40	førti
50	femti
60	seksti
70	sytti
80	åtti
90	nitti
100	hundre
150	hundreog femti
200	to hundre
1000	tusen
2000	to tusen

Ordnungszahlen

1.	første
2.	andre
3.	tredje
4.	fjerde
5.	femte
6.	sjette
7.	sjuende
8.	åttende
9.	niende
10.	tiende
100.	hundrede
1000.	tusende

Zeitbegriffe

Montag	mandag
Dienstag	tirsdag
Mittwoch	onsdag
Donnerstag	torsdag
Freitag	fredag
Samstag	lørdag
Sonntag	søndag
Januar	januar
Februar	februar
März	mars
April	april
Mai	mai
Juni	juni
Juli	juli
August	august
September	september
Oktober	oktober
November	november
Dezember	desember
Frühling	vår
Sommer	sommer
Herbst	høst
Winter	vinter
Sekunde	sekund
Minute	minutt
Stunde	time
Tag	dag
Woche	uke
Monat	måned
Jahr	år
Werktag	hverdag
Feiertag	helligdag

Allgemeines

ja/nein	ja/nei
Entschuldigung	unnskyld
Bitte	vær så snill
Danke	takk

Sprachführer

Vielen Dank	mange takk
Sprechen Sie Deutsch?	Snakker De tysk?
Ich verstehe nicht	Jeg forstår ikke
Mann	mann
Frau	kvinne
Ehefrau	dame oder fru
Anredeform	fru
Sohn/Tochter	sønn/datter
Wie heißen Sie?	Hva heter De?
Mein Name ist!	Jeg heter
Was machen Sie hier?	Hva gjør De her?
Ich bin auf Urlaub	Jeg er på ferie
Hallo!	hei!
Guten Tag	god dag
Guten Abend	god aften
Gute Nacht	god natt
Auf Wiedersehen	farvel, adjø, på gjensyn

Rund ums Fahrzeug

Wie komme ich nach...?	Hvordan komer jeg til...?
Wieviele Kilometer sind es bis?	Hvor mange kilometer er det til?
Wo ist die nächste Tankstelle?	Hvor er nærmeste bensinstasjon?
Bitte volltanken.	Full tank, takk.
Zeigen Sie mir das bitte auf der Karte.	Kan de vise meg det på kartet.
Wie weit ist das?	Hvor langt er det?
Darf ich hier parken?	Kan jeg parkere her?
Es ist ein Unfall passiert.	Det er skjedd et uhell.
Mein Auto hat eine Panne.	Bilen har en motorskade.
Der Motor springt nicht an.	Motoren vil ikke starte.
Mein Auto hat eine Reifenpanne.	Bilen har punktert.
Bilversted	Autowerkstatt
Blindvei	Sackgasse
Bomvei	Mautstraße
Dårlig veidekke	Schlechte Fahrbahn
Enveiskjøring	Einbahnstraße
Fartsgrense	Geschwindigkeitsbegrenzung
Forbudt	Verboten
Forbikjøring forbudt	Überholen verboten
Gjennomkjøring forbudt	Durchfahrt verboten
innkjørsel	Einfahrt
Kjør sakte	Langsam fahren
Lekeplass	Kinderspielplatz
Livsfare	Lebensgefahr
Omkjøring	Umleitung
Privat vei	Privatweg
Rett fram	Geradeaus
Sperret	Geschlossen
Stopp	Halt
Stopp forbudt	Halten verboten
Svake kanter	Fahrbahnrand nicht befahrbar
Toll	Zoll
Veiarbeid	Baustelle
Abblendlicht	nærlys
Abschleppdienst	redningstjeneste

Sprachführer

Achse	aksel
Anlasser	selvstarter
Auspuff	eksorsrør
Auto	bil
Autofähre	bilferje
Autovermietung	bilutleie
Batterie	batteri
Benzin	bensin
Blinker	blinklys
Bremse	bremse
Dichtung	pakning
Ersatzrad	reservehjul
Fehler	feil
Fernlicht	fjernlys
Führerschein	førerkort
Getriebe	gir
Handbremse	håndbremse
Hupe	horn
Keilriemen	vifterem
Kühler	kjøler
Lenkrad	ratt
Leihwagen	leiebil
Moped	moped
Motor	motor
Motorrad	motorsykkel
Öl	olje
Panne	uhell
Reifen	dekk
Rücklicht	baklys
Scheinwerfer	frontlys
Sicherheitsgurt	sikkerhetsbelte
Sicherung	sikring
Straße	gate
Ventil	ventil
Vergaser	forgasser
Verteiler	fordeler
Werkstatt	bilverksted
Windschutzscheibe	frontglass
Zündkerze	tennplugg
Zündschlüssel	tenningsnøkkel
Zündung	tenning
Zylinder	sylinder
Zylinderkopfdichtung	topp-pakning

Arzt/Apotheke

Arzt	lege
Apotheke	apotek
Chirurg	kirurg
Frauenarzt	kvinnelege
Hals-, Nasen-, Ohrenarzt	øre-, nese-, hals-spesialist
Internist	indremedisiner
Kinderarzt	barnelege
Unfallstation	legevakt
Zahnarzt	tannlege
Erste Hilfe	førstehjelp
Wo ist hier eine Apotheke?	Hvor er det et apotek?
Ich habe ein Rezept.	Jeg har en resept.
Ich möchte...	Jeg vil gjerne ha
ein Beruhigungsmittel	et beroligende middel
ein Hustenmittel	et middel mot hoste
ein Schlafmittel	et sovemiddel
ein Mittel gegen	et middel mot
Durchfall	diare
Erkältung	forskjølelse
Halsschmerzen	halsmerter
Kopfschmerzen	hodepine
Zahnschmerzen	tannverk
Antibabypille	p-pille
Antibiotikum	antibiotika
Binde	bind
Hustensaft	hostesaft
Kamille	kamille
Magentropfen	magedråper
Pflaster	plaster

Wetterbericht

Hvordant blir været i dag?	Wie wird das Wetter heute?
Det blir pent/ dårlig vær.	Es gibt schönes/ schlechtes Wetter.
Det er kaldt/varmt.	Es ist kalt/warm.
Det regner.	Es regnet.
Sola skinner.	Die Sonne scheint.
Det blåser.	Es ist windig.
skyet	bewölkt
is	Eis
frost	Frost
uvær	Gewitter
hagl	Hagel
hete	Hitze
klima	Klima
luft	Luft
tåke	Nebel
regn	Regen
snø	Schnee
sol	Sonne
soloppgang	Sonnenaufgang
storm	Sturm
temperatur	Temperatur
værmelding	Wetterbericht
skyd	Wolke

Post

Wo ist das nächste Postamt?	Hvor er nærmeste postkontor?
Wo ist ein Briefkasten?	Hvor er det en postkasse?
Wo ist die nächste Telefonzelle?	Hvor er nærmeste telefonkiosk?
Absender	avsender
Adresse	adresse
Ansichtskarte	prospektkort
Brief	brev
Briefmarke	frimerke
Briefumschlag	konvolutt
Drucksache	trykksak
Einschreiben	rekommandert brev
Empfänger	motakker
Formular	blankett
Gebühr	gebyr
Gewicht	vekt
Luftpost	luftpost
Paket	pakke
postlagernd	poste restante
Telefon	telefon
Telegramm	telegram
Vermittlung	sentral

Herberge

Wo ist eine gute Pension?	Hvor er et godt pensjonat?
Haben Sie ein freies Zimmer?	Har du et ledig værelse?
Ich habe ein Zimmer bestellt.	Jeg har bestilt et værelse.
Kann ich das Zimmer ansehen?	Kan jeg få se på rommet?
Ich bleibe eine Nacht (... Tage, ... Wochen)	Jeg blir en natt (... dager, ... uker)
Wieviel kostet das Zimmer pro Tag/Woche?	Hvor mye koster rommet per døgn/uker;
Einzelzimmer?	enkeltrom
Doppelzimmer	dobbeltrom
Dusche	dusj
Balkon	balkong
mit	med
ohne	uten
Toilette	toalett

Sprachführer

Einkaufen

Wo haben Sie...?	Hvor har De...?
Wieviel kostet...?	Hvor mange koster...?
Das gefällt mir (nicht).	Dette liker jeg (ikke).
Geben Sie mir...	Gi meg...
Das ist zu...	Det er for...
teuer	dyrt
klein	litet
groß	stort
kurz	kort
lang	langt
Ich möchte gerne...kaufen.	Jeg vil gjerne kjøpe...
Brot	brød
Schwarzbrot	dansk rugbrød
Fladenbrot	flatbrød
Knäckebrot	knekkebrød
Weißbrot	loff
Brötchen	rundstykke
Käse	ost
Milch	melk
Vollmilch (3,8%), abgekürzt H-Melk	helmelk,
Halbfett-Milch (1,5 %)	lettmelk
Magermilch (0,1 %)	skummet melk
Buttermilch (3,8 %)	kulturmelk
Buttermilch (0,1 %)	skummet kulturmelk
Sauermilch	surmelk
Saure Sahne (35 %)	seter-rømme
Saure Sahne (20 %)	lett-rømme
Sahne	fløte

Öffentliche Verkehrsmittel

Abfahrt	avgang
Ankunft	ankomst
Bahnhof	stasjon
Fahrkarte	billett
Kinderfahrkarte	barnebillett
Rückfahrkarte	returbillett
Nichtraucher	ikke-røkere
Taxi	drosje
Bus	buss
Haltestelle	stoppested
Zug	tog
Bahnhof	stasjon
Flugzeug	fly
Flughafen	flypass
Schiff	skip
Fähre	ferje
Hafen	havn
Wohin wollen Sie?	Hvor skal De hen?
Ich will nach...	Jeg skal til...
Welcher Bus geht nach...?	Hvilken buss går til...?
Wann fährt der Zug nach...	Når går neste tog til...?
Einmal zweiter (erster) Klasse nach...	En enkelbillett andre (første) klasse till...
Wie lange ist die Karte gültig?	Hvor lenge gjelder billetten?
Wo muß ich umsteigen?	Hvor skal jeg bytte?
Hält der Zug in...?	Stanser toget i...?
Verzeihung, ist dieser Platz besetzt?	Unnskyld, er denne plassen opptatt?
Dies ist mein Platz.	Dette er min plass.
Kommen wir pünktlich an?	Er vi i rute?

Abbildungsnachweis

Bildarchiv Preußischer Kulturbesitz, Berlin: S. 31, 59 (© VG Bild-Kunst, Bonn 1994), 78/79
Peter Bünte, Nordis picture pool, Essen: S. 85, 91, 110, 130
Fridmar Damm, Köln: S. 2/3, 5, 37, 70/71, 127, 148, 157, 174
Udo Haafke, Ratingen: S. 22, 83, 89, 114, 115, 125, 154/155, 166
Hans Klüche, Bielefeld: S. 80/81, 152, 172, 176
H. Koss, Nordis picture pool, Essen: S. 49
Wulf Ligges, Flaurling/A: Titelbild
Christopher Mick, Nordis picture pool, Essen: S. 119
Uwe Marschel, Nordis picture pool, Essen: S. 90, 145 oben, 173
Wilkin Spitta, Loham: S. 30, 41, 44, 46, 56, 57, 66, 67, 68, 86, 108, 112, 120, 137, 140, 144 oben, 145 unten, 170/171, 187
Annette Ster, Kabelvåg/N: Umschlaginnenklappe vorn, Umschlagrückseite, S. 10, 12/13, 19, 25, 26/27, 39, 42/43, 62/63, 74, 92/93, 96, 98, 100/101, 107, 117, 123, 132, 134, 158/159, 160, 183, 188/189, 191, 192, 196/197, 201
Andreas Werth, Celle: Umschlaginnenklappe hinten, S. 28/29, 38, 51, 144 unten, 175, 180, 185, 202/203, 217

Alle übrigen Abbildungen stammen aus dem Archiv des DuMont Buchverlages.

Karten und Pläne: © DuMont Buchverlag Köln

Verzeichnisse der Karten und Pläne

Vordere Umschlaginnenklappe:
Übersichtskarte Südnorwegen
Hintere Umschlaginnenklappe:
Stadtplan Oslo

Route 1 (Der Osten) : S. 95
Route 2 (Von Oslo in den Süden): S. 104/105
Route 3 (Der Süden): S. 128/129
Route 4 (Der Ryfylkevegen): S. 150
Route 5 (Die Hochfjellregion): S. 164/165
Route 6 (Das Setesdal): S. 195

Stadtpläne:
Kristiansand: S. 126
Stavanger: S. 139
Bergen: S. 169

Praktische Hinweise:
Fährverbindungen: S. 213
Eisenbahnverbindungen: S. 220
Jugendherbergen: S. 223

Register

Während im Norwegischen die Buchstaben æ, å und ø am Ende des Alphabets stehen, werden sie hier, dem deutschen Sprachgebrauch entsprechend, eingereiht, und zwar wird æ wie ä, å wie a und ø wie o behandelt.

Aasen, Ivar 53
Akershus 15
Åkrafjord 164
Alby 100
Alta 30
Altsteinzeit 30
Amundsen, Roald 34, 53, 73, 80, 81, 181
Åna-Sira 135
Andersch, Alfred 19
Antarktis 16, 34
Aquakultur **48f.**
Årdalsfjord 154
Arendal **119f.**
Årstadalen 136
Asbjørnsen, P. Chr. 53
Åsgårdstrand 108
Aust-Agder 14, 19, 102

Bakker, Harriet 60
Bauernhäuser 200f.
Begby 99
Bergen 23, 32, **168ff.**
- Bergenhus 170
- Bryggens Museum 171
- Dom 172
- Fløyen 172
- Håkonshalle 170
- Hanseatisches Museum 171
- Kreuzkirche 171
- Marienkirche 171
- Rosenkrantztårnet 170
- Tyske Bryggen 171
- Ulriken 172

- Vågen 170
Bergenbahn 168, 181, 182
Bevölkerung **36ff.**
Bjørheimsbygd 154
Bjørnson, Bjørnstjerne 11, 15, 52, 53, 73, 76
Bokmål 35
Borre 107f.
Brattlandsdal 161
Brevik 114
Bronzezeit 31
Bruarbreen (Gletscher) 165
Brundtland, Gro Harlem 40
Brusand 138
Bull, Ole 57
Buskerud 18, 102
Bygland 204
Byglandsfjord **203f.**, *Abb. S. 2/3*
Bykle **199**

Carl von Dänemark s. Håkon VII.
Christian Frederik 33
Christian IV. 65, 186

Dagali Bygdemuseum 183
Dahl, Johan Christian 58
Dänemark 32, 33, 35
Deutschland 76
Drammen 17, **102 ff.**
Düsseldorfer Schule 58, 76

Edland 193
Egersund **136**
Eidfjord **177**, 178, 180

252

Register

Eidsvoll 33, 41
Eigerøy 136
Einwanderungspolitik 38
Eisenzeit 31
Eiszeit **21**, 24, 30
Ekofisk 139, 147
Erdgas 46
Erdöl 36, 46, **147f.**
Erfjord 158
Europäische Union 36, **47ff.**, 51
Evje **204**

Fedafjord 133
Felszeichnungen (Helleristninger) 30, **31**
Femund 16
Fevik 120
Finse **181**
Fischerei 42, 47, 48f.
Fjell 21, 27
Fjorde 21
Fjordland **149ff.**
Flateland 199, 202
Flechten 24, **25**, 27
Flekkefjord **133**, 135
Flesberg 186
Folgefonn-Gletscher 16, 165
Fosna-Kultur 30
Frauen **39f.**
Fredrik II. 97
Fredrik III. 94
Fredrikstad **96ff.**

Galdhøpping 16
Garbarek, Jan 58
Geilo **181f.**
Geilovatn 182
Glittertind 16
Glomma 16, 96
Golfstrom 23
Grieg, Edvard 53, 57, 167
Grimstad 55, **120f.**

Grönland 32
Grungedal 193, 198
Gudbrandsdal 15
Gude, Hans 58
Gunnarstorp 99

Håkon Håkonson 109
Håkon Magnusson 32
Håkon V. 75
Håkon VII. 32, 44f.
Halden **94f.**
Hallingdal 182, 200, 201
Halne 181
Hamre 127
Hamsun, Knut 53, **54f.**, 56, 76, 178
Hängetal 21
Hanse 32, 170f.
Harald Hårdrade 32, 65, 75
Harald Hårfagre (Schönhaar) 31, 109
Hardangerfjord 16, 167, 168, Abb. S. 5
Hardangerjøkul 177, 181
Hardangervidda 18, 20, 21, 27, 162 ff., **180f.**
Haugastøl 181
Hauge 136
Haugesund 17, 22, 23
Haukeligrend **193**
Heddal **189f.**
Hedmark 15, 17
Helle 202
Helleren 135
Hellvik 138
Heyerdahl, Thor 81
Hjartdal 193
Hjelmeland **155**
Holt 119
Holzverarbeitung 42, 47, **122f.**, 200f.
Hordadal 162
Hordaland 19, 161
Hornes 99
Horten **106f.**

253

Register

Hovden **198f.**
Huldreheimen 199
Hunn 99
Husøy 110
Hvaler 98

Ibsen, Henrik 39, 53, 56, 57, 73, 76, 120, Abb. S. 56
Impressionismus 58
Island 32
Jæren **136ff.**
Jan Mayen 16, 34
Jazz 57
Jeløy 100
Jørpeland 151
Jøssingfjord 135, 142, Abb. S. 19
Jostedalsbreen 16
Jotunheimen 15

Kaledonisches Gebirge 14, 20
Karl Johan von Schweden 33, 66
Kinsarvik **167**
Kleveland, Åse 39
Klima **20ff.**
Komsa-Kultur 30
Kongsberg **186ff.**
Kragerø **115f.**
Kravik 186
Kristiansand 17
Kristiansand **124ff.**
- Domkirche 125
- Holzhausviertel 125
- Kvadraturen 124f.
- Markens Gate 125
- Setesdal- Veteranenbahn 126
- Strandpromenade 125
- Vest-Agder Fylkemuseet 126
Krogh, Christian 58, 72
Kvavik 132
Kvener 17
Kvinesdal **133**

Kvinnefronten (Frauenfront) 39
Kvinnherad-Halbinsel 164

Lachszucht **48f.**
Landwirtschaft 42f.
Langesund **114**
Langøya 114
Larvik 17, **113**
Låtefoss **162**
Lauvvik 149
Lillesand **121ff.**
Lindesnes 130f.
Literatur **52ff.**
Lofthus **167**
Lyngdal **132**
Lyngør 118
Lysefjord 142

Måbødal 177
Magnus Lagabøte 109
Målandsdal **155**
Malerei **58ff.**
Mandal **129**
Mittelalter 32
Mjøsa 16
Moe, Jørgen 53
Møre 30
Mostrøy 143
Mosvatnet 158
Munch, Edvard 53, **59f.**, 60, 84, 108
Musik **57ff.**

Nansen, Fridjof 34, 53, 80, 181
National Samling-Partei 34
Nationalfeiertag 33
Nationalromantik 58
Naturalismus 58
Nordamerika 32
Nordsjøvegen **133ff.**
Nore 186
Norgermanen 33, 37
Norwegisch 35, 53

Register

Nøstvet 30
Notodden 193, *Abb. S. 42/43*
Nøtterøy 110
Numedal **184f.**, 200, 201
Numedalslågen 16, 184
Nyfeministene (Neufeministinnen) 39
Nynorsk 35, 53

Oanes 151
Odda **164 f.**
Olav Haraldsson 32
Olav V. 45
Olav VI. 32
Oldtidsvegen 99
Onstad, Sonja (Henie) 84
Oppland 15
Ose 203
Oslo 15, 17, 20, 22, 23, 32, 38, 53, 60, **64ff.**,
- Aker Brygge 77
- Akershus 68, 75
- Architekturmuseum 68
- Botanischer Garten 68
- Bygdøy 78ff., 200, *Abb. S. 90*
- Domkirke 69, 72
- Eidsvollpark 72
- Ethnographisches Museum 68
- Fornebu 65
- Fram-Museum 68, 80
- Gamle Aker Kirke 69
- Gamlebyen 69
- Grand Hotell 72
- Henie-Onstad-Kunstzentrum 69, 82f.
- Historisches Museum 73
- Karl Johan Hotel 72
- Karl Johansgate 66ff.
- Kon-Tiki-Museum 69, 81
- Kunstgewerbemuseum 69
- Kyrkjeberget 65
- Ladegård 69
- Munch-Museum 69, 84
- Nationalgalerie 69, 72
- Nationaltheater 73
- Oscarshall Schloß 69
- Pipervika 73ff.
- Postmuseum 69
- Rathaus 69, 73, 75
- Schloß 69, 73, *Abb. S. 91*
- Seefahrtsmuseum (Norsk Sjøfartsmuseet) 69, 82
- Skimuseum 69
- Stadtmuseum (Bymuseet) 69
- Storting 65, 69, 72, *Abb. S. 41*
- Studenterlunden 72
- Universität 72
- Verteidigungsmuseum (Forsvarsmuseet) 69, 75
- Vigeland-Museum 69, 82
- Vigeland-Park 69, 82
- Volkskundemuseum (Norsk Folkemuseet) 69, 79, *Abb. S. 85*
- Widerstandsmuseum (Norges Hjemmefrontmuseet) 69, 75
- Wikingerschiff-Museum (Vikingskiphuset) 69, 80
Østfold 15, 94, *Abb. S. 12/13*
Otra 194, 199
Øya 116

Pest 32, 65
Pettersen, Arvid Jarle 60
Preikestolen 142, **151**
Przybyszewski, Stanislaw 149

Quisling, Vidkun 34

Ravneberget 99
Rembesdalfoss 177
rettferd (Gerechtigkeit) 36, 50
Risan, J. Anton 60
Risør **118**
Rødberg 184

Register

Rogaland 19, 135, 149
Røldal **161,** 162
Røldalsvatnet 161
Rosenmalerei 53, 201, 202
Rosfjord 132
Røssvatn 16
Runen 35
Ryfylkevegen **149ff.,** 168
Rygnestad 199ff.
Rypdal, Terje 58
Rysstad 202, 203

Sæbø 177, 178
Sagazeit-Weg **99**
Saggrenda Silbergruben 187
Samen 17
Samuelsen, Arne 60
Sand **158,** 159
Sandefjord **111f.**
Sandnes 17, 118
Schweden 32, 33, 45
Scott, Robert Falcon 181
Seljord 193
Seterdal **183**
Setesdal 19, **194ff.,** 200, 201
Setesdal Mineralpark 204
Setesdalmuseet Rygnestad **199ff.**
Sima-Kraftwerk 177
Sirdal 133
Skagastølstind 16
Skien 17
Skjeberg 99
Skoppum 107
Skredhaugen 167
Skurdal **183**
Skykkjedalsfoss 177
Slettebø 136
Sogn og Fjordane 15
Sognefjord 16
Solberg 99
Sørfjord 165
Sørland 14, 19

Sozialdemokratische Arbeiterpartei 34, 35
Spitzbergen 16, 34
Stabkirchen **190 f.**
Stadhelle 114
Stavanger 17, 48, **139ff.,** 147
- Domkirche 141
- Hafen 141
- Kongsgård 141
- Konservenmuseum (Norsk Hermetikkmuseet 141
- Seefahrtsmuseum (Sjøfartmuseet 141
- Stavanger Museum 141
Steinzeit 30, 31
Steuern 50
Storting 33, 41
Strandlinien 21
Suldal 158ff.
Suldalselv 160
Suldalsosen 159, 160
Svartisen 16
Svinesund 94
Tana 16
Telemark 18, 102, 188 ff., 201
Tengs 136
Terboven, Josef 34
Tidemand, Adolph 58
ting (Volks- Gerichtsversammlung) 40
Tjøme 110, 111
Tolvdrød 110
Tønsberg **109ff.**
Torpo 182
Torskeberg 118
Trogtal 21
Trolle **156f.**
Trondheimsfjord 16
trygghet (Sicherheit) 50
Tvedestrand **118f.,** *Abb. S. 10*
Tysdal **154**
Tysefjord 158

Register

Ullman, Liv 19
Umweltprobleme **142f.**
Undset, Sigrid 56
UNO 36
Uvdal **183f.**, 200
- Stabkirche 84, *Abb. S. 123*

Valle 199, 202
Valurfoss 177
Vatnedalvatn 199
Vendelzeit 31
Verfassung 41, 45
Vest-Agder 19, 102, 128
Vestfold 15, 102
Vigeland **130**
Vigeland, Gustav 82, 83, 130

Vinje 193
Völkerbund 34
Vøringfoss 177, 178

Wahlrecht 39
Wasserfall 21
Wasserkraft 44, 46, 47, **179**
Wergeland, Henrik 52
Widerstand 34
Wikinger 31, 32, 37, 40
Wirtschaft **42ff.**
Wohlfahrtsstaat **50f.**

Ynglingar 31, 108

Zyklon 20

DUMONT
REISE-TASCHENBÜCHER

»Was den DUMONT-Leuten gelungen ist: Trotz der Kürze steckt in diesen Büchern genügend Würze. Immer wieder sind unerwartete Informationen zu finden, nicht trocken eingestreut, sondern lebhaft geschrieben... Diese Mischung aus journalistisch aufgearbeiteten Hintergrundinformationen, Erzählung und die ungewöhnlichen Blickwinkel, die nicht nur bei den Farb- und Schwarzweißfotos gewählt wurden – diese Mischung macht's. Eine sympathische Reiseführer-Reihe.«
Südwestfunk

»Zur Konzeption der Reise-Taschenbücher gehören zahlreiche, lebendig beschriebene Exkurse im allgemeinen landeskundlichen Teil wie im praktischen Reiseteil. Diese Exkurse vertiefen zentrale Themen der Geschichte, Kunst und des sozialen Lebens und sollen so zu einem abgerundeten Verständnis des Reiselandes führen.« *Main Echo*

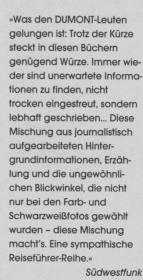

Weitere Informationen über die Reihe DUMONT Reise-Taschenbücher erhalten Sie bei Ihrem Buchhändler oder beim DUMONT Buchverlag • Postfach 10 10 45 • 50450 Köln.

DUMONT

VISUELL-REISEFÜHRER

»Wer einen der atemberaubenden Reiseführer aus der neuen Reihe ›DUMONT visuell‹ wie unsere Rezensentin in der Badewanne aufschlägt, der sollte sich vorsichtshalber am Rand festhalten, denn was einem in diesen Bänden geboten wird, verführt den Leser geradezu, in das Land seiner Träume einzutauchen.«
Kölner Illustrierte

»Sehfreude wird provoziert, Neugierde geweckt, Leselust angeheizt...«
Rheinischer Merkur

»Faszinierend sind die detailgetreu gezeichneten Ansichten aus der Vogelperspektive, die Form, Konstruktion und Struktur von Stadtlandschaften und architektonischen Ensembles auf einzigartige Weise vor Augen führen.« *Hamburger Abendblatt*

»DUMONT visuell bei Besichtigungen stets bei sich zu haben, bedeutet stets gut informiert zu sein.«
Der Tagesspiegel

Weitere Informationen über die Titel der Reihe DUMONT *visuell*-Reiseführer erhalten Sie bei Ihrem Buchhändler oder beim DUMONT Buchverlag • Postfach 10 10 45 • 50450 Köln.

Oslo

1. Hauptbahnhof
2. Basarhalle
3. Domkirche
4. Storting/Parlamentsgebäude
5. Grand Hotell
6. Karl Johan Hotel
7. Eidsvollpark
8. Studenterlunden
9. Universität
10. Nationalgalerie
11. Historisches Museum
12. Schloß
13. Nationaltheater
14. Rathaus
15. Reiterstandbild Harald Hårdrade
16. Akershus Festung mit Verteidigungs- und Widerstandsmuseum
17. Aker Brygge
18. Rådhusbryggene (Fähre nach Bygdøy)
19. Zentraler Busbahnhof
20. Fähranleger
21. Oslo/Norwegen Informationszentrum
22. U-Bahn-/Bus-/Straßenbahnstation Nationaltheater (›NT‹, ›N‹)
23. U-Bahn-Station Stortinget (›UST‹)
24. Bus-/Straßenbahnstation Storgata (›SGT‹)
25. U-Bahn-Station Jernbanetorget (›JT‹)

Bitte schreiben Sie uns, wenn sich etwas geändert hat!

Alle in diesem Buch enthaltenen Angaben wurden von den Autoren nach bestem Wissen erstellt und von ihnen und dem Verlag mit größtmöglicher Sorgfalt überprüft. Gleichwohl sind – wie wir im Sinne des Produkthaftungsrechts betonen müssen – inhaltliche Fehler nicht vollständig auszuschließen. Daher erfolgen die Angaben ohne jegliche Verpflichtung oder Garantie des Verlages oder der Autoren. Beide übernehmen keinerlei Verantwortung und Haftung für etwaige inhaltliche Unstimmigkeiten. Wir bitten dafür um Verständnis und werden Korrekturhinweise gerne aufgreifen: DuMont Buchverlag, Mittelstraße 12–14, 50672 Köln; Postfach 10 10 44, 50450 Köln